U0113803

张作霖与张学良全传

老帅与少帅

田闻一 —— 著

中国文史出版社

图书在版编目（CIP）数据

老帅与少帅：张作霖与张学良全传 / 田闻一著. —
北京：中国文史出版社，2018.12（2019.1重印）
ISBN 978-7-5034-8130-7

Ⅰ.①老… Ⅱ.①田… Ⅲ.①张作霖（1875-1928）
—传记 ②张学良（1901-2001）—传记 Ⅳ.①K827=6
②K827=7

中国版本图书馆CIP数据核字（2018）第272610号

责任编辑：张春霞

出版发行：中国文史出版社
网　　址：www.wenshipress.com
社　　址：北京市海淀区西八里庄69号院　　邮编：100142
电　　话：010-81136606　　81136602　　81136603（发行部）
传　　真：010-81136655
印　　装：北京地大彩印有限公司
经　　销：全国新华书店
开　　本：787mm×1092mm　1/16
印　　张：19
字　　数：268千字
版　　次：2017年1月北京第1版
印　　次：2019年1月北京第3次印刷
定　　价：49.80元

老帅与少帅
张作霖与张学良全传

目录
CONTENTS

第一章 | "张老疙瘩" 嬗变 |

一

　　翻开今天中华人民共和国 960 万平方公里的雄伟版图，从形状上看，它很像一只伫立于太平洋东岸引颈唱晓的雄鸡，东北三省，就是雄鸡身上好看的、通红的鸡头。

　　历史上溯 1 个世纪又 39 年。

　　坐落在辽东半岛北部平原上，傍现在钢都鞍山市西南面不远的海城，当时是一个很不引人注目的、古老偏僻而萧瑟的小县城。这是 1875 年深冬时节一个青灰色的早晨，下了一夜的绵绵密密的大雪，将县城城乡接合处那一片黑乎乎的蘑菇似的又低又矮、简陋不堪的由草棚搭成的棚户区快要淹没了。

　　"哇"的一声，在这凄苦的、洪荒般沉寂的早晨，棚户区中部的张永贵家传来了一声男婴洪亮的啼哭。几个月后，张家人发现这孩子只吃不长。在母亲怀中，这瘦猴般的孩儿，一边用鸡爪似的细手紧抱着母亲并不丰满的乳房，狼羔般地用劲猛吸，一边用他那双精灵古怪的眼睛东瞅西看，好奇地、警惕敏锐地注视着这个陌生的世界。父亲看在眼里就有些不喜，因此，到该取名的时候，孩儿母亲说："他爹，给咱这孩儿取个名字吧！"

蹲在炕上抽烟的张有财，将两手插在怀里，穿一身油渣子黑色棉衣，腰上拴根草绳，似乎在思索着什么。听了老婆这话，不以为然地抬头看了看见吃不见长的儿子，将短烟杆从嘴里拔出来的同时，不以为然地说："张老疙瘩！"——张作霖最初的名字就这样被父亲取下了。父亲给他取的这个不雅的名号，说明他从小身体羸弱，而且暗含这户来自燕赵大地，骨子里有着崇武精神的人家，对这瘦猴似的孩子的轻蔑，还有埋怨。

给孩儿取名时，心不在焉的张有财，其实一颗心正游走在赌局上。他的父亲张永贵，本是河北省河间乡下一个面朝黄土背朝天的穷人，在清朝道光年间抱着发财梦，闯关东而来。然而，老实巴交的张永贵无论如何勤扒苦做，直到临终也没有在土地广袤肥沃的东北大平原淘到一点金富起来，只给妻儿留下了一领烂席棚。心有不甘的他，平生只能将自己的发财梦寄托在儿子有财身上。如同植物学上有"变异"说一样，张有财与他老实巴交的父亲完全不同，他身上有种与生俱来的赌徒天赋，又舍得下功夫。闲时，他常将赌具麻将、天九类放在一边悉心琢磨——用绵布擦拭赌具背面，细细察其纹理，辨其异同，掂其轻重，反复揣摸，烂熟于心。对各种人物的出牌路数及"战时"心理掌握得很清楚，并有针对性地反复练习攻略。上得阵来好生了得！久而久之，他成了海城一带有名的赌中高手、赌王。

渐渐地，"赌王"张有财积攒了些钱财。

他不在又穷又脏又烂的棚户区小洼村住了，他在县城中修了一幢小院。张有财结婚很早，先娶妻邵氏，邵氏为他生了一女，重男轻女的他不喜，让邵氏抑郁病死，一天福也没有享过。有了钱，张有财续娶王氏，王氏一口气为他生了三个带把的儿子，这就是张作泰、张作孚、张作霖。

有言：皇帝爱长子，百姓爱幺儿。然而，张有财却最不爱、最看不上他的幺儿"张老疙瘩"。该给幺儿正式取官名的时候了，他顺着大儿作泰、二儿作孚给幺儿取名作霖。俗话说，三岁看大！自以为眼力不差的赌王从没有在整天蔫不唧唧的幺儿身上看出他有半点过人处。在他看来，瘦猴一个的老幺能长成人，就算是烧高香了。赌王张有财这可是看走了眼。他做梦也没有想到，这个他最看不上眼的幺儿"张老疙瘩"，以后竟然成了一个跺一下脚，东北大地都要抖三抖的奉系军阀首脑、统率千军万马的张作霖张大帅。

20年代初叶，张作霖成了气候后，一位西方女记者在奉天（沈阳）大帅府采访张作霖，有这样一段生动的描绘："张作霖瘦弱的小个子，棕黄的眼睛炯炯有光，笑容可掬，举止文雅。"

"偶然与他（张作霖）相遇，会认为他是一个沉浸在专心研读孔子《论语》中的恬静生活中人。他的照片也给人相同印象。事实上，他虽自恃庄重，但一旦发作，便粗暴凶残。他机灵，但无才智。他善洞察，但不敏锐。"事实证明，这位西方女记者对张作霖的简短描绘，惟妙惟肖；她对张作霖的评论，不仅准确，而且入木三分。

张有财虽然没有读过几天书，算是文盲，但他对读书的重要性却有相当认识。"书中自有黄金屋，书中自有颜如玉……"这些古训，他记得真真的。所以，手中有了些钱后，他把自己的三个儿子相继送进私塾读书。但是，他的三个儿子，没有一个是读书的料。老幺相对好一点，但也差强人意。

张作霖同他的两个哥哥一样，虽然读书不多，早早离开了学堂，但凭他在私塾中死记硬背下来的那点底子，凭他的鬼聪明，以后派上了大用场。张作霖不喜欢研习经史，却像任何一个阴谋家、野心家一样，对一部充满了谋略的《三国演义》情有独钟，反复研读、烂熟于心，以致融进了他的细胞和血液，成了他以后在人世间升腾的翅膀和在波诡云谲的政治斗争军事斗争中有力的源泉和思想武器。

很快，张作霖在他父亲张有财的变异上出现了更大的变异。

14岁那年，张作霖平静无波的小康生活被打破了。原因是，有一次他父亲如约到附近栾家堡同一个叫王莽子的赌徒进行了一场豪赌、血拼。"莽子"

意即为莽撞、冒失。王莽子真是莽撞、冒失，在赌技上决不是张有财对手的他，一输再输而不屈不挠。结果不仅输光了海量的钱财，连自己的老婆也搭了进去。张有财不是善类，早就垂涎王莽子有几分姿色的老婆，他来者不拒，将王莽子的老婆接过手来睡了。

受辱深重的王莽子恨得眼睛出血，发誓报仇。

那是一个夏天的晚上。绵绵海风在辽西半岛登陆，来到平原深处的海城时，原先的一丝野性已然变得温驯。自然，这样的夜晚十分美好。皎皎月夜，凉风习习。夜深了，赌王张有财不知在哪里又赢了一笔回家去。喝了过量酒的他，二麻二麻的，心下高兴，口中哼着《小寡妇》之类野调，脚下打绊地往家走。当他沿着一条僻静的小路，经过一片背静的坟地时，在这夜深人静时分，坟地里升起几星暗绿色的磷火，在他面前明明灭灭、闪闪烁烁、游游离离。赌王一时不知身在何处，已经找不到回家的路了。这时，早就埋伏在坟地里的王莽子一蹿而出，捋袖展拳，对张有财大打出手。哪知王莽子名不副实！他个子矮小肥胖，拳脚一般，而张有财身高力大，又练过防身的拳脚，有相当的功夫。受到袭击的张有财一下吓醒了些，几趟拳脚交手之后，王莽子吃了大亏。而就在王莽子倒地之时，报仇心急的他，瞅准醉鬼下身致命处，狠狠飞起一脚踢去！张有财被踢中了致命处，而且被踢得很重。赌王怪叫一声，痛苦地蜷缩起身子倒了下去。赌王张有财被王莽子踢死在荒郊野地，殷实的张家的天一下子塌了。自然，在那个时代，张有财死了就死了，不像现在有公安局给他破案，捉拿凶手一说。

哗啦一声，天塌了。张有财的遗孀张王氏才30多岁，她是一个贤惠的妇人，也是一个厚道人。她将小院卖了，将丈夫葬了，像母鸡一样张着翅膀，护着都还小的张作霖三兄弟，还有张有财的前妻邵氏的女儿，一行五人，孤儿寡母，哭哭啼啼、凄凄惨惨奔小黑山二道沟投靠娘家去了。

她在二道沟的娘家，虽然也是一个吃得起饭的人家，也厚道，但嫁出去的女，泼出去的水，况且女儿猛然带着张家大队人马来投靠，守旧的父母心中那番愁苦的滋味可想而知。好在邵氏的女儿不久嫁了人；不两年，作泰、作孚也大了，很快成家立业，分开过了。

张作霖像一团死面疙瘩似的，总是发不起来。在小黑山二道沟王家，母亲还有外公外婆总是叫他的小名"张老疙瘩"。"张老疙瘩"一晃间到了十六七岁，该学着谋生了。日渐衰老的母亲千方百计挪出些钱来，给他置齐了锅炉灶屋，让他学着做包子卖，期望他就此学会、练出一门谋生的手段。"老疙瘩"人虽瘦小，但心灵手巧，包子做得好，可他的心思不在包子上，生意做得吊儿郎当，卖出的包子还没有自己吃的多。生意做不下去了，万般无奈的母亲问他想干什么？他说他想去当走村串户的货郎，这活儿好玩，也长见识。母亲叹了口气依了他。从此，小黑山二道沟周围团转出现了一个小货郎。

小货郎长相精明，做事细心巴结，说话好听。大姑娘小媳妇喜欢的针头线脑、胭脂粉；老汉喜欢抽的烟卷、老大娘喜欢的手镯类等等，他都备齐，应有尽有。没有的，只要告诉了他，下次他一定会带来补齐。有些不该货郎管的事，比如给谁在镇上带句话等等，他都会办得很好。时间一长，这个知疼知热、细心热情、服务周到的小货郎出了名，很受周围团转的乡亲们喜爱。

小黑山二道沟一带闭塞。因此，每当这个手摇铜串铃，一路吆喝而来，长得也还青葱的小货郎人还未到，那远远的、清脆的金属铃声已经传到，如喜鹊婉转的鸣唱。老少爷们、老大娘，特别是大姑娘小媳妇早就出了家门，等着他了，高兴得过节似的，他简直成了明星。岁月是可以沉淀出很多内容的，尤其是在人生最美好的青春期，沉淀出来的内容大多如春花般灿烂。

时间一长，附近赵家庙小地主赵占元的二姑娘看中了这个小货郎。活该"张老疙瘩"有福，这赵二姑娘不仅人长得好，而且贤惠。

赵占元很开明，答应了二姑娘自己选定的婚事，让他们顺顺利利结了婚。可是赵二姑娘命薄，好容易苦尽甘来——当小货郎"张老疙瘩"成了张作霖张大帅之后，大帅的这位首位夫人，在一连给张作霖生了两个儿子，长子张学良11岁，次子张学铭才5岁之时，就因病撒手人寰。

"张老疙瘩"的发迹，就此开始。

"张老疙瘩"人小心不小，他不是一个安分人。他不信命。在他浮皮潦草读过的书中，有一句话，枪弹似的打中了他，他深以为然，并从此植根心间。这就是当年陈胜吴广起义，从而掀起大波，一举推翻了秦朝最先起事的陈胜的话。当陈胜还是一个在田间耕作的农夫时，有次望着远飞的大雁，发出了雄心万丈的，来自内心的感叹："王侯将相，宁有种乎？"小小一个货郎岂是他能满足的！其时，在家守寡多年的母亲因为生计，嫁给了附近一个兽医。他从不失去机会。他在当货郎的同时，跟继父学兽医。他心灵手巧，悟性也高，很快成了一个医术不错的兽医。本领、名声都超过了继父。

他也许天生就是个将军，在骨子里对驮着将军指挥千军万马作战、驰骋疆场的马，特别是对骏马、战马有一种与生俱来的喜爱。成了兽医的他，不仅随时可以接触马，而且喜欢上了骑马，又成了一个远近闻名的骑马好手、高手，练出了一手很绝的骑术。

与此同时，他天性中的诡谲善变初露端倪。

他卖包子发端初期，母亲在乡中一位邻居手里借了一笔钱给他。过后他一直未还，人家催了又催，最后限定了还债期。见母亲发愁，他却眉头一皱，计上心来，他安慰母亲："娘，你不要发愁，我自有办法。"

娘说，我怎能不发愁呢？钱，天上不落，地下不生，这已经是人家限定的最后还钱期了，没有钱还，你说咋办！我的傻儿子，你真是一个不开窍的"老疙瘩"啊。然而，显得成竹在胸的儿子只是一笑，别的什么都没有说。娘惊异地发现，自己这个幺儿，有点阴深。

这天，娘在院子中枯坐，愁肠百结，忽听墙外传来猪的大声嚎叫。她吃了一惊，走过去，在矮矮的泥墙下放了一张凳子，站上去往外看，不由得睁大惊讶不已的眼睛。空旷的原野上没有多余人，自己的儿子"张老疙瘩"手中使劲挥动着一根鞭子，将邻居，也就是债主家的一头肥猪往一口水塘里打、逼。东北大平原上的农家，很多人家喜欢放敞猪。就在这肥猪被儿子抽打、逼得咚的一声落水之时，儿子却将手中凶器往旁边长得比人还高的青纱帐里一扔，贼喊捉贼地高喊："猪落水了！谁家的猪？"就在左邻右舍闻声纷纷跑出屋来看时，他咚的一声跳进塘中，奋不顾身去救起了那头载浮载沉的大肥猪。当那头大肥猪的主人闻讯赶到时，儿子将那头肥猪还给主人，这让主人感动不已。在农村，猪是农家的命根子，也是钱罐子。于是这家人在对儿子千恩万谢的同时，当众宣布，将"张老疙瘩"家欠他的钱免了，权当是对"张老疙瘩"这番义举的报偿、奖励。

就此，"张老疙瘩"身上不安分、不安定的意识被激活了，他意识到了自己潜藏的价值，欲望高涨。他嫌二道沟太闭塞、太闷、太没有意思。人不出门身不贵。他要离开二道沟，去闯世界了。

好端端的兽医不当了，他去了一个离家几里地，位于官道边的大车店当伙计，整天替来来往往的客人端茶送水。表面上看，他好像是干了一件傻事，其实不然，他有他的心计。在这个信息灵通的大车店里，他可以眼观六路，耳听八方，在同南来北往的客人交谈交流中谛听、观察、收集、捕捉、分析。很快，一个骚动不安的，危险和机遇并存的世界，在他眼前徐徐展现开来。他暗暗做着准备。在这个大车店过往的客人中，有的是土匪、侠客、商贾，各色人等，应有尽有。大车店有的是马，北地辽阔。一有机会，善骑的他便虚心向骑术很好的土匪、侠客学骑术、学打枪、学射箭。他在做着各方面的准备。而这些南来北往的客人中，同样注意招揽人才的土匪、侠客等也注意到了大车店这个又机灵，又会巴结的小伙计，乐于教他十八般武艺。两年后，"张老疙瘩"产生了质的变化和飞跃。

他像一棵柔韧的青藤，一直在东睐西瞅，等待有个向上爬的机会，这个机会终于来到了。

二

冯德麟（字麟阁）是辽西巨匪。在人多势众，有枪便是草头王的动乱时代，他随时睁大一双诡谲的眼睛，注意收罗人才。他注意到了海城县当大车店伙计的时年19岁的"张老疙瘩"张作霖。

一个月黑风高的夜晚，熊腰虎背，求贤若渴的冯德麟化了装，来到大车店找到"张老疙瘩"，邀他上山入伙做兄弟，说山上的日子逍遥有趣，弟兄们大碗喝酒，大块吃肉。有的人将我们叫匪。什么叫官，什么叫匪？自古兵匪一家，所谓官，说穿了不过是背了一张朝廷的皮而已，官比匪还坏。小兄弟，我之所以来，是看你还灵醒。冯德麟话说到这里，戛然而止，注意打量"张老疙瘩"的神情，说是你可以考虑考虑再说。

冯德麟这番话，在19岁的"张老疙瘩"本来就不平静的心里投下一颗石子，搅动起他的思绪，具有诱惑力。从内心讲，他想上山为匪，但事关前程，他一点也不"疙瘩"，心里明镜似的。他明白，在这个重大问题上必须慎之又慎。在心中掂量了又掂量，他决定婉拒辽西巨匪冯德麟。

那天，冯德麟又来了，等他回话。冯大爷！"张老疙瘩"做出一副很诚恳的样子说，冯大爷看得起我这样一个穷小子，我心中感激万分。从心里说，我是想拔脚就跟冯大爷上山去过舒心日子，但家父死得早，我妈养我不容易。古话说得好，老母在，不远游。所以我暂时不能跟您老走。不过我想，投到冯大爷麾下总有时……他这样一番半文半白的话，说得转山转水，态度也显出真诚。

这让辽西巨匪冯德麟对他越发刮目相看。

没有看出来，你小子还真有两下子，有板有眼的。冯德麟说，我没有错看你。好了，我也不勉强你。你什么时候想来，我的山门对你都是敞开的。临了，辽西巨匪用他蒲扇般的手掌，在多毛的胸脯上咚地一拍，很豪壮地说，以后若是有人欺负你，你就说是冯大爷的人，我看哪个敢！冯德麟这就回山了。

"张老疙瘩"心中暗暗得意，不是说狡兔三窟吗？我现在不就有了一窟！

清廷末年就像一间分崩离析、烂透了的大房子。说不定哪天风一吹，就会整个塌陷下去。乱世出英雄，每个人面前都是机会与危机并存。

在动乱的时局里，20多岁的"张老疙瘩"渐渐认准一个真理：有了枪杆子就有一切。权衡再三，他决定吃粮投军。他最先投在辽西马玉昆手下当兵，因为精于骑射，为人精明有心计，很快当上了一个小军官——哨长。不久，马玉昆奉命率部移师进驻关内。这时，已经不叫"张老疙瘩"，而以大名张作霖示人的他，不想入关，溜了，当了逃兵。

他先是回家，出乎他意外的是，原先对他冷淡的老丈人赵占元一改以往，对他的归来很是热情。这是因为时局动乱，东北各地土匪多如牛毛，随时有土匪进村骚扰；各地也就针对性地自发地组织起"保安队"自保。张作霖回来得正当其时。他年富力强，在军队上当过哨长，赵家庙保安队队长非他莫属，他是最佳人选。因为赵占元的关系，张作霖理所当然地当上了赵家庙保安队队长。

日子像一条浑浊的河流，不快不慢地向前流淌。

也许嫌日子过得太平静，为了寻求刺激；也许是父亲张有财给他留下了好赌的遗传基因，他开始了赌。老岳父赵占元不喜欢他赌，不愿意看到女婿成为一个赌棍，于是，他转移阵地，到邻村去赌。

真可谓青出于蓝更胜于蓝，有其父必有其子。张作霖出手不凡，他的赌术越来越高明，赢了很多。可是俗话说得好，爬得高，跌得重。只要是赌，就必然最后是输。

一幕类似父亲张有财的悲剧，开始上演了。那是一个白雪飘飘，寒风呼啸的冬天深夜。邻村一伙职业赌徒，在一泼皮头领的带领下，合伙整他，约他去邻村赌，输得他精光。昏黄的油灯下，屋子里烟雾缭绕，乌烟瘴气，围在其中的张作霖抓耳挠腮。

输得一文不剩的张作霖发现其中有诈，他抬头对几个泼皮说，我输光了，夜也深了。我走，明晚接着来。他想脱身。

想走？那泼皮头领把桌子一拍，哼！想走，没那么容易！

哥儿几个，有话好说！他心中暗想，人多为强，狗多为王！向来不把几个泼皮赌徒放在眼中的张作霖见状不妙，心中后悔。三十六计，走为上计，他赔话道，今晚，我输给哥儿几个的钱，肯定隔日还上。

不行！

张作霖一惊，那要怎样？

没有钱，把你的衣服裤子脱下来当在这里！什么时候拿钱来，我们还你。泼皮头领说时，仰头枭笑；身边那几个赌徒叉腰捋拳，虎视眈眈。

张作霖一惊，这才意识到问题的严重性。这几个家伙是想置他于死地。这么冷的寒夜，外面滴水成冰，让我光着身子回好几里远的赵家庙，路上非冻死不可。

可是没有办法，在几个家伙的威逼下，脱得精光的张作霖，冷得瑟瑟发抖。他抱着膀子，可怜兮兮地对泼皮下话求情，如果我张某平日对哥儿几个有得罪处，说出来，我改日整酒赔罪行不行？

你们说行不行？泼皮头领转头问他的几个兄弟。

不行！

那就没办法了，只能这样！泼皮头领很肯定地说，也把膀子抱起。

能不能给我件内衣让兄弟挡挡风寒？平日钢筋火溅，铁钉子都咬得断的张作霖这会儿着实可怜。他将双手抄在胸前，瘦削的腰弯得像个虾米，一再求情。

你平时干吗去了！泼皮头领发作了，你这会儿少在老子们面前装三孙子，快滚！

快滚！站在旁边的赌徒枭笑起来，说，你跑得快，你老婆在热被窝里等你，你冻不死。

快滚！滚慢了，老子们按赌场规矩办你！泼皮头领说时，将袖子一撸，亮出雪亮的刀子……

好好好，我滚我滚。张作霖连滚带爬，精光着身子，像条狗似的一下冲出门，冲进了大雪纷飞中裹着大烟泡的寒冷至极的深夜。

张作霖前脚跑进风雪弥漫的暗夜，泼皮头领立即带着几个伙计穿好棉大衣，戴上帽子，跟了上去。生性歹毒的几个家伙非把张作霖折磨至死不行，他们以看到张作霖倒在冰天雪地里冻死为乐趣。

一头扎进暴风雪中的张作霖，朝赵家庙方向猛跑。他意识到，此刻生死都在一念间！漫天的暴风雪，寒冷至极，就像有千把利刃，从他身上划过。初时他感到浑身透心凉，渐渐趋于麻木，四肢僵硬，就像猪拉狗扯要将他放倒在地。如果放倒在地就糟了，就再也起不来了。他竭力挣扎猛跑。然而，人的意志无论多么坚强，生理总有极限。深夜的严寒，像一张死亡的黑色大网，无情地向他兜头扑来。就在他的热能即将耗尽，头脑昏沉，就要倒地之时，实该他命不该绝，这时奇迹出现了——

好大一场雪

黄狗身上白

白狗身上肿……

空旷的雪原上，传来一阵喑哑的歌声。张作霖下意识地停止奔跑，抬头朝前看去，弥漫的风雪中，冒出一个骑毛驴的人。这不是卖豆腐的钟三吗？张作霖大喜，犹如落水的人捞到了一根救命的稻草。

"三哥，快救救我！"抖索不已的张作霖大声呼救。

骑在毛驴上的钟三闻声吓了一跳，及至近前，借着雪光看清用双手捂胸，赤身裸体站在自己面前喊救命的竟是赵家庙保安队队长张作霖，钟三哥大惊，"这不是疙瘩兄弟吗？"豆腐钟三赶紧翻身下驴，将自己身上的一件虽然破旧，但又长又大又暖和的棉大衣脱下，披在浑身打抖的张作霖身上。"兄弟，你这是咋整的？"钟三说着将一个装满了酒的葫芦递给他。张作霖一边将破棉大衣裹紧，一边接过酒葫芦，仰起脖子，咕咚咕咚猛灌一气。顿时，生命的火焰从脚下升起，走遍全身。缓过气来的张作霖，将邻村泼皮流氓如何联合起来整他，想收他的命的过程给钟三大概讲了。

豆腐钟三心好，且与张作霖岳父有旧，就说："兄弟，事不宜迟，你赶紧穿上我这件破大衣往家跑！"

感激涕零的张作霖弯腰给救命恩人钟三鞠了个大躬，说："救命之恩，来日相报。"说完，顶着越下越紧的暴风雪，往赵家庙方向跑去。

张作霖前脚一跑，几个泼皮流氓后脚赶到。他们用怀疑的目光看看左右，喝问已经上了驴背，就要离去的钟三，看到张老疙瘩没有？

豆腐钟三是个老实人、厚道人，也是这几个泼皮流氓的长辈。借着刚才喝过几口酒盖脸壮胆，他教训这几个家伙，说，你们这样整是要死人的！

"狗日的钟三！"领头的泼皮听了大怒，指着豆腐钟三的鼻子破口大骂，"我哥儿几个一路追来就在奇怪，张老疙瘩早该冻得躺下了。原来是你个狗日的救了他的命！"说着问手下几个流氓："你们说，咋个整？"

"没说的，狗日的钟三救了张作霖，就拿他来顶！"

"放狗日的钟三的血！"有人拔出了明晃晃的刀子，刀尖在钟三鼻子上一晃。

豆腐钟三万不料事情整得这样深，吓着了！不过，他脑子转得也快，手一摆，说："哥几个晓得我钟三平时吃斋念佛，只知救人一命胜造七级浮屠。我如果早晓得事情的原委，晓得哥几个是要他的命，你们就是借给我十个胆子，我也不敢救他。不知者不怪罪，对不对？请看在本乡本土的面上，饶我一次。"

几个流氓中，就有人出来建议：钟三，放鬼是你，收鬼也应该是你才对。你骑着四条腿的毛驴，跑得比我们快得多。既然张老疙瘩才过去，你现在就骑毛驴给我们追。应该追得回来，必须追回来！我们就跟在你的身后，如果你把张老疙瘩给我们追回来，我们与你没事。不然，不要怪我们不客气！

泼皮头领说，这样也行。豆腐钟三连连答应，骑上毛驴，手中鞭子一扬，嗒嗒嗒！钟三骑着毛驴，在暴风雪中一溜烟追了上去。豆腐钟三哪里会去追，他知道后果严重，所幸他孤身一人，无牵无挂，这一去，再也没有回村，再也没有了踪影。

几年后，张老疙瘩发迹，成了大名鼎鼎的东北大帅张作霖。不用说，那几个想收他命的泼皮流氓，早被他悉数收命。而流亡他乡，被他寻找回来的豆腐钟三，被他像供祖先人一样供奉起来。以后，无论是在东北奉天大帅府中，还是再以后，张作霖当上安国军大元帅，住进北京中南海，亲近张大帅的达官贵人，进到他的大帅府中，或都可以看到，一个虽然穿得阔绰，举止始终不脱乡气的东北老爷子，被一群女佣精心服侍、哄着。张大帅高兴了，还会把这个老爷子带出来见客介绍。这尊佛似的东北老爷子，就是当初救过张作霖命的豆腐钟三。

三

1901 年旧历二月三十日这一天，注定是张作霖值得记忆的一天。

这天，鹅毛大雪下得很紧，将天地弥合在了一起，而赵家庙保安队队长张作霖的队部办公室里温暖如春。

北地辽阔。他的队部办公室设在一个四四方方的小院里，离小镇还有一段距离，旷野寂静，四下无声。小院四周几株高高的白杨树，剑一般刺向空中无声地迎风斗雪，有种难言的萧缩雄劲。连绵不绝的大雪落地沙沙有声，这份荒寂中，似乎潜藏着某种凶险。

张作霖正在重温《三国演义》，思绪陷得很深。这本书是他的最爱，教给了他许多谋略以及用人识人的道理等等，很实用很享受。他每看一遍都有新的收获新的体会。他对屯子的安全很放心，很自信，因为，所有的一切，他都作了周详的考虑布置。动乱的年代里，26岁的保安队长已经很有些了人生历练，做事处处小心，步步留神。

这天表面上看来，同以往任何一天没有什么不一样。做事细心的他，在屯子四周放了岗，有的地方放的还是双岗，哨兵成双，一个在明处，一个在暗中游动。

张作霖的办公室窗明几净，布置得很简洁，屋子里不过一炕一桌两把椅子而已。有时晚了他不回家，就宿在队部。这间屋子，既是他的队部办公室，又是书斋。这会儿，他坐在靠窗的桌子前，专心致志地读《三国演义》，脚下有个火盆，火盆上的炭燃得正紧。

北地的阳光很是明洁明丽。虽然是冬天，北地的阳光没有热力，但阳光仍然透过窗棂洒进屋子，洒在张作霖身上。看得分明，年轻的张作霖这天身着一件中式蓝绸面的棉长袍，外罩一领金线锁边棉滚身。他没有戴帽子，油黑浓密的头发往后梳得一丝不乱，在脑后绾成一根大辫子。显然，这还是清朝。但这个时候，统治中国约300年的清王朝，像一只航行在危机四伏，狂风劲吹的大海上破烂不堪的大船，随时可能樯倾楫摧，而东北三省，更是处于日俄两强的夹缝中。

凝神研读《三国演义》的张作霖个子不高，清瘦，完全谈不上东北男人的魁梧。脸是小小的长条形，五官清秀，好像还有点儒雅，但如果细观默察，就会看出，他的眼神中满含诡谲；特别是那一副钳子似向上拧起的剑眉，透露出相当的杀气和霸气。

有句俗话说得好：多读《水浒》会造反，多读《三国》会打仗。张作霖对《三国演义》情有独钟。他觉得在这部书里，有政治、军事，有在乱世中乘乱而上，纵横捭阖的诀窍，有他需要的全部。这部书，是他前进路上不可须臾离弃的一根拐杖。

张作霖重温了书中《刘玄德桃园三结义》一段，联想起当下，俗话说得好，一个好汉三个帮，一个篱笆三个桩。最终当了蜀汉皇帝的刘备其实没有太大的本事，因为搞了个桃园三结义，形成了他最初事业发展的核心和契机：关羽文韬武略，义薄云天；张飞有万夫不当之勇，疾恶如仇。关张二人就像是刘备张开飞翔的两翼。思绪由此跌宕开去，他不由得想起最近发生的一桩事。

他手中这支保安队六七十人，大都有枪，他抓得也紧，不时训练，算得上周围团转最强的一支地方武装了。日前，附近金家屯保安队队长金寿山找他来了。金寿山有俄国人做靠山，有相当实力，这人长得牛高马大，满脸横肉，头戴一顶桶子似的俄式帽子，30来岁。

金寿山开宗明义地对他说："老弟，你我这样一盘散沙，各自为战，不是个办法。"

"老兄的意思是？"张作霖是何等灵醒之人，一下子看出金胖子找他的目的，不过没有说透，明知故问。

金胖子眯起一副扫帚眉下诡诈的小眼睛，打量着个子小小，面目清秀的张作霖，把手一摊："我们这一围团转，村村都有保安队，而真正有点实力的，你我而已。"

"我的意思是，如果我们两支保安队合在一起！"金胖子说时，把伸开的手掌一合，拳头一挥，加强语气和气势。

"老兄说得是。"张作霖问，"问题是合在一起，你我兄弟哪个当头？"

"这个好办。"金胖子哼哼一笑，"我比你老弟长几岁，这个队长我来当，你当副队长。也就是说，我是大哥，你是二哥，如何？担子我多挑些。"金胖子说得很好听。

"那不行！"张作霖断然拒绝，说出的话尖酸刻薄，对大名鼎鼎的金寿山有一种教训意味，"各地的保安队嘛，就是保一方平安。你说了这么多，说白了，就是想将我这支保安队吞并。如果这样，我得去问问赵家庙的所有父老乡亲，看他们答不答应！"金寿山万万没有想到，又瘦又小，书生一个的张作霖竟然不服他的气，同他翻脸。

"好好好，你个张作霖！"东北人本来耿直，何况金寿山满身匪气，他发作了，站起来，用手指着张作霖的鼻子，"你小子敬酒不吃吃罚酒。你小子不做我老金的朋友，那就只能做'碰友'对不对？"碰友的意思就是敌人。

"我等着，我不怕！"张作霖毫不退让，桌子一拍，也站了起来。他就这样同金寿山闹翻了。事后，为预防万一，他做了必要的准备，联络附近一些个屯子的保安队，与他们订立了攻守同盟。就在他思虑至此时，远远砰的一声枪响，随即，屯子外就打成了一气。

张作霖霍地一下站起，提起枪，开门问站岗的卫兵咋个回事？这时，前来向他报告的卫二狗，满脸惊惶地向他报告："金胖子……带人……把我们屯围了，打了我们一个突袭。卫兵……黑蛋被他们最先打死……个毬了……"

"慌什么，没出息的东西！"赵家庙保安队队长，26岁的张作霖沉着应战。他赶到战斗最烈的地方指挥。

东北，往往一个屯子就是一个天然的土围子，四周有厚厚的寨墙，易守难攻。张作霖来到打得最激烈的地方，从厚厚的寨墙内抬头往外一看，心凉了半截。金胖子有备而来，队伍有百来号人，一色的俄式装备，攻得很急。虽然他的保安队凭借坚固的寨墙，尽可能用交叉火力进行顽强抵抗。但是，最要命的是，敌人有一挺令人生畏的马克沁重机枪，从对面一个掩体内不断朝这边射击。咕咕咕，飞蝗般的子弹，带着浓重的死亡气息泼来，打在厚厚的寨墙上，发出噗噗声响，烟雾迷离，打得兄弟们睁不开眼睛，抬不起头。事关生死存亡，他带着赵家庙的人坚决抗击，同仇敌忾。金胖子率部打了一个多小时，就是攻不进来，伤亡了好几个人。金胖子领略到了张作霖的强硬，暗暗心惊。金胖子改变了策略，停止了武力攻击，转为文攻。金胖子躲在寨墙外一个有相当距离的安全处，用手提喇叭对着赵家庙喊："大家乡里乡亲的，之所以如此，都因为张作霖一人……"金胖子要赵家庙人交出张作霖，只要交出张作霖，保证以后相安无事。

张作霖心中清楚，金胖子这手肯定没门，但久打下去，他肯定打不赢。真把金胖子惹毛了，金胖子泼命拿下赵家庙，屠屯都有可能。金胖子之所以下大力气攻打赵家庙，是因为一山不容二虎，是容不下他张作霖。

打不赢就走。英雄报仇，十年不迟。计议已定，张作霖骑上一匹黑骏马，指挥他的保安队员交相掩护，有序突围。突围成功，他投到邻县——很有势力、实力的台安县八角镇保安队队长张景惠手上。

张景惠是个人物。这个后来在伪满洲国当过总理的人，巨眼识英雄，一眼就看出了这个前来投奔他的比他小四岁的张作霖不是池中之物。于是，张景惠不仅热情接纳了张作霖，而且让贤，他让张作霖当队长，他当副队长。

"不行，不行！"张作霖诚惶诚恐地推辞，"这个时候，老兄能接纳我和我的兄弟们，我已经感谢不尽，咋能越位？况且，在年龄上你也为长。"

"怎么就不行！"张景惠表现得很真诚，"有道是，有志不在年高，无志空长百岁。贤弟是大才。我们两支保安队合并，第一把交椅非你莫属。我是真心诚意，为了我们的事业，请老弟万勿推辞。"

"这岂不是鸠占鹊巢！你的弟兄们能答应？"张作霖有点摸不透张景惠的真实动机，很是犹豫。

"贤弟放心。"张景惠知道他的担心，很肯定地说，"在八角台，我张景惠说一句算一句。我定了的事，没有人敢说半个不字！"张作霖就坡下驴，说是恭敬不如遵命，他当了两队联合的第一把手。

二张联起手来做事，声势大震。不久，又一个张——张作相也把他的保安队拉了来入伙，张作相当了第三把手。就此，张作霖完成了他的新版"桃园三结义"。三张结义，三张联手。很快，三张的势力实力滚雪球似的越滚越大，横行辽西。

四

清光绪二十七年（1901年）这个春寒料峭的晚上。夜已经有些深了，黏稠漆黑的夜幕将一条模范街几近占完的盛京将军府邸裹得紧紧。高墙深院中，那些亭台楼阁影影绰绰，华贵峥嵘，显示出睥睨一切的尊贵尊严和尊荣。巍峨的眉楣下，两盏垂着金黄流苏、标有盛京将军府增字样的大红灯笼，在寒风中摇曳。

灯光映照下，两个极具满蒙特色的戈什哈，站在门前，一动不动，像是两尊雕塑。他们身材高大魁梧，头戴伞形红缨帽，身穿武士服，腰佩鲨鱼皮宽叶腰刀，手按手把，腰板挺得笔直，两眼望着虚空，竭力表现出威武威风。门槛高高的九级玉石台阶之下，两边一边蹲一尊威猛高大的汉白玉石狮子。

这个夜里，盛京将军府表面上一始既往地显示出威镇东北三省的架势，其实，这是一种假象表象。

内庭里，增祺将军的书房里温暖如春。虽然烛光幽微，仍然可以看清，书房四壁挂有名人字画，书香四溢。将军着一袭青面软缎便袍，坐在一把垫有虎皮的黑漆太师椅上假寐。他似乎睡着了，又像是在深思着什么，又好像在等着什么人！增祺将军50来岁，看起来比实际年龄要年轻。他那张保养得很好的脸上，皮肤光洁，腰上拴个槟榔荷包，脑后拖根油黑大辫子。这会儿他竭力做得神清气闲，但那一副疏淡的眉毛紧锁，这就暴露了他的内心其实是翻江倒海的。

与将军对坐的是他的亲信，新民府知事廖彭。一看而知，廖知府是那种一踩九头翘，善于揣摸掂量上司，且很有心计的官员。廖知府年近半百，穿一件宝石蓝的绣有三品水波纹的朝服，显得很正规，有一种下级官员朝见上司的意味。这会儿，他用一只瘦手抚拂着颌下山羊胡，一边细细端详坐在对面的上司，猜测着主官心思。东三省地广人稀，历来多匪，现在尤其猖獗，特别是在辽西，大有燎原之势。为此，朝廷震怒，对增祺将军严厉申斥，命他限期根治匪患。但是，将军兵力不敷，大有捉襟见肘之感，特找来足智多谋的廖知府问计。刚才，廖彭向主官建议，为今之计，最好是对一些有影响，且有向善归顺朝廷的胡子网开一面，实行招抚。比如，在海城一带影响日大的张作霖。说到这里，将军没有要他说下去。

静默了一会儿，也思忖了一会儿，将军轻轻抬了抬眼，示意廖知府把刚才没有说完的话说下去。

"是的，将军。"廖知府会意地弯腰低头进言，"事情都这样，说起来容易做起来难。对胡子招安，比如对胡子张作霖招安，就要涉及给这些胡子们的官位、饷银等等。"

"是。"处于假寐中的将军点点头，抬抬眼，"此说还是其次。主要的是我不能不考虑，如此一来，我堂堂的盛京将军是否会降尊纡贵？这可是牵一发动全身，来不得半点轻率行事。"

"将军教导得是。"廖知府的话戛然而止，他陪着将军再一次陷入沉思，不时注意瞅一瞅将军的神情，揣摸其微妙心思。

增祺，满洲贵族，镶黄旗，伊拉里氏。早年以佐领职，被朝廷调黑龙江协助练兵事，后升为齐齐哈尔副都统，光绪二十年（1894年）任福州将军兼署闽浙总督，两年之后，重新调回东北，升为节制东北三省的盛京将军，可谓步步高升，深为朝廷器重信任。其时将军正当盛年，举止稳重，面白无须，头脑清楚，遇事有主见。宦海沉浮，一帆风顺。然而，世事多变，近年来，不顺心的事一桩接着一桩，去年，他就跌了一个大跤子，让他在处理张作霖招安这样的大事上，不能不格外当心。

光绪二十三年（1897年），北极熊沙皇俄国占据了我北方海参崴之后欲壑难填，步步南下，让增祺感到日渐增长的压力。在沙俄威逼下，他背着朝廷，在奉天与沙俄草签了《奉天交地暂且章程》，这就把整个奉天置于沙俄的势力之内。后事情败露，朝廷震怒，立刻宣布所签条约作废，将增祺革职。清廷原以为沙俄一定不肯善罢甘休，不意沙俄国内革命势力如火燎原，如火如荼，无暇东顾；沙俄竟"乖"了一回，将已经吞进肚去的肉又吐了出来。

清廷很意外地赢了这一回，也就原谅了增祺，让增祺官复原职，只是训戒他，这样的错，平生只有一回，不可能有二回。因此，在如此重大的问题上，他不能不倍加小心。

廖彭知道，这会儿将军的心思不止于此。将军定然挂牵着在路上的年轻俏丽的夫人。

年前，增祺将军将他年轻貌美的夫人送回关内，暂居北京老宅。增祺将军这位夫人是位少夫人，不到而立之年，长得丰肌玉骨，面庞秀丽，是典型的北国佳丽。

现在，增祺将军渡过了难关，局势安静了下来。日前他去信京师家中，嘱老管家带一队护兵护送夫人回奉天团聚。虽说从京师到奉天，沿途都在可控范围，但关山相隔，迢迢千里，为预防不测，心思缜密的将军给了老管家锦囊妙计，要他们全部化装，夫人更是女扮男装；沿途未晚先投宿，鸡鸣早看天；走一程就让老管家派人先送信来。今天下午将军接信，得知夫人一行今晚宿台安县八角镇。掐指算来，夫人明天晚些时候就该回到奉天了。

将军忽然想到了什么，一惊，挺起身来，惊诧地问廖彭："台安县八角镇就是你说的那个什么大胡子张作霖控制的地盘吗？"

"是。"廖知府从将军忽然惊悚起来的神情中看出了将军担心的由来。

"夫人他们过八角镇，不会有什么问题吧？"将军吐露出他的担心，"不至于行百里者半九十吧？"

"不会，不会！"廖知府赶紧宽将军的心，说，"夫人此行，将军虑事极细。一路上大江大河都过来了，岂会在小河小沟里翻船？请将军放心。"

听智多星廖知府这样一说，将军一颗心咚的一声落进胸腔里。于是，变得眉活眼笑的将军，同手下廖知府一路检点起夫人一行从京师出山海关的行程。在他们看来，夫人一行，步步稳扎稳打，行动隐秘，决无问题。

可是，增祺将军万万没有想到，同一时刻，在远不过百里的台安县八角镇上，大胡子张作霖和他的结拜兄弟张作相、张景惠还有日前来入伙的汤玉麟，正在打他夫人的主意。

宽敞简洁的议事厅里，三张一汤，围桌议事。桌子当中放一只铜质烛台，烛台上一只足有小孩胳膊粗的牛油蜡烛燃得正紧。粗大的牛油蜡烛，已经燃了一半，烛液不断往下滴，好像是流的眼泪。看得出来，他们议事已经很有一段时间了。

"我想，我们弟兄长期混迹绿林也不是个办法。"张作霖用他那双目光犀利的棕色眼睛，迅速打量了一下坐在他对面的三个兄弟，说，"不如趁我们现在手中的本钱，向官家讨个身份！"看三个兄弟对此说有兴趣，却又不明究里的样子，干脆摊开说明："我刚才得到确切情报，盛京将军年轻貌美的如夫人玉蝴蝶今晚或明天一早要经过我们的地盘。我们拿她是'坛子里抓乌龟——稳拿！'"他用了一句歇后语，伸出五指，很形象地做了个坛子里抓乌龟的动作。

哈哈哈！张景惠、张作相、汤玉麟笑着对张作霖说，大哥是不是对这个小娘子有啥想法？他们四人中，张作霖年龄最小，但他是领头人，他们都叫他大哥。

"说到哪里去了！"张作霖说，"这颇有姿色的小娘子是盛京将军的心头肉，宝贝得不行。我们拿到她，只要她成为我们手中的人质，要她去交换。这是我们改换门庭的好机会。"

张景惠、张作相、汤玉麟听此一说，完全开窍了，表示坚决拥护、认真执行命令，接着，开始准备。

东北大地天亮得早，雪在半夜时分停了。这个早晨，当最后一线黑绒似的夜幕落尽，寒凝大地中，规模不算小的八角镇似乎还在沉睡，四周阒寂无声。然而，张作霖已经张网以待了。在八角镇旁边那条隐蔽在树林中的小道上，这时隐约传来一阵马蹄声。从关内通往奉天的路是两条，一条官道通过八角镇，另外就是这条很不好走的秘密小道。

过道的小队以为他们很隐秘，不会有人知道。随着林中传来的树枝冰挂被折断的窸窸窣窣声响越来越近，埋伏在侧的张作霖们很快看清楚了，盛京将军的如夫人和老管家骑在马上，几个训练有素的卫士前后护卫，小心翼翼而来。将军夫人身披一件厚厚的白色斗篷，头戴一顶雪貂皮帽，捂得很厚实。不知她是怕还是冷，几乎将身子趴在马上。骑马走在夫人身后的老管家，穿一身厚厚的黑色棉衣棉袄，尖尖脸上的一绺山羊胡上结满了冰花，护卫在他们前后的五六个卫士，全都穿东北老乡爱穿的黑色棉衣棉袄，窄衣箭袖，充满警惕。

骑一匹大黑骡、神情精明的老管家，深怕有所闪失，前前后后指挥押阵。昨晚他们住离八角镇不过二十里地的森林小镇上。当时时光还早，卫队长很不解地问老管家，我们何不到八角镇住宿？那是个大地方条件好，几个卫士也这样说。

"你们真个猪脑子！只知其一，不知其二。"老管家一声冷笑，教训他们，"你等知不知道八角镇是哪家天下？只怕说出来要吓你等一跳。"看卫队长们一副莫名其妙的样子，老管家谈虎色变地说："八角镇是三张一汤的天下。"接着解释说："就是闻名东北的大胡子（大土匪）张作霖还有胡子张景惠、张作相、汤玉麟。我们如果明目张胆地过他们的地盘，保不准会发生点啥事情。特别是，我们是护送将军夫人过去。"说着话声音变小，样子很鬼祟："你们可知道，将军如夫人的年轻貌美，在东北可是出名的，没有人不知道。有句话咋说？"老管家考试似的问卫队长。

"色胆包天！"卫队长悟出来了，说时一笑。

"对！听我的。"老管家声色俱厉地说，"这是最后一站，弟兄们再吃点苦，明天只要把夫人平安送到奉天，那就大功告成。将军有言在先，届时，会重赏诸位。"

卫士们转忧为喜，欢呼起来。

于是，一行听从老管家安排，早早安息，第二天一早早早动身。就在他们一行就要走过危险区，精明的老管家得意地眯缝起眼睛，暗自庆幸之时，突然，平地惊雷——

"停步，不准动！"

"谁不听招呼，就打死谁！"

随着这声声猛喝，大雪没膝的小道上，周围大树后齐扑扑闪出一队土匪。他们服装不一，枪上膛，刀出鞘，足有二百来人，黑压压一片，将将军夫人一行人马拦截下来；他们个个凶神恶煞，似乎只要将军夫人一行哪个敢动一下，马上就会惹来杀身之祸。

老管家和他的手下人，没有一个敢动，乖乖地做了张作霖们的俘虏，被悉数押到八角镇。

出乎意料的是，这帮土匪对他们优渥有加，尤其对待将军夫人，让她带着使女梅香独居一间上房。这一天在混乱加惊吓中很快就快过完了。晚饭后，将军夫人坐在那间极其雅致的上房中，心中打鼓，不由得注意观察自己这个居间。屋子正中，一张镶玉石台面的小圆桌上已经掌灯，一只大红蜡烛在枝子形灯架上燃得正紧。烛光幽微跳跃。看得清，孤坐桌前的将军夫人，竭力沉着，好似在打量这间屋子，实际上思想上转得走马灯似的。

屋子里温暖如春，靠壁是一张很舒适的大炕，炕上一床水红被子还是新的，房间里布置得很简洁，不过几把椅子而已。将军夫人用十指纤纤的素手，捧着一只盛香茶的很精致的千日红茶杯，挑起一副秀眉，注视着窗棂外正在走来的夜。红晕晕的灯光映照下，窗外是疏疏扬扬的大雪剪影，这一天发生的事让她满脑袋雾水。

咦！这张作霖将我等擒来，所为何事？明说是好好招待我，却又将我和我的下人、老管家他们隔离开！纵然是我的使女梅香，刚才也被他们叫了出去，带话过来，说是他们的大头领张作霖马上过来，有事向我禀报，却又迟迟不来！咋怪头怪脑的？读闲书很多的她，东想西想中，突然电击似的脸颊飞红，心跳如鼓。她想到了《水浒传》中的矮脚虎王英和扈三娘的故事。啊，莫非这张作霖是个好色之徒，他抢我来是要我做他的压寨夫人？抑或是他素闻我美貌无双，将我抢来过过眼瘾？恐怕没有那样简单！张作霖年轻力壮，骚气蓬勃，如果在这样的时分来看我这副俏模样，怕是眼睛都要红。那就必然发作。如果他一旦发作，肯定连他自己都控制不了，必然像头老虎一样向我扑来。如果这样，我当如何？从还是不从？

就在将军夫人心中十五个吊桶打水，七上八下时，毫无征兆毫无声响地门帘一掀，张作霖带着一股寒气走了进来。

"夫人好！"张作霖彬彬有礼地站在她面前，作一个揖说，"在下之所以打扰夫人，是有事向你禀报！"

张作霖声音不大，显得温和，可在她听来，却如同响了一记惊雷。她赶紧收住神思，竭力做出端庄的样子，用一双美目，注意来人的一举一动，一言一行。来人似有不轨之意，进了门，又探身出去看了看，这才放心大胆地关上门。将军夫人下意识地往后缩了缩身子。

来人并没有像她所想的那样！他不像一般骚气蓬勃的胡子，对女人，摘在筐里就是菜，何况她这样美貌无双的女子。来人如果是骚气蓬勃的胡子，在这样的夜里，她又在他的手里，必然是几句挑逗的话一过，就会像骚猴子一样向她扑过来。他没有，而是很有礼貌地坐在她对面，右手拿起茶壶，左手将衣袖一捋，用手揭开她茶杯的盖子，提起茶壶往她茶杯里续开水，显得很是斯文。

张作霖在将茶壶放下时，手一比，示意夫人请茶。然后向她道歉，说些照顾不周的话云云。天下竟有这样的胡子？幽微的烛光下，将军夫人不禁圆睁美目，注意打量这个一点也不招人讨厌的年轻男人，却又下意识地抬起双腕，护住自己丰满的胸部。作为过来人，这时思维的屏幕上闪出这位土匪大哥向她扑来的一幕幕极富刺激的情景、画面。她之如此，不知是出于一种下意识的自卫，还是一种从心底升起的暗示。也许，她的生活太平静太优裕，而她的年龄到了对性生活渴求的时候；特别是她与将军分别太久，让她对坐在眼前这位让她心生好感的青年男人有种情不自禁的冲动。她已经做好了充分的心理准备。此时此刻，她的内心深处，倒真是希望这位正当其时的青年男人，不要这么文质彬彬，最好是如狼似虎地扑过来。

但是，很遗憾，将军夫人预料中的精彩画面、动作都没有出现，张作霖彬彬有礼地坐在她对面说话。这样，反而让她不能正襟危坐了。

"怠慢了，将军夫人。"张作霖告了得罪，用一双犀利的棕色眼睛打量着夫人，似乎知晓她在担心什么，想着什么，说，"晚饭后，我知道老管家爱抽几口大烟，就让张作相陪老管家去烟房抽烟去了。知道夫人有消夜的习惯，而且爱吃狗肉，我特意让下人给夫人打了一只肥狗，怕他们弄不好，这就专门让梅香去监视着弄去了。"

明明知道张作霖说的是假话，但这些话编得好听、受听，夫人不知所以地嘘了口气，看着这位知疼知热，长相清俊的张作霖，心生好感，主动把话挑明，她抿嘴一笑，北音婉转，吐字若兰地说："你今天早上说请我来，是因为有话要亲自对我说是吗，就说吧！"

"夫人！"张作霖低了头，略为沉吟，他说，"在你和将军看来，我们这些保安队无疑都是土匪、胡子对吧？"

"保安队是保境安民的队伍。"夫人说，"咋个能同土匪混为一谈。"

"我知道夫人这样说是安慰我。"张作霖抬起头来看定夫人，长长地叹了口气，好像无限的伤心事和委屈尽在其中了。他这就不管不顾地将自己的出身，坎坷经历，对夫人大体作了个禀报。尽管他这番话说得转山转水，但他将他是赵家庙有头脸的正经人家小地主赵占元的二女婿的身份表明……他总体上给将军夫人的印象是，他是一个良家子弟，如果人们将保安队的人看成匪，那也是逼不得已的事。他最后点出主题：良禽择木而栖，贤良择主而事。得悉盛京将军欲招兵买马，他希望通过夫人禀报将军，他愿率八角镇保安队全班人马，服膺将军麾下，报效朝廷！

"啊，就是这么点事吗！"将军夫人是当得了将军家的，听了张作霖这话，当即大包大揽，说，"没有问题，小事一桩。"

"夫人恩德，定当后报！"张作霖站起来，给将军夫人作揖，弯下腰去，深深施礼。就像时间掐算好了似的，这时，将军夫人使女梅香回来了。门外，同时响起老管家对夫人的问候声。

张作霖这就适时站起，适时告辞。

结果不言而喻，皆大欢喜。

光绪二十四年（1898 年）九月，26 岁的大胡子张作霖摇身一变，变为了清军管带。盛京将军将张作霖所部共计 300 多人悉数收编，整编为游击马队一营、步队一营，另二张一汤也都成了清军下级军官。这支官军统一由管带张作霖率领。盛京将军就此开创了东北由"匪"改"官兵"之先河。

当吃上皇粮、穿上清军管带军服，腰佩一把宽叶战刀的新任清军管带张作霖向增祺将军谢恩时，增祺将军很有兴趣地问他："你为何要这样争着来服膺报效朝廷？当管带哪有你原先那样舒服？山高皇帝远，在八角镇周围团转，你和你的那帮人，就是土皇帝！"

"报告将军！"匍匐在增祺面前谢恩的张作霖相当坦率地说，"因为我想升官发财。"

第二章│善于攀缘的青藤│

一

光绪三十年（1904 年）二月，长期在中国东北盘踞、相互争夺的日俄两强大打出手，在中国的土地上打开了日俄战争。

一开始，这场战争呈现胶着状态，日俄两强在辽西一线展开拉锯战，当地巨匪金寿山、冯德麟、杜立三都是日俄双方竭力拉拢争取的对象，而这几个巨匪支持哪一方，也都旗帜鲜明。带兵驻扎在这一带的清军管带张作霖，又有不同。他像一条善于钻营的游蛇，表面上奉命中立，实际上却在一边暗暗窥测方向，期望找到上爬，发展自己势力的好机会。

战争初期，在张作霖看来，俄军势力大些，他就一株墙头草，倒向俄方，而他的倒又不是明确的，而是暗中秘密向俄军提供一些情报、粮草，换取俄军的枪械钱财和好感。可是不久，战争的天平向日本人倾斜，有奶便是娘，张作霖这就转变态度，倒向了日军。他掩护过日本间谍、向日军递送情报……尽管当时他是一个微不足道的清廷小军官，但他以他的精明、潜力，很快引起了敏感的日本关东军注意。

随着日本人取得的战争优势，张作霖倒向日本人的立场也开始明朗，双方关系日渐密切，日本关东军方面给张作霖相应的回报。

一年后，日俄战争以日本胜利而结束。就像赌场上的一场豪赌，有赌博基因的张作霖这一把大赌赌赢了，左右逢源的他，实力得到快速提升。1905年，张作霖虽然还是名义上的一个清军统领，但已经不一般了，他的部队由过去一个营扩展到了三个营，次年，膨胀为五个营；而且他的部队远较一般清军装备好，战斗力强。

这时的张作霖，就像一根坚韧成熟、攀缘到相当高度的青藤。身处辽西的他，高高地探出头来，越过原有的攀缘物，朝东三省的政治军事经济中心点奉天看去，他这一次看中了朝廷新派来的东三省总督赵尔巽。

赵尔巽是清末朝廷干吏，不仅深受朝廷信任、器重，而且是个文人，很有学问，身上有种文人的酸气，清高而傲慢。张作霖知道，要攀上赵尔巽这棵大树不容易，得一步步来。他分成两步走，先将赵尔巽的红人，离他很近的顶头上司——新任总办张锡銮攀定。

这是个东北初夏的夜晚，夜已深了，这是非常好睡的时间。然而，张作霖却毫无睡意，在卧室里踱来踱去，想着心事。明天，张总办要来他的驻地巡视阅兵，这可是一个千载难逢、巴结上司往上爬的绝好机会。该怎样下手呢？跳荡的烛光下，时年32岁的张管带看起来成熟了许多，胖了些。穿一件薄薄的玄色缎面长袍，外罩一领金线描边坎肩的他，现在不仅有了一定的权，还很有钱，但他仍然崇尚节俭。在他这间虽然宽敞但简洁的卧室里，仅一桌一炕几把黑漆太师椅而已，可插四只蜡烛的莲花形烛台上，只点插了一只大红蜡烛，屋里光线有些暗淡。张作霖踱到窗前突然站住，凝神沉思，身姿挺直。黯淡的烛光中，他的身姿在地板上拖得长长的，整个看去，他不像个职业军人，倒像个读书人在夜深人静中构想什么华章妙文。

张锡銮出现在他思想的屏幕上：年近花甲的张总办是有些来历的。很受赵尔巽器重的张锡銮,出生于浙江钱塘江畔,文韬武略,走南闯北,仕途也顺:1875年任通州凤凰厅候补道,1894年升任东边道训练新军,次年率军在宽甸一带同寻衅的日军作战取得小胜。突然他灵机一动,张总办就像他一样有个嗜好:爱马,特别爱战马、好战马。

我何不投其所好,送张大人一匹战马、好马,以此向他靠近呢?思想上一旦开窍,其间送马的过程、种种细节,紧接着就了然于胸、成竹在胸了。他是兽医出身,爱马、懂马,恰好日前他派人去口外买了几匹好马,其中一匹堪称良骥,送这匹良骥给张大人,肯定成。

这是一个清亮的早晨。在红日初升,万道霞光中,知府曾韫陪着新任总办张锡銮亦步亦趋上了离地两尺高的检阅台,检示张作霖的部队。

"敬礼!"台下,早就带着部队而来列队恭候大人检阅的张作霖大步迎上前去,唰的一声从刀鞘里抽出刀来,向总办大人行了一个漂亮的劈刀礼,拉长嗓子一声:"请大人检示!"

身穿仙鹤图案官服、头戴标有二品顶戴官衔的伞形红缨帽的总办大人很俨然地往台上当中一站,相当矜持地摸摸颏下那把山羊胡,眯缝起眼睛,用审视的目光看了看台下待检的张部官兵。

五营官兵500余人,分别在张作相、张景惠、汤玉麟等军官带领下排成五个整齐的方队,官兵服装齐整。虽然一色清军打扮,前胸后背不是背个"兵"字,就是背个"勇"字,头后拖一根大辫子,但却是持一色现代化的九子钢枪。在朝阳的照耀下,钢枪的枪刺闪着寒光,张部看起来挺威风、挺有战斗力,决不同于一般的清军。总办大人心想,张部不会是银样镴枪头吧?这就对陪站在身后的知府曾韫转过头去,示意开始。曾韫知府上前一步,要张作霖下令,阅兵开始。

张作霖说声得令,转过身来,面向部队将手中小旗一挥。嚓嚓嚓,五个方队依次而来,官兵们迈着方步经过检阅台时,领队走在前面的军官,将胸一挺,大喊一声"敬礼!"兵们掉过头看着台上的张大人,一边迈着整齐的步伐经过阅兵台，一边将手中钢枪嚓地一举，向台上的总办大人行持枪礼。

阅兵式之后，部队表演了多种带有实战性质的节目。在张作霖的有序调度下，五个方队轮番表演对抗、劈刺、擒拿等等，看得总办大人眉活眼笑。之后，总办大人对陪在身边的曾知府小声说了一句什么。

曾知府这就上前，大声传达总办大人命令："收兵！"

兵也收得好。统领张作霖得令后，将手中小旗一挥，五营官兵哗的一下收拢来，站得巴巴式式。张作霖这又迈着鹅步，抬步走到台前，面对总办大人，啪的一声叩响马靴，银光一闪间，将手中指挥刀往上一举一劈，又行了一个漂亮的劈刀礼，然后挺胸收腹，大声道："请总办大人训示。"

"好！"总办大人这才缓缓站起身来，龙骧虎步走到台前训示。陪坐在侧的曾知府赶紧站了起来，走了上去，站在总办大人身后。总办大人面带微笑，拖长声音对张部训示：张管带带兵有方。你们的兵是精兵，将是强将。朝廷对尔等期望有加……

持有尚方宝剑、大权在握的张锡銮总办大人当即宣布：升张作霖为右路五营管带，所部转为东北右路五营。表面上张作霖仍然是管带，但实际上升了级。

这个晚上，张作霖去参拜总办大人并谢恩。明灯灿灿中，总办大人给他赐座，显示出少有的客气，但张作霖故意表现得受宠若惊，挺直胸脯，半边屁股坐起，半边屁股悬起，一副吓稀稀，洗耳恭听的样子。总办大人对他慰勉有加，无非说些要他精忠报国，为国尽力正当其时的套话。

过场之后，该是张作霖谢恩退场的时候了，然而他却借此机会开始上演好戏。

他很恭敬地弯腰说道："大人这么多年为国转战南北，劳苦功高，转战沙场，不能没有一匹好马。然部下今早见大人骑的竟是一匹很普通的马，心中十分不忍、不安，部下想献一匹好马给大人。"这就正中他意。张锡銮素来爱好马，听张作霖这样一说，心中一喜，精神大振。他要张作霖重新坐下，将这事细细说来。张作霖又是吓稀稀的坐下，说属下平生唯一的嗜好就是爱马相马，属下兽医出身。最近倾其所有，派人去口外买了几匹好马，其中一匹简直就是《三国演义》中关云长坐下那匹日行三千，夜行八百的宝马——赤兔马之再生，属下将这匹宝马献给大人。

"有这样好的马吗？"张锡銮半信半疑。

"大人明天看了就知道了。"张作霖说，"我知道大人善骑，明天大人最好再骑一骑。"

"好吧！"张锡銮很高兴地答应了，张作霖临去，总办大人竟然破例地送了他两步。

第二天天气也来凑兴，一大早就出了大太阳。张作霖、曾知府陪着专门换上窄衣箭袖骑服的张锡銮骑马去附近草原看马、骑马。总办大人带的卫队十来人，也都个个骑着马，有的在前，有的在后，跑前跑后，着意加强对总办大人的保护。

眼前忽地一亮，出现了一片绿色茵茵的大草原。蓝天白云下，一群群雪白的羊群在远处移动，像珍珠撒在草原上，他们似乎恍然间到了白云高绿草长，风吹草低见牛羊的蒙古大草原。

我们想把歌儿唱给你听

可惜被风吹得时隐时现

我们想把舞跳给你看

可惜被翻滚的绿草隔断

远远地，草原深处传来青年满蒙男女高亢婉转的对歌声、情歌声，因为草深，却又看不到人。而就在这时，右边地平线上，一群口外骏马闪电似的朝这边奔来。张作霖指着其中一匹骏马对张锡銮说："大人请看，这就是部下要献给大人的火焰驹！"骑在马上的张锡銮手搭凉棚注意看去，那匹奔驰而来的马果真不凡！体态修长、马头如兔、双耳如笋、四蹄腾空，特别是，马颈上那一簇火红的棕毛随着气流飘拂、翻卷，它简直不是在跑，而是在飞、飞翔。

就在众人齐声喝彩间，泼剌剌，那匹火红的雄骏从张总办身边擦过时，身手不错的张锡銮，突地从他所骑的马背上腾起，骑到了火焰驹身上。他手中紧握缰绳，两腿一夹，雄骏一惊，驮着张锡銮，闪电般朝草原深处而去，张作霖等人紧跟而上。

不用说，张锡銮对这匹好马、宝马喜欢至极。当天晚上竟破天荒地置办了一桌酒席，宴请张管带张作霖，曾知府作陪。酒至半酣，话也投机，素有急智的张作霖乘机对张大人提出："大人姓张，小人也姓张，一笔写不出两个张字。若大人不嫌弃，小人愿拜大人为义父，便于大人随时差遣。义父若有差遣，作霖即使肝脑涂地，万死不辞。"

"好好好！""行行行！"酒喝得满面酡颜，年近花甲的张锡銮借酒很高兴地应承了下来。他们这是相互利用，心照不宣。张作霖攀上了张锡銮这样一棵大树，就可以选择更坚强更葱郁的大树，比如朝东三省总督赵尔巽这棵大树攀去；而张作霖是个可资利用、势力看涨的得力的下属，有张作霖这样一个送上门来的义子，张锡銮何乐而不为，捡来收起就是。很会讨好的曾知府表示祝贺、庆贺。

张作霖这根目的性很强的、很会攀缘的柔韧青藤，攀上了张锡銮。他岂能满足，翘起头来，寻找机会，待好风送好力，送我上云端。他把目光瞄准了东三省总督赵尔巽。

二

忽忽间到了清光绪三十三年（1907 年）。这时，统治中国约 300 年，腐朽没落透顶的清廷，在时代风雨冲击下，就像一座虽然上面雕龙刻凤，下面基脚已然完全松塌的宫殿，全面崩溃的吱吱声已经清晰可闻，而清廷仍在垂死挣扎。年初走马换将，将文人出身的东三省总督赵尔巽召回京师，遗职由强硬人物、袁世凯麾下号称北洋（军阀）三虎、北洋三杰之一的徐世昌接任。

奉天总督府内。上任伊始、个子瘦高，似乎铁钉子都咬得断的徐总督，着一袭黑色绸缎长袍，外罩一领团花马褂，在他的书房中凝然不动，用他阴鸷的目光，在张挂在堂上那张二十万分之一的中国地图最北端的鸡冠状的东三省上逡巡。

从地图上看，东北三省匪患猖獗，大匪小匪多如牛毛，他们割地自据，挑战朝廷，俨如遍布东北大地上的脓疱，不治不行，这是心腹大患，得赶快治，然而该从何处下手呢？徐总督阴鸷的目光停在辽西一个点上不动了。那是有"辽西王"之称的巨匪杜立三的地盘。他对这个人有过下细研究，这时，杜立三恍然眼前。

杜立三，辽宁辽中人，拉杆子起家，瘦脸尖头，是个很精干的中年人，为人阴险歹毒、手段残忍。占山为王、多立关卡，随意派款征粮，肆意妄为，作恶多端。他手上拥有一支数千人的装备不错的土匪队伍，老巢设在地势极为险要的山高林密、易守难攻的三界沟。他是辽西一霸，对辽西百姓敲骨吸髓。纵然是天干地涝，百姓庄稼歉收饿肚子，他要百姓对他的缴纳也不能少一粟一粒，为害四方。过去官军也曾对他有过多次征讨，却全都是铩羽而归。

杜立三阴险狡诈，手段残忍，杀人如麻，收拾起他的对手，无论官军还是同类都很有一套。让人不寒而栗的是他年前杀害了对手栾佐廷。

栾佐廷也不是一个一般的人物，他是辽西小商房区一个有钱有势的大地主，人称栾七爷，很有声望，家大业大，同当地官军又有勾扯。在一般土匪眼中，栾七爷绝难下手。不说多了，只说栾七爷的栾家庄，就如同《水浒传》中武装到牙齿的祝家庄，很难打进去。栾家庄寨墙高厚，团丁众多，训练有素，一呼百诺。也曾有附近土匪垂涎栾家庄富庶，去打过，都如飞蛾扑火，有去无回。

杜立三知道栾七爷厉害，本不想去招惹他，栾佐廷却找上了门。栾佐廷借力打力，他家附近大石桥驻有一队俄军，人不多，一个小队，可俄军个个牛高马大，训练有素，武器好。俄军用的是转盘冲锋枪，一般中国军人连见都没有见过，打起仗来形同机枪，扇面形的火力展开，触者非死即伤，威力强大。

栾七爷为让这支俄军为他所用，费尽心思。栾七爷深知这批"老毛子"有两个嗜好：喜欢烈酒和女人，设法尽量满足他们。栾七爷舍得下功夫，这支俄军终于为他所用，这支俄军在一个清晨，对杜立三进行了偷袭。

结果可想而知。在疯了似的"老毛子"们狂风暴雨的火力打击下，杜立三那些土匪，被打得鸡飞狗跳，四顾逃命。杜立三如果不是跑得快，周围有几个兄弟掩护也就没了命。

巨匪杜立三决定对栾七爷报复。但他的报复走的是一条曲线：他首先利用当地人民对这支估吃霸赊，强奸妇女的小队俄军的痛恨，买通了当地人给他通风报信，随时掌握俄军动静。瞅准"老毛子"们过一个什么洋节，在一个个喝得烂醉如泥的晚上，准备得很充分的杜立三率部下山，将这股俄军一锅端了。这就在客观上，为深受"老毛子"们害的当地人报了仇雪了恨解了套。老百姓是很容易满足的。当地人敲锣打鼓上门，为杜立三送了道匾，黑漆匾面上镌刻"包打洋人杜立三"七个金字。

失去了俄军的保护，栾佐廷立刻感受到了来自杜立三的现实威胁。不过，自作聪明的栾七爷以为俄军偷袭杜立三，他和他的栾家班人马都没有出动，没有出头露面，杜立三不知他是主谋，心存侥幸。他派能言善辩的老管家上山给杜立三送去礼物，名为祝贺杜大王为民除害，其真实目的是，探探杜立三对他栾佐廷的态度。

"栾七爷敬我一尺，我敬栾七爷一丈。"情况远远好于预想，据老管家回来报，杜大王在对栾七爷的深情厚谊表示感谢的同时，显示出巴结，请老管家带话给栾七爷："如果栾七爷不嫌弃我杜立三，我想同七爷结拜为兄弟。"

深受栾七爷信任器重，也能主些事的老管家素有急智，他见风使舵，立即将杜立三的要求答应下来。他巴掌两拍，说："好得很，好得很，这也正是我家七爷求之不得的好事、美事。"并当下同杜立三定了上门结拜时间。

栾七爷听了老管家的报告，犹如吃了颗定心汤圆，完全放松了警惕，他等着杜立三上门。

大年初八，按照约定，杜立三下山来了。老管家闻讯，立刻迎出大门。杜立三是单人匹马而来，他翻身下马后，一边问栾七爷好，一边指着马鞍上挂的一只野猪说："这是我刚从山上打来的野味，送给栾七爷尝尝新、品品鲜。"

"杜爷请稍候。"笑容可掬的老管家对杜立三点点头，说，"我这就去通报！"说时吩咐大门口两个持枪团丁中的一个，"把杜爷的马牵去喂点好料。"这就颠颠进去报告。

栾七爷从管家口中得知这个情况，专门问管家，杜立三来，除了没有带人，他带没带枪？

"没有。"自作聪明的老管家说，"人家杜立三是专门下山来给七爷通好结拜，岂能带枪？没有带枪。"

"那好！"栾七爷这就完全放心了，他要管家出去将杜立三带到三进院，说，"我在三进院的客厅迎候他。"

当穿一身簇新黑色长袍马褂，头戴一顶皮帽子的栾七爷，刚刚在他古色古香的三进大院中的中式客厅坐定，老管家颠颠地带着杜立三进了第三道院。

栾七爷很俨然地从他刚刚落座的那把黑漆太师椅上站起，很有派头地用手将袍裾一撩，跨出门槛迎客。

杜立三紧跑几步，对栾七爷弯腰拱手作揖道："拜年，我杜立三专程来给栾七爷拜年。"栾七爷回了一个礼，说："同喜！"然后将手一比："请！"栾七爷同杜立三刚刚坐定，女佣上来献了茶，尚未寒暄，外面喧闹声起，栾七爷眉头一皱，大声喝问："什么人在外面喧闹？"

一个守门的下人进来报，说是有个陌生大汉，手上端个烟盘子，非要进来找栾七爷不可。

"怪事？"栾七爷感到诧异，说着站起，对杜立三告了个得罪，说，"我去看看，是咋回事情？"栾七爷刚走到门外，一个护丁正在拦一个双手捧着烟盘，非要闯进来不可的陌生大汉。

"你是何人？何事？"栾七爷感到不可思议，厉声喝问。

大汉也不回话，变魔术似地倏的从烟盘里摸出手枪，砰的一声，手起枪响，栾七爷当即头上中枪，哼都没哼一声就死了。

"冤有头，债有主，不关你等事。"与此同时，杜立三站到门外，双手把衣服一撩，掣双枪在手，用枪指着冲进院来的人喝道，"都不准动，谁动打死谁！不关你等的事……"

就这样，杜立三不仅报了仇，打死了栾佐廷，而且身上又添了一分诡秘。从此，巨匪杜立三声动东北三省。

辽西是张锡銮管辖地。徐世昌把剿杀杜立三的重任交给了辽西总兵张锡銮，而且限制了时间；张锡銮转交给了手下得力干将张作霖。

张作霖也不推辞，爽快得令。

人得意时，总会利令智昏。这天，春风得意的山大王，辽西巨匪杜立三在他山寨中的老虎殿中饮酒作乐。忽然山下喽啰来报，附近的官军管带张作霖派人给他送来了一封信。张作霖同他有旧。他立刻让下人将送信的人带上来，当即看了张作霖写给他的信。

阁卿（杜立三的字）如晤：

久不相见，雨亭（张作霖的字）常怀云树之思。在此，特向兄道喜，所喜何来？东三省新任总督徐大人世昌看重兄长，日前特派审处委员殷洪寿来到弟住处新会，欲招兄长为官。官职在我之上。衔命而为的殷委员怕直接将信写给你，你会不信。鉴于你我弟兄认识，而且原来处境一样，所以让我把这个意思转你。机不可失，时不再来。见字如面，望兄速来新会一晤。

切切！

弟 雨亭专此。

杜立三将张作霖的信看了又看，细细研究，意思是清楚了的。杜立三细细琢磨开来。张作霖读书虽不算多，但一手字写得也还有些功底，行草变体，看上去很有些诡谲，一如他的个性和为人。

张作霖原先同他一样，作为雄踞一方的大胡子，井水不犯河水，而且时相往来。而现在，杜立三想，你张作霖成了朝廷军官，我杜立三与你已成陌路。当然，朝廷对胡子招安，是公开的秘密。问题是，你张作霖会不会将我诓进去，将我杜立三作为你加官进爵的垫脚石，用我的血染红你的顶子？有这个可能！杜立三是个很机警的人，也是一个疑心很重的人。为防患于未然，他做出一副识破其中机巧的样子，当着来人，他将张作霖的来信掷于案上，啪的一声打开镏金鼻烟盒，用一根护起长指甲的手，挑起一绺细细的东北大烟的烟丝，送到鼻子前狠劲闻了闻。

连打三个喷嚏。在这短短的时间里，他已经拿定主意。

"这样！"杜立三对送信的人说，"我是一个粗人，不会舞文弄墨，信就不写了。你回去，带几句话给我的雨亭兄弟。就说，哥哥感谢他的好意。不过，我杜立三野惯了，喜欢山林洒脱，官就不去做了。"

杜立三不上钩，也是意料中事。张作霖得信后一连三天愁眉不展，人瘦了一圈。

有了！第四天一早，张作霖灵光一闪，对前来督促催办的殷委员说："杜立三最听他叔父杜泮林的话，而他叔父、黑山秀才杜泮林满脑子封妻荫子、光宗耀祖思想，为人也迂。我想把杜秀才请来新会，由殷委员出面把朝廷招杜立三的意思对他讲，只要杜泮林信进去了，杜秀才出面，不怕杜立三不来自投罗网。"接着，把他想好的计划详细对殷委员讲了。

很好！听完张作霖打的毒条，胖胖的殷委员高度赞扬张管带的智慧。暗想，俗话说得好，埋头汉耷耳狗！别看张作霖平时话不多，还真有两下子。

果不其然，话带给了杜泮林杜秀才，他如约而来，深信不疑。杜秀才之所以如此信任张作霖，有一个原因。当初，张作霖受朝廷招安，杜泮林是保人之一。现在，张管带还他一个情，也是情理中事。

张作霖让杜秀才劝说他侄儿杜立三归降朝廷。看杜秀才有些疑虑，张作霖劝他说："现在是杜立三最好的时机。因为朝廷要用人，杜立三是个人才。俗话说得好，错过这个村就没有这个店了。杜爷你是个有文化的人，下面的话我就不多说了。"

"也倒是。"杜秀才听进去了，他用一只苍老的瘦手抚摸着颔下一部花白的山羊胡子，说，"不过，我那侄子不好说话得很。"

张作霖明白杜秀才的担心，说："杜爷你还是信不过我张作霖不是？"接着就是一连串的问："我张作霖原先是不是胡子？近年被朝廷招安的冯德麟是不是胡子……既然朝廷容得下众多的胡子，难道就单单容不下你的侄子立三？这没有道理嘛！"

为了让杜秀才上钩，张作霖又请朝廷命官殷委员出来作了保证，这才彻底打消了杜秀才的顾虑。1907年6月6日早晨，杜立三在叔父杜泮林的陪同下，骑着马，带精干卫士10余人来到张作霖驻地新会，张作霖出门迎接。

杜立三很警惕，并不下马，一副狗舔油锅，倒舔不舔的样子。

张作霖笑道："老兄尽管放心，殷委员已经在里面恭候大驾，快下马吧！"

见叔父杜秀才下了马，杜立三也随之下马。张作相带人拦在门外，不准杜立三带的人进去，双方发生了争执

杜立三讲条件："我只带一个兄弟进去行不行？手下有个人，方便些。"

"不行，一个也不行。"张作相毫不通融。

"如果是这样，我怀疑你们的诚意。"杜立三垮下脸来，"如果这样，

我立马回我的三道沟去。"

"阁卿兄，这就是你的不对了。"迎在门外的张作霖对担着心的杜立三说："我是你的哥们，你不信我可以。但殷委员是朝廷命官，难道你也不相信他？再有，杜泮林老先生是你的叔父。他们都作了保，难道你都不信？如其连基本的信任感都没有了，还谈什么呢！"

深信不疑的杜秀才，掉头对侄儿杜立三说："走，跟我进去，听我的！"

"还不请杜大哥手下的兄弟们去宾馆好好休息，好好招待！"张作霖一边对张作相示意；一边手一比，趁势对有些犹豫的杜立三说，"杜大哥请！"

事已至此，心中稍有些忐忑的杜立三只好跟着叔父，硬着头皮朝里走去。转过迎面那堵通红的照壁，移步换景。高墙大院里的亭台楼阁，花园假山，一一迎来。脑后拖根辫子的杜秀才和杜立三叔侄，跟着张作霖朝里走去。杜立三边走边看，暗暗摸一摸别在腰间的双枪，他做了最坏的准备。心想，大不了今天老子拼个鱼死网破。杜立三是个耍双枪的神枪手，轻功也好。他边走边看好了周围的一切，做了突围的准备。这时，白白胖胖的朝廷命官殷委员迎了出来，胖脸上一片灿烂。

不容张作霖介绍，殷委员已经将杜立三的手握在手中，迎进客厅。

"稀客呀稀客。"弥勒佛似的殷委员招呼杜立三叔侄坐下，张作霖在旁作陪，自有下人上了茶水点心。

杜立三是个急性子，坐下就问殷委员："假若我杜某归顺朝廷，朝廷给我个什么官？"

"好说，好说，不急，不急！"殷委员打了几个响亮的假哈哈，看了看陪坐一侧的张作霖，显得知疼知热地对杜氏叔侄说，"这一路上，你们鞍马劳顿，尤其是杜秀才上了些年纪。我知道，你们叔侄是抽烟的。我看你们叔侄还是先过隔壁去，在烟榻上一躺，我们边抽烟边谈，这样舒坦些！"殷委员当然知道，杜氏叔侄都是大烟鬼，嗜大烟如命。

一提到烟、烟榻，杜秀才烟瘾发作，打起哈欠，流出鼻涕。但杜立三机警，他要殷委员先谈正事，这就超出了殷委员原先的预想，不知该如何搪塞，只是做出烟瘾来了的样子，张大嘴，一个劲打哈欠。

机警的杜立三察觉事情有些蹊跷，顺水推舟道："如其这样，请殷委员和我伯父去隔壁过足了瘾再说，我可以在这边等，我没有烟瘾。"说时，一只手伸进腰里，握住了枪，气氛顿时紧张。

"杜兄说得也对。"张作霖对这种紧张假装视而不见，对殷委员示意，"要不殷委员你就陪杜秀才去隔壁过烟瘾，我在这边先陪杜兄谈谈话！"边说边给殷委员挤眼睛。

很有些蠢的殷委员一时没有理解张作霖的用意，用他那双白多黑少的眼睛漠然地望着张作霖。

杜立三完全察觉了，他霍地站起，管不了年迈迂执的叔父了，用手摸着枪，大步流星朝外走去。

"杜兄，请留步！"张作霖在他身后大喊一声。

这是一个暗号。就在杜立三一惊，抽枪掉头看时，埋伏在暗处的枪手向杜立三开了枪。

砰的一声，子弹爆头，杜立三倒地而死。

"你，你，你！"黑山秀才杜泮林这才明白过来，用颤抖的手指着张作霖，哭着声，"你卖友求荣！"

"杜秀才差矣！"张作霖笑道，"我不是卖友求荣，而是为民除害、为国除害。"年迈的杜秀才当即气倒在地，不久气死。

树倒猢狲散。辽西巨匪杜立三一死，去了徐世昌一块心病。徐世昌下嘉奖令：张作霖不仅官升一级，而且让张作霖将杜立三手下上千人马收了编，张作霖的部队又扩大了些。这一年，名利双收急速看涨的张作霖34岁。

三

一只矫健的雄鹰，平展长长的双翅，像一枚铁钉，静静地钉在漠北荒原万里无云的晴空中。

漠北荒原 1908 年的这一天，注定是杀声动地、血肉横飞的一天。刮得尘土满天的狂风，似乎为马上就要到来的厮杀吓住了，停止了咆哮。上午 9 时，在沙壑纵横，波浪般铺向远方的地平线上，最初蠕动着的一个小黑点越见清晰，这是奉天巡防营统领张作霖率领一支约 500 人的骑兵大队来了。

骑在一匹黑炭般雄骏上，披一件黑色披风的张作霖，跃马上了一个小沙丘，举起手中的望远镜朝远处望去，同时手一挥，示意部队休息待命。

张作霖那张清秀的然而晒得发黑的脸透出激动，微微抽搐了一下。他们追踪了很久的白音大赉残匪就在前面，足有三四百人，疲惫不堪，溃不成军，在黄色的沙丘上或坐或躺，像一片片晒干了的枯叶。全队没有了一匹马，显然，马匹都被他们杀来吃了。往日这支黑旋风般从口外横行到口内的悍匪，已到了穷途末路。

张作霖在望远镜中特别注意看白音大赉。这位素称凶悍的匪首，脸上络腮胡子多长，一双凶狠的铜铃眼睛凹了进去，目光浑浊。一身光板皮衣裤肮脏，原先壮硕的身躯瘦成了一具木乃伊。

时机到了。张作霖不由得紧紧抿了抿薄薄的嘴唇，这是他下定决心，下达进攻命令前的习惯姿势。

蒙（古）匪陶克陶胡和白音大赉两大匪帮随时窜犯口内辽源、洮南一线；烧杀奸淫，无恶不作；年来愈演愈烈，竟然到了摇动东北边陲的地步。朝廷震怒，下令徐世昌将这两股蒙匪克日消灭。

徐世昌费了好大劲，调动多路大军，对这两股蒙匪清剿围剿，然而效果不大，劳师费力。连连失败之余，徐世昌突然醒悟，"胡子"出身的张作霖是对付这两股蒙匪最好的人选。于是，专门将张作霖召到奉天去，将这个作战任务交给了声誉鹊起的张作霖。

张作霖并不推诿，欣然领命。他知道，这是一个表现自己，且向上爬的好机会。

这时的张作霖很有实力，他的队伍有 4000 余人，马（兵）步（兵）俱全，且训练有素，兵强马壮，战斗能力很强。得令后，张作霖用拉网捕鱼法，先将这两股蒙匪驱逐出关，再驱逐到了茫茫戈壁上，然后将两股蒙匪割裂开来，分而全歼。他先是集中兵力，在漠北荒原上将走投无路，相对较弱的陶克陶胡匪帮聚而全歼，接着挥师西下，全力追歼白音大赉这帮悍匪。大败中的白音大赉，最后率残部 40 余骑，逃往荒漠深处，妄想逃过打击，东山再起。

熟悉、精通大漠作战的枭首白音大赉心存侥幸，他以为在茫茫的大漠深处，他们就像几尾漏网之鱼。在这没有任何生命迹象，连鸟儿也不敢飞进来的荒漠深处，已经绝对安全。这样的生命禁区，官军绝对不敢来，也进不来。殊不知，这次他遇到了张作霖。

镜头中，张作霖看得分明，白匪是一支僧侣部队。在这濒临绝境之地，为鼓舞士气，白音大赉开始装神弄鬼。在沙地上躺了一会儿，白音大赉坚持着站了起来，他的一群亲兵将他前后护卫。虽然因为极度的饥渴，还有追在他们背后死亡的阴影威胁，白音大赉所剩不多、蓬头垢面、痛苦万状的兵们不像以往那样，见到他就像见到了神，立刻起身恭迎，低下头去，吐出舌头，一副诚惶诚恐的样子。这天，火红的太阳当头照，白音大赉所剩不多的残兵败将，就像荒滩上晒得半死不活，快要干死的鱼。见到枭首要做法场，这些残兵败将挣扎着有的站起，有的坐着，用一双双死鱼似的眼睛，不约而同地木木地望着白音大赉，目光中充满期冀。

白音大赉身材魁梧，相貌狰狞。他头上狮鬃般的头发散开，纷乱地披在肩上。他穿在身上的是一件光板皮衣，粗大的腰上扎一根猩红色绸带，上身敞开，亮出宽阔黝黑的门扇似的胸肌，一副拼了的架势。大漠中气候多变，忽儿狂风大作，飞沙走石；忽儿骄阳曝晒。这是下午，本来晴空万里的高天上，忽然涌起厚厚的、铁青色乌云。白音大赉暗暗叫好，祈祷苍天保佑。他伸出一只裸露在外的铁棍似的手，从护兵手中接过一只盛满马血的钵子，大步跨上一座隆起的沙丘。这时，大漠深处的苍天上，一缕金阳破云而出，端端照在他的手上和钵子上。白音大赉的手苍劲有力，青筋暴突，只见那只苍青色的钵子在他手上缓缓倾斜间，深红色的马血——肯定是他刚刚宰杀了他的坐骑，也是匪部最后一匹瘦马；深红色的马血，就像凝结了似的、艰难地一点点地顺着青色的倾斜的瓷钵，往沙地上滴答，辉耀着一种神圣的金属似的暗红色。白音大赉的残部，都挣扎着站起身子，在阵阵凛冽的寒风中肃立，对他们的首领顶礼膜拜。

穷途末路的白音大赉变幻法事，他要用种种神秘的法事来迷惑下属，以求最后一逞。只见他随后一手捻数着一串赫红色的佛珠，端起一只手掌，眯缝起眼睛，口中喃喃有词。与此同时，他的手下，两个戴着神秘面具的喇嘛，跳起神秘的环舞——他们不时将手中的经幡打开合拢、合拢打开，口中在祈祷、诅咒着什么。

在白音大赉精心营造的神秘氛围中，残部们一时忘了饥饿，忘了渴，忘了种种令人难以忍受的生理痛苦和折磨。他们匍匐在白音大赉周围，热泪盈眶。走投无路的白音大赉，他在欺骗部下的同时也在欺骗自己，他似乎陶醉在自己制造的幻境中：天上有仙鹤飞来，有成群的白马嘚嘚而来，将他们营救出苦海……

不对了，那是什么呼啸呐喊？！白音大赉和他的残兵败将们抬起头来，惊惶四顾。只见在擂鼓般的急促蹄声和席卷而来的喊杀声中，官军骑兵杀来了。

"不好，大王，张作霖率骑兵杀来了！"放哨的喽啰扑爬筋斗跑来报告，这才让白音大赉从幻梦中惊醒。循声抬头一望，啊！地平线上，张作霖的骑兵铺天盖地而来。

"杀呀！"如林的马刀在他们手中高高举起，千百个粗喉咙中齐齐喊出的这一个杀字，地动山摇。白音大赉的心跳近乎停止，瞪着一双死鱼似的眼睛。

砰！他的残部中有人开枪还击。

好！白音大赍清醒过来，跳着脚让部下拼死顽抗。可是，迟了！张作霖的骑兵旋风般席卷而来，高声喊杀，手起刀落，人头落地。

惊慌失措的白音大赍转身，飞快地朝沙漠深处跑去。张作霖亲自赶来收拾他。

骑在雄骏上的张作霖并不用枪，只是大喊一声"着！"手起刀来，白音大赍惊呼一声，提刀去架。张作霖见他受骗，顺势将手中马刀，由上至下狠狠一劈，倏忽间，一道白光闪电般落在枭首白音大赍肩上，只见他浑身中弹似的一弹一抖，长长的锋利无比的窄叶马刀，从白音大赍左肩进右肋出，整个人被劈成两半倒了下去。

残阳如血。砍瓜切菜间，昔日为非作歹的白音大赍和他的残部被张作霖收拾干净。升腾的狼烟中，荒漠上到处是负隅顽抗的白部残匪尸体，斑斑血迹。没有死的，全部跪在那里，缴械投降。

张作霖不负众望，大获全胜。

张作霖为保卫祖国领土完整和维护祖国尊严立了大功。可是，他那支以"胡子"为基干的部队纪律也坏，所过之处，奸淫劫掠之事时有发生。黄昏之际，月亮出来了，一轮凄凉惨白的眉月在大漠上空巡游。终于回到家的蒙人，坐在他们破落的帐篷外，面对头上苍凉的月亮和破败的家园，拉响马头琴，用歌声述说他们心中的忧伤："白了头发掉了牙，没见过这样害人的部队……"

四

时世如棋局局新。1911（辛亥）年初，面对风起云涌，一日三变的局势，慌了手脚的清廷，忙于应对，在他们的龙兴之地又换将——撤了刚硬著称的徐世昌；救火似的，将以柔著称、原东三省总督，时任天府之国四川省总督的赵尔巽调回奉天，重任东三省总督，川省总督职由他的三弟赵尔丰接任。

这个夜晚，身着中式长袍马褂的赵尔巽，背着手，站在窗前，很是愁苦地凝视着窗外，窗外下着大雪。温暖如春的静室中，赵尔巽不寒而栗。喟然一声叹息，软软地转过身来，走到屋子中间，斜倚在软椅上，闭上眼睛，老泪纵横。

今天下午，他得知三弟尔丰在成都被新任四川大汉军政府都督，年仅27岁的尹昌衡斩首的消息后，伤心极了。往事历历，如在眼前。

他们赵家祖居关外铁岭。因先人忠于清，入了旗籍，从龙入关后，其父根据旗人习惯，去掉赵姓，只称文颖，1845年进士，在山东任知府。1854年因抵抗太平军，文颖死于阳谷县任上。清廷特"优恤、立专祠、袭世职"。赵尔巽四兄弟。大哥尔震，字铁珊；他行二，字次珊，他和大哥同是同治十三年进士；四弟尔萃是光绪十三年进士；尔丰行三，字季和。

四兄弟中，独尔丰以纳捐走上仕途，先是分发山西，为他的顶头上司按察史锡良发现看中。后来，锡良升任川督，三弟随锡良入川，官授永宁道。川督锡良认为赵家四兄弟中才干数尔丰为最，锡良多次向朝廷密保尔丰，认为他"廉明沈毅，才识俱优，办事认真，不辞劳怨，识量特出，精力过人"，建议朝廷提拔重用。

尔丰果然不负锡良厚望。他在治理多匪的永宁道和过后任建昌道间表现突出。特别是，他向川督锡良和朝廷献《平康三策》，表现了对民族问题犀利的眼光、突出的才能。特别是他在任建昌道期间，在康藏身体力行实行"改土归流"——破康藏地区流行了几千年的土司世袭制而为中央集权下的分封制，从根本上动摇了封建落后的康藏统治根基，奠定了中央集权制。同时在他管辖的康藏地区，办教育、兴实业、重民生，让康藏地区各行各业飞速发展，人民生活水平得到提高。自然而然，朝廷对尔丰看重垂青。不几年间，三弟成了朝廷大员。被封为中央驻藏大臣兼川滇边务大臣。时西藏十三世达赖喇嘛，在英国人指使下举行全面叛乱之际，得到川督赵尔巽全力支持的三弟赵尔丰对叛军大加挞伐，节节胜利。三弟唯一不好的就是性躁急且手段酷烈，杀伐太重，被川人及藏人称为"屠户"。

四川自古多俊杰。《李翰林集序》云："自盘古开天地，天地之气，艮于西南。剑门上断，横江下绝。岷峨之曲，则为锦川……是生相如、君平、王褒、扬雄，纵有陈子昂、李白，皆五百年矣。

尹昌衡就是这样一个人，他个子很高，有"尹长子"之称，也是他赵尔巽的旧部。

尹昌衡，四川省彭县人，光绪三十年（1904年），他在他就读的四川第一届武备学校因成绩优异，被选送日本东京士官学校留学，他与蔡锷是先后同学，蔡锷高他三期；与阎锡山、李烈钧、唐继尧、阎锡山是同班同学。

尹昌衡长得漂亮，风流倜傥，各科成绩好，眼光也高。他与李烈钧、唐继尧要好；而睡他上铺，来自山西五台山的阎锡山，根本就没有看在眼里。他们毕业前到北海道日本联队实习，阎锡山又睡尹昌衡上铺，阎长了一身疖疮子，随时都坐在铺上抠，抠得皮屑满天飞。尹昌衡毛了，骂阎是"癞皮狗"，大家就笑，跟着喊癞皮狗。阎锡山脾气好，笑着反驳："人吃五谷生百病，咦，硕权（尹昌衡的号），你咋个连'癞皮狗'这样难听的话都喊出来了？"尹昌衡说："我看你比'癞皮狗'都不如。"

阎锡山只要有空，哪都不去，就一个人躺在铺上偷偷地记日记，完了，小心翼翼锁在一个小箱子里。有一天，阎锡山站岗去了，好生疑惑的尹昌衡对唐继尧、李烈钧说："这个'癞皮狗'会不会是朝廷安在我们身边的'雷子'（特务）？整天偷偷地记呀记的，会不会是在搞我们的黑材料？"这时的尹昌衡已经同唐继尧、李烈钧等人加入了孙中山在日本东京秘密组织的反清军事组织"铁血丈夫团"。

唐继尧、李烈钧说还真有可能，三人合计后，把阎锡山那个上了锁的小木箱拿下来，用刺刀撬开，里面有本日记，打开来，上面并没有黑材料，而是对班上所有同学的评语。第一个评的就是尹昌衡，"牛顿（尹昌衡爱坐在树下看书，当年发明万有引力定律的大科学家牛顿就是因为坐在树下看书，被从树上掉下来的苹果打中受到启发发明了万有引力定律的。同学们给了尹昌衡一个牛顿的绰号。）确实英雄，然锋芒太露，终虞挫折，危哉惜哉。"对其他同学的评论也都极中肯，三言两语，入木三分。尹昌衡这才发现阎锡山不简单，深信"水深必静"，从此改变了对阎锡山的看法，二人成了好朋友，以后结拜为兄弟。以后，阎锡山帮了尹昌衡不少忙，这里不表。

他们毕业回国后，应该是分配工作的，可清廷风闻他们参加了孙中山的军事秘密组织，却又没有真凭实据，找了借口对他们不予录用。失业的尹昌衡被他一个同学介绍给了广西巡抚张鸣岐，张鸣岐对他考察后，认为他有才，让他与蔡锷一起筹建广西陆军学堂。蔡锷任校长，尹昌衡任教育长。

1905 年，广西陆军学堂开学在即。与尹昌衡意气相投的蔡锷因病，委托尹昌衡对首届招生全权负责。尹昌衡招生很特别。首届招生 200 名，前三名要带去见巡抚张鸣岐。他既不出试题，也不让考生到课堂上应试，而是不厌其烦地传考生一个个进来，由他面试。

考生收取过半，尚无满意的。心中正暗叹广西无人时，进来一个考生，相貌堂堂，体态魁梧匀称，有大将风度。尹昌衡心中一喜，问来人姓名。

"白崇禧。"

"好。"尹昌衡吩咐身边录员记下来人姓名，开始提问，白崇禧的回答让他很满意。他吩咐将白崇禧取为第三名，窃以为接下来还有好的，可惜接下来的考生，都无有过者，只好降低标准。韦旦明是个美男子，水平不错，但他总觉得这个人骨子里缺少军人气，无奈，取为第二名。第一名叶琪，当然也勉强了些。

当晚，尹昌衡带上叶琪、韦旦明、白崇禧去见张鸣岐。张鸣岐很高兴，设盛宴款待他们。

宴罢，尹昌衡独自骑着他那匹火焰驹归营。月上中天，远山、近水组成了好一幅恬静幽美的八桂山水画。正暗自赞叹间，旁边突然蹿出一个青年，伸手抓住他的马嚼子，他正待喝问，那青年忙说："请大人留步，学生来考陆军学堂的。"

"混账东西！"尹昌衡怒道，"考试早就完了。军人以时间为生命，如此大事，你却如此粗疏，当什么军人？"尹昌衡声如洪钟，身材高大，又骑在一匹大马上，很威严，以为这样一番喝斥，这青年必然被他轰退。不意这青年人沉着应对，态度诚恳，说道："请大人息怒。学生家贫，不得不在外打工谋生，得知消息，紧赶慢赶还是来迟，请大人鉴谅！"尹昌衡感到来人身上有股不凡的气质，注意看去，月光下这个青年人，衣着简朴，高高的颧骨，阔嘴，虽不漂亮，但身上自有一股英豪之气。他改变了态度，问青年："你叫什么名字？"

"李宗仁。"

"好，你考中了。"

回到营地，副官闻讯赶紧去找梯子，准备在榜尾添上李宗仁的名字。

"不用了。"骑在高头大马上的尹昌衡从副官手中接过墨笔，一阵龙飞凤舞，在榜尾添上了"李宗仁"的名字。

多年后，尹昌衡在政治仕途上沉沦，在成都家中赋闲，时为国民政府参谋总长的白崇禧路经成都，专门去拜望恩师。谈到当年选拔广西诸杰时，尹昌衡说："健生（白崇禧字健生）你现在同李宗仁都是少有的军事干才，天下闻名。叶琪英才早逝，北伐前夜因坠马殒命，现南宁以他的名字为一条街命名，可怎么没有听说韦旦明呢，未必老夫当年看走了眼，看错了人？"

白崇禧笑道，"恩师你才没有看错人。我当团长时，他已经当了旅长，是我的上司。恰这时他的贤妻去世，他很悲哀，向长官请假，要求休息一段时期，得准。韦旦明这一休就休到了南洋，认识一个南洋华裔富商的独女，二人萌生爱意，这就到了谈婚论嫁的时期。那位南洋华裔富商对他说，你的人品我是看得起的，但是我的女儿不能嫁军人。军人危险，要上战场，战场上枪子不长眼睛，万一你被打死，我的女儿岂不成了寡妇，况且，我只有这个独女。你若要娶我这个女儿，一是不再当军人，二是当我的上门女婿。韦旦明——照准，同那个有财有貌的南洋华裔富商独女结了婚，现在是家财万贯，妻贤子贤，比我们都强呢！"

尹昌衡听罢哈哈大笑："老夫眼睛有毒，我当年就说，这韦旦明虽有军事才干，终是一个花命，现在看来的确如此。"——这是后话。

尹昌衡因为在广西积极从事反清运动，被张鸣岐解聘。回川前夕，他走马独秀峰下，赋诗抒发胸中块垒：

> 局脊摧心目，崎岖慨始终。
> 骥心愁狭地，雁过恋长空。
> 世乱谁忧国，城孤不御戎。
> 临崖抚忠孝，双泪落秋风。

这时在广西、四川人才很多，文武双全的尹昌衡被经学大师颜楷的父亲颜缉祜看中，将其待字闺中，才貌双全，年龄几乎小尹昌衡一半的女儿颜机许配给了尹昌衡，尚未完婚。颜缉祜与川督赵尔巽有旧，这就将未婚女婿尹昌衡推荐给他。经他考察，尹确实有才，一时无适当位置安置，将尹安排为川省督练公所编译局总办，虽是虚职，军衔却高，相当于新军中的旅长级，这个级别，在他的留日同学中，可谓凤毛麟角。可是，尹昌衡不满意，认为被埋没了，而尹在川军中很有威望。因此，一次赵尔巽请一干人去督署坐谈，内中就有尹昌衡。

赵尔巽嗟叹："近闻外间对本督颇有微言，说本督瞧不起川人，新军中的官都被外省人当完了。并非本督瞧不起川人，而是四川军事人才奇缺，本督借重外省人是逼不得已。"坐在后面的尹昌衡突然站起，喊操似的说："报告次（赵尔巽字次珊）帅，四川有的是军事人才。"好家伙，声震瓦屋。

大家为之震惊，掉头看去，原来是新毛猴尹昌衡发难。赵尔巽很沉着，他看着这个新毛猴，一双倒睁不睁的猫眼，射出两道令人莫测的光，用手理了理弯垂过口的相当长的胡须，略带笑意缓声问："那你说，哪个是四川的军事人才？”

"报告次帅，尹昌衡就是军事人才！"

"好！"赵尔巽很有肚量地说，"是人才都要重用。"

不久，赵尔巽对新近成立的一协（相当于新军一师）部队在凤凰山作秋操大演练。演练很成功。为了堵川军的嘴，他特别让尹昌衡出来对这场演练进行评判。可是，他没有想到，当着众人的面，尹昌衡把秋操大演练贬得一无是处。他又忍了，吩咐大摆宴席，犒赏三军。

按规矩按品级，尹昌衡应该坐得离他近些。可尹昌衡气鼓气涨，故意坐得离山离水。

众人仰慕中，赵尔巽站了起来，执杯在手致辞："尔巽来川有年，迄无建树。而当今天下很不太平，可谓内忧外患。西方洋人依仗其船坚炮利，对我大清压迫日甚一日。英人垂涎我西藏，频频犯我西部边陲，烽烟再起。国内乱党势增，省内不少地区土匪横行。古圣人有言，天下未乱蜀先乱，天下已治蜀未治。今固我四川，就是固我大清西部边陲，就是固我大清江山。"说到这里，他话锋一转："所幸的是，尔巽殚精竭虑，八方操持，得诸君帮衬，今日终于练成这协新军。尔巽特为四川喜，为四川贺，来，大家干了这杯！"

众声盈耳，贺声一片中，总督大人和大家一起饮了满杯，并照了杯底。

"好。随意，随意！"总督大人向大家挥挥手，坐下了。

"尹会办！"不意总督大人坐下就唤尹昌衡。

"有。"坐得离山离水的尹昌衡应声而起。

"尹会办的酒量向来很好，以善饮出名。"赵尔巽用一双倒眯不眯的猫眼看着尹昌衡，"刚才大家都高高兴兴站起，同本督共饮满杯，独你坐在那里不饮，不知你有何心事？"

"心事倒没有。"尹昌衡说，"不过部下生性愚钝，对大帅刚才讲的一些话不懂，正在思量，所以没有站起举杯，失礼之处，请大帅鉴谅。"尹昌衡想敷衍过去，赵尔巽不依追问："本督刚才讲的话，句句通俗易懂。有哪句你不懂，你说出来。"

尹昌衡这就干脆来个竹筒倒豆子："刚才大帅说因为练成了这协新军，为四川喜，为四川贺。部下不懂有何事值得喜、值得贺？"

"还不明白吗？"赵尔巽一声冷笑，"这一协新军对内可治匪，对外可御敌。"

"对内可治匪，对外可御敌？"尹昌衡将总督大人说的话重复了一遍，抬眼望望台上台下，颇有些桀骜不驯的意味，"恕昌衡直言，说到治匪，四川哪有那么多匪要治？至于说到对外御敌，此军根本就不可用。"

"此军不可用？"向来遇事沉着的赵尔巽勃然变色，喝问尹昌衡，"此话怎讲？"

台上台下鸦雀无声，千人万众洗耳静听。

尹昌衡略略沉吟，似乎又想敷衍了事。他说："因为这一协新军的枪械装备落后了些。"

"枪械落后，这好办。待省财政状况好转，继续更新。"赵尔巽揭尹昌衡的底，"不过，这不是尹会办的真心话吧？"

看来是躲不过去了，尹昌衡也就将心中的话摊明："窃以为千金易得，一将难求。汉朝晁错说过，'将不知兵，以其兵与敌也。主不择将，以其国与敌也。'大帅只知练兵不知选将，所以我说你的这支新军不能用。"

"好，这才是你的真心话。"赵尔巽以手拂髯，微微一笑，"那依你说，谁才是将才呢？"

"既然大帅问到这里，部下不敢不据实回答，部下就是将才。"

"好，你是将才。"赵尔巽又是一声冷笑，"还有谁是将才？"

"还有周道刚。" 周道刚是四川省双流县人，也是留学日本东京士官学校的毕业生。

"你们都是将才，都要重用。除了你二人，还有谁是将才？"

"报告次帅，没有了。"尹昌衡此话一出，场上又是一阵大哗。新军中，川人占绝大多数，听了这话，大都面呈喜色，而外省军官则怒容满面。

"你是何等学历？"他欲擒故纵地问。

"最终学历是日本东京士官学校步科第六期毕业的高才生。"

"周道刚呢？"

"与蔡松坡同学，早我三期在日本士官学校毕业。"

"他们呢？"他用手指指在座的，刚才指挥新军演练的秦德林、史承民。

"他们也是留学日本的军校毕业生。"

"你们都是留学日本军校的毕业生，为何就你和周道刚才是将才，他们就不是将才？"

"请问次帅，宋朝的李纲是何出身？"

"状元出身。"博学多识的总督张口就来。说时，瞪大一双猫眼看着尹昌衡，不明白他为什么一下子将话题宕得多远。

"秦桧呢？"尹昌衡又问，连连反击，赵尔巽恍然大悟中了尹长子的计了，顿时语塞。

"文天祥和留梦炎呢？"尹昌衡得理不让人，开始反击，"他们都是状元出身。可留梦炎最后投降元朝；秦桧更是有名的奸臣。文天祥却至死不降，留下了'人生自古谁无死，留取丹心照汗青'的千古绝唱。次帅仅以资格取人，岂是求才之道？"

他是进士出身，放过翰林，朝廷封疆大吏，当众栽在这个新毛猴手里，简直气昏了。场上大员们赶紧上去敷衍，说尹长子酒吃多了，打胡乱说；大人不记小人过云云。周道刚也赶紧上前，将尹昌衡拉去了一边。一场风波总算平息。

年前他离川去奉天重新就任东三省总督，因为朝廷催得急，他们兄弟间连正常的交接都没有，这也是从来没有过的。他只好给三弟尔丰留了一封信。信中专门交代，要三弟注意尹昌衡这个人，说此人是个不成龙就成蛇的人！可这话没有引起三弟注意，结果栽在这个人手上。

三弟尔丰一到成都就任，敏感地闻到了火药味。自古有言："天下未乱蜀先乱，天下已治蜀未治。"四川是辛亥革命的发源地、策源地、斗争主战场。清光绪皇帝在位时，决定要修一条由广东起，经湖北武汉到四川成都的粤汉铁路。修铁路的钱由各省筹措，当然，铁路修成后，这些省都会得相应的回报好处。可是，光绪皇帝之后，这条铁路因为没有钱修不下去了。邮传部大臣盛宣怀向朝廷提出向西方列强借钱修路得到批准。这事放在今天来说，就是引进外资修路。然而，一心要推翻清廷的孙中山的同盟会就是要借此事发动民众，以保路为命行推翻清廷之实。三弟尔丰到川任川督之时，孙中山派了同盟会中坚人物吴玉章等回到四川，联同川中有影响的士绅蒲殿俊、张澜、颜楷等人在四川各地借"保路"为名，行推翻朝廷之实，很凶。

　　三弟上任伊始，上书朝廷谓："要准许川人修路，不然，变生顷刻！"然而，三弟的真知灼见被短见的朝廷拒绝，并严厉要求三弟尔丰镇压首要不轨分子，不然就治尔丰的罪。没办法，三弟上演了"杀鸡给猴看"一出，将蒲殿俊、张澜、颜楷等有影响的九个川中士绅、保路会的头领诱进督署，软禁起来，要他们解散保路会。九人不肯。与此同时，在同盟会煽动下，大批成都民众涌来督署，要求放人。尔丰下令开枪镇压。这就引发事态：川省各地的同志会转为同志军，武装暴动。尔丰企望的清廷自顾不暇。万般无奈中，赵尔丰只有向以蒲殿俊为首的同志军交权。交权之后，尔丰又后悔了，因为尔丰这才知道，清廷并没有退位。尔丰利用才当了12天大汉四川军政府都督的蒲殿俊去成都北较场阅兵之机，发动兵变，将整个成都陷于血泊之中。极度的混乱中，手握军权的大汉四川军政府军政部长尹昌衡跳了出来，平息了兵变，代替蒲殿俊出任四川军政府第一任都督。

　　尹昌衡决计杀掉三弟，但三弟身边有从康藏带出来的3000名百战精兵，尹昌衡要达到目的绝非易事。尹昌衡假意去看望三弟，利用三弟无钱给他的3000名百战精兵发薪饷这个空子，假意提出薪饷由他的军政府付，部队仍由三弟掌握。之所以如此，是他要感次帅对他的提携之恩。三弟中了他的计。

拿人家的手软，吃人家的嘴软，尹昌衡最后围攻四川省督署、捉拿三弟时，三弟身边的 3000 名百战精兵，走得一个不剩。唯一不走的是三弟从康藏带出来的一个叫卓玛的藏族姑娘。已经患病倒床的三弟坚持让她走，说犯不着为我丢命。

"临别姆妈她要我好生服伺大帅。我们藏人说话说了算，一片真心可对天！我卓玛生是季帅的人，死是季帅的鬼……"她坚持不走。尹昌衡派出的敢死队进来了。

咚的一声，三弟卧室的门被踢开。曦微的天幕背景上，只见一个黑影一闪，一个手握鬼头大刀的敢死队员一下闯了进来。

砰，卓玛手中的枪响了，冲进来的黑影应声栽倒在地。

外面敢死队员也开枪了，吸引了卓玛的注意力。而这时，卧室后门的一扇窗户无声地开了，一个高大的身影像片树叶，轻盈地飘了进来。卓玛闻声刚要转身，一道白光闪过，敢死队队长陶泽昆手起刀落，卓玛姑娘香消玉殒。

一切抵抗都停止了。

敢死队一拥而进。

第二天一早，三弟在成都那座极似北京天安门的皇城，被尹昌衡当众斩杀。那是辛亥年（1911 年）十二月二十二日上午。

皇城坝上人山人海。

皇城明远楼上，尹昌衡端坐在高靠背椅上公审三弟。三弟盘腿坐在尹昌衡面前一块红色的毡子上。

尹昌衡历数了三弟的罪恶，临了问三弟服不服？

"不服！"三弟厉声抗辩，他实事求是地说，"你刚才所言句句是实。然，论人是非，功过都要计及！焉能以偏概全，一叶障目，不见泰山？纵然你上述件件属实，但我在康藏建下的殊勋你为何今日只言片语不提？"说着，凄然一笑："非我言过其实。扪心而问，若不是我赵尔丰在康藏艰苦卓绝奋战七年，今天中国雄鸡版图已缺一角矣！我今为鱼肉，你为刀俎。要杀要剐，任随你，我只是不服！"

尹昌衡长叹一声说："孙中山先生有言，'世界潮流，浩浩荡荡；顺之者昌，逆之者亡。'并非我与你有何过不去！时至如今，对你如何处置，当以民意为是！我纵为川督，也救不了你。"

三弟性格刚烈，是个明白人。听了这话，他哑声道："好。"声渐低微："尔丰以民意为准！"

尹都督站起身来，面向台下黑压压的人群，扬声问："我同赵尔丰的话，大家可都听清？"

"听——清——了。"

"怎样处置赵尔丰？大家说！"

"杀！——杀！"台下千人万众异口同声；相同的口号，此起彼伏，像滚过阵阵春雷。

三弟眼中仇恨的火花熄灭了。那须发如银的头慢慢垂了下去。

尹昌衡问三弟："民众的呼声，你都听见了？"

"听见了。"

"可还有话说？"

"没有了。"三弟停了一下，复抬起头来，说，"老妻无罪！"那双深陷的眼睛里，热泪淋淋。

"决不连累！"

"多谢了！动手吧！"赵尔丰闭上眼睛，坐直了身子。

尹都督朝站在一边的敢死队队长陶泽昆示意。

阳光照在陶泽昆身上。敢死队队长好大的块头！几乎有尹都督高，却比都督宽半个膀子。一张长方脸黝黑闪光；两撇眉毛又粗又黑，两只眼睛又圆又大又有神，脸上长着络腮胡。身着草黄色的新式军服，脚蹬皮靴；一根锃亮宽大的皮带深深放进腰里，两只袖子挽起多高，越发显得孔武有力。

唰的一声，陶泽昆粗壮的右手扬起了一把镶金嵌玉的窄叶宝刀——那是三弟须臾不离的宝刀，刀叶很窄犹如柳叶，却异常柔韧，可在手中弯成三匝。虽削铁如泥，可一般人不会用。陶泽昆会用，这宝刀是他昨晚逮捕三弟时缴获的。

陶泽昆上前两步，不声不响地站在三弟身后，突然，伸出左手在三弟颈上猛地一拍。就在三弟受惊，头往上一硬时，陶泽昆将手中的柳叶宝剑猛地往上一举，抡圆，再往下狠劲一劈。瞬时间，柳叶钢刃化作了一道寒光，阳光下一闪，像道白色闪电，直端端射向三弟枯瘦的颈子。刹时，三弟那颗须发如银的头，唰地飞了出去，骨碌碌落到明远楼阶下，两目圆睁。随即，一道火焰般的热血，迸溅如雨柱……

三弟赵尔丰，一代干才、雪域将星，就这样陨落于成都皇城坝上了，惜哉痛哉！想到这里，新任东三省总督赵尔巽打心眼里痛恨给他们带来了没顶之灾的辛亥革命。他咬牙发誓，在他管辖的奉天，在他管辖的东三省，决不允许出现四川那样的乱局；也决不允许出现尹昌衡那样的人！对于目前出现的革命火种，他要用铁血手段毫不留情地打压、扑灭、熄灭。

很能揣摸主子心思的老管家赵升，火候掌握得很好，他走来，隔帘报告："次帅，张作霖奉召到了。"

赵尔巽一下转过身，提振了一下精神，威严地吩咐赵升："那就带进来吧！"新任总督赵尔巽看准了张作霖，他要用这个人。

五

夜幕降临，奉天城中著名的饭店德义楼正是上客时分。来这里的大都是达官贵人。8时左右，一辆漆黑锃亮的小轿车披着夜色而来，停在门前。车门开处，一位先下车的青年军官，跑步来在车后门，轻轻拉开车门，伸出右手，摊开手掌，护住车顶，轻声道："副会长请……"车上陆续下来奉天国民保安会副会长张榕、保安会军事部副部长张作霖。张作霖深受赵尔巽器重，升了官，他现在身居要职，负责整个奉天的治安。张榕是个青年知识分子，典型的东北人，身材高大，着一件灰色棉长袍，外罩一领花团马褂，脚蹬一双黑皮鞋，五官端正，皮肤黝黑，头梳流行的水分头，看上去性情随和，彬彬有礼。

后下车的张作霖，时年39岁，戎装笔挺，脸上没有什么表情。

"兄长请——！"张榕将手一比，示意请进，今天他在这家著名的饭店宴请张作霖。

"那就一起！"张作霖谦让，也把手一比。于是，他们一起并肩朝里走去。刚刚上楼，闻讯而至的经理迎上，连连鞠躬，口说稀客，将二张迎进一个最好的雅间。饭店经理巴结新贵张作霖，一口浓郁的奉天话说得溜溜的，如同大珠小珠落玉盘："张部长咋不先打个招呼？让我们先有个准备。"他省掉了张作霖头衔中的"副"，一口一个张部长，卑躬至极，根本就没有把请客的主人张榕放在眼里。

两个年方二八，身着满族服装，容貌姣好的服务员，笑容可掬地请两位贵客坐，上了茶点。张榕看着陪在一边唯利是图的饭店经理，脸上浮起一丝冷笑，用教训的口吻说："现在已经进入民国元年，不是前清，讲究的是人人平等。"他对不尴不尬、唯利是图的经理说："下去吧，够了。今天是我请张（作霖）部长吃饭，是我做东，没有你的事。"胖胖的经理连连点头，却不走，等着张作霖的反应。着新式军装，佩少将帽徽领徽的张作霖，一边将大盖军帽揭下来放在茶几上，一边对经理说："你们都下去吧，我们有事再叫你们。"

"是是是。"胖经理一边示意旁边侍候客人的两个姑娘跟他出去，一边吩咐，"小红、小白，你们要小心伺候两位爷。两位爷可是我们的贵客尊客。"

"是！"两位满族打扮、穿红着绿、珠摇玉翠的年轻姑娘，脆生生应答之时，向两位贵客尊客深鞠一躬，跟着胖经理去了，出了门，轻轻为客人拉上门。

屋里顿成二张世界。

明灯灿灿中，张榕看了看隔几坐在对面，保持着职业军人挺拔坐姿的东北新贵张作霖说："雨亭兄！一笔写不出两个张字。你我也不是外人。雨亭兄是忙人，我张辽鹤（张榕的字）能请到你，是雨亭兄给我的面子，不把我当外人……"张榕这番开场白说得转山转水，欲言又止。张作霖知道对方请他来的目的，打量着对方的表情。

坐在对面沙发上的张榕，是东三省总督赵尔巽的眼中钉、肉中刺，是奉天革命党人的主脑和中坚人物。他1884年出生于抚顺，新学旧学都好，为了适应时代，还在北京译学馆专门学习过俄文，有相当的俄文水平。他思想激进，敢说敢干，但耽于幻想。1904年日俄战争爆发时，他曾在家乡组织过一支关东独立自卫军，力求保一方安宁，后被徐世昌勒令解散。1905年，他在北京袭炸清廷宪政大臣未果入狱，1908年越狱成功流亡日本。过后，在日本加入孙中山的同盟会，进入日本士官学校学习过一段时间军事。他是年前被孙中山派回东北工作的。这个人不仅在奉天，就是在整个东北三省都有很高的威信。可是，因为手中没有实力，他的威信是空的，做不成任何事情。

"雨亭兄，你对目前的形势如何看？"开场白之后，张榕用这样的话试探张作霖。就他的理解，这个东北新贵张作霖有新思想，特别是年轻，而年轻人最能吸收新思想、新思潮，况且，已经进入民国了，最会顺时顺势而动的张作霖是应该、而且必然站到新时代的门槛里面来的。耽于幻想的张榕就这样误判了张作霖。

哎！张作霖叹了口长气："现在虽说是进入了民国，但换汤不换药。就奉天、就东北三省而言，不过就是用民国的五色旗取换了清廷的龙旗而已。前清的东三省总督赵尔巽仍然当政，东三省如同一潭发臭的死水……"

"雨亭兄，你觉得这样的局面、这样的世界该不该变变了？"张榕有些激动，身子前倾，目光炯炯地打量着张作霖。

"辽鹤，我问你个问题，请从实相告好吗？"

"好，请问。"

"你们是如何看待我张作霖的？"张榕注意到，这里，张作霖用了"你们"而不是"你"。

"我们革命党人认为你是一个正直的、有新思想、追求光明、有相当眼光、胆识、魄力的新军人。"

"既然如此，辽鹤兄，你怎么不信任我呢，怎么把话说一半留一半呢？"

"痛快！那我就直说了，一吐而快。大不了当当初清末变法，衔命深夜去动员袁世凯，结果上了袁世凯的当，被砍了头的谭嗣同罢了。"

"打住！"张作霖显得很生气，伸出手，似乎要挡住什么似的，"俗话说得好，'疑人不用，用人不疑'。既然你信不过我，把我比喻为袁世凯，那么，我们还谈什么呢？你还找我来干什么呢？"说着抓起军帽要走。

"对不起、对不起！"张榕连连道歉、连连赔罪、连连解释，张作霖才缓过气来。经过这一番试探，张榕完全相信了张作霖，他给张作霖来了个竹筒倒豆子。

张榕要张作霖首先把清廷余孽赵尔巽控制起来，用枪杆子支持奉天革命党人。

张作霖要他说详细些，具体些。

张榕提议先吃饭，然后到烟馆详谈，张作霖同意，他是抽大烟的，而且有了烟瘾。

程序按部就班进行。

饭后，张榕去结账，张作霖说他到楼下的厕所方便一下，其实，他是作相应的布置去了。

夜已经深了。在蜚红烟馆的烟榻上，二张开始吞云吐雾。躺在烟榻上的张作霖抱着长长的烟枪抽烟，眼睛半睁半开地，对陪在对面抽大烟的张榕说："兄弟，我是个榆木疙瘩脑袋，多的就不多说了。究竟要我做什么，直说，明说。"

张榕直说："据我所知，后天赵尔巽要到你的部队检阅，希望你届时把他扣起来，并当即宣布奉天独立，拥护孙中山！"

张作霖闭上眼睛，连连点头："兄弟早说不就结了，费这么大劲！"一副很痛快的样子，其实，他马上就要置口口声声的兄弟张榕于死地。这是赵尔巽交给他的任务。他要用张榕的血染红顶子，擦拭将星。另外一个原因，不要看他年轻，其实他对革命、对革命党人、对孙中山，都有一种本质上的仇视仇恨。

当他听口无遮拦的张榕说，马上要南下广州向孙中山大元帅汇报请示工作时，机不可失，时不我待！他翻身而起，假意对张榕说，肚子不舒服，要出去方便一下。陪着他抽大烟的张榕，这时思想有些麻痹，思维在想象的理想王国自由飞翔。张榕说："兄长请便。"

张作霖出去不久，随即冲进来两个军人——他们是张作霖的走狗，一个叫高金山，一个叫于文甲。他们二话不说，举枪向躺在烟榻上的张榕连连射击，可怜张榕就这样死在血泊中，年仅28岁。

一不做二不休。当夜，张作霖在奉天全城大戒严，派兵查抄了张榕在小北关容光胡同的家，搜刮去财产计银6000余两，全部占为己有；同时查封了张榕的"联合急进会"，该会秘书田亚宾被枪杀。与此同时，很多革命党人被捕，奉天城笼罩在腥风血雨中……

第二天一早，清亮的晨光中，身着长袍马褂，脑后拖一根长辫子的东三省总督赵尔巽，在他窗明几净的书房中，戴上老花眼镜，看了张作霖呈上的"捷报"后眉活眼笑，"好个张雨亭，我赵某没有看错人！"饱学的赵尔巽从笔筒里抽出一支狼毫小楷毛笔，饱蘸墨汁，在呈报民国大总统袁世凯的捷报上，作了如此描述评论："……当晚，该统领张作霖连毙三凶（张榕、田亚宾、宝昆），实足以快人心而彰显戮……"翰林出身的他字写得很好，行草变体；一个个墨汁饱满的字，像一只只飞翔的白鹤，可以单独地欣赏。透过这一段言简意赅的文字表述，张作霖其人跃然纸上，阴狠逼人。

北京袁世凯回函很快来了。张作霖得到了丰厚回报，被提升为关外练兵大臣,赏戴花翎;所部升编为第二十四镇(师),张作霖同时兼任该镇镇(师)长。就此,张作霖又上跳了一步、一大步,而且与中央,与袁世凯直接挂上了钩。

张作霖深知培植自己亲信、心腹的重要性、必要性,他当即保举张作相、张景惠、汤玉麟等,让这些人全都得到提升。曾经与他为敌,现在对他俯首称臣的金寿山等“胡子”,他也一一收罗尽净,壮大了队伍。之后,犒赏全军。

春节刚过,空气里还弥漫着鞭炮的硝烟味,张作霖新买的那座青壁粉墙、三进的四合院、很中式很大家子气的公馆门前,挂在门楣上的两盏垂着金黄流苏的大红宫灯,在大雪纷飞中,从早到晚很辉耀地张扬着门庭。这就从一个方面透露出主人的心境:他很不愿意结束、割舍给他带来了好运的这年——民国二年(1913年),他不愿给他带来了好运的这年离他而去。

每天从早到晚,张家门前,客人络绎不绝,车水马龙。前来恭贺的客人,都是有身份的。到晚间,张公馆特别热闹。虽然两扇漆黑锃亮厚重的大门虚掩,但上房中打麻将、推牌九的声音夹杂着阵阵吆喝声,不时哗哗地、海潮似的在静夜中冲击而出。

3月16日夜,志得意满的主人邀约他的一些亲信下属在公馆的上房里打麻将。屋里明灯灿灿,厚重的挑花金色窗帘低垂。看不见室外的景物,但可以听见院子中沙沙的下雪声,这就越发显出室内的温暖温馨。这是间长方形的屋子,不大,摆两桌麻将,相隔有点距离。当时,奉天只有两家私营电厂,电量小电价贵,能用得起用得上电的,除奉天城里的要害部门外,就是少量的、像张作霖这样的上等人家。即使这样,入夜以后,这些人家的灯光也是时大亮、时小亮,灯光时弱时强。灯光有时暗淡如烛火,就像要断气。张家上房现在就是这样的光景。两桌上八个麻友激战正酣,精力注意力都在各自的牌上,万万没有注意到屋子里正酝酿着一股杀气——主人张作霖的贴身马弁(勤务兵)、精瘦的梁二虎利用主人客人的茶杯里这时都不用他续水……只注意牌不注意他的良好机会,隐身人一样退到张作霖身后,站在暗处,用手摸到腰间的可尔提手机，熟练地将子弹推上了红槽。不错，跟随张作霖多年的弁兵是他的亲随，但人是要变的。梁二虎敬佩张榕，私下倾向革命，而张作霖为个人名利前程，不仅设计杀了张榕，还杀害了那么多有为的革命党人！今晚老子拼着不要命，同你同归于尽！就在梁二虎将要出枪时，注定张作霖不该死。坐在张作霖的对面，张作霖的牌友金寿山，凭他当了多年胡子练出的敏锐敏感，猛地掉头，发现他旁边那面穿衣镜中的梁二虎的异样，他讶然一声大喊："了不得，梁二虎要谋杀练兵大臣张作霖！"说时，鹞子似的一跃而起，提前出枪，打死了梁二虎，救了张作霖。

"英雄不打不相识！"面对过去的敌人、仇人，如今的救命恩人金寿山，张作霖没有对他说一句感恩感谢的话，只是简简单单地说了这一句。局外人也许对他这话理解不深，但金胖子和他理解其中的深刻含义。

这事之后，张作霖对自己的部队、自己的部下，作了重新审视，进行了全面的甄别、清洗。清理出有革命倾向或是仅仅被怀疑的官兵200多人，这些官兵有的被他丢监，有的被他杀害。他进一步夯实了自己的根基。他要在夯实的根基上，建立起他的宏伟的张作霖大厦。

第三章 | 宦海沉浮大赢家 |

一

一辆奉天来的专列缓缓驶进北京车站。月台上，以大总统袁世凯的代表、北洋重臣、一等公爵段芝贵为首的一帮僚员迎上前去。车门开处，时年41岁的张作霖将军出现在他们眼前。

车上戎装笔挺的张作霖和车下身着民国大礼服——蓝袍黑马褂，白白胖胖，时年46岁的段芝贵相互举手致意。

段芝贵率僚员们迎上前去，他抱拳作揖，满脸堆笑，说"雨亭将军一路辛苦"。下了车来的张作霖在段芝贵面前啪地立正，叩响马靴，胸脯一挺，给段芝贵行了一个标准的军礼，朗声道："为大总统卫国防边莫大荣幸，何来辛苦！感谢段代表。"

段芝贵致辞："大总统求贤若渴。大总统盼将军进京盼得寝食难安。"他一口一个大总统，既突出、强调了大总统袁世凯对张作霖的垂青、器重，又突出了他的特殊地位。说时转过身去，将身边僚属分别介绍给张作霖，这些人向张将军问好。段芝贵奇货可居地指着停在旁边的一架金碧辉煌、高朗轩敞的四辕马车对张作霖说："这是大总统的专车，大总统派我专门带他的车来接将军进总统府！"说时手一比："请上车。"张作霖做出一副受宠若惊的样子，连说"愧领、不敢"。逊后一步，坚持要段芝贵先上车。

"那就一起一起！"段芝贵笑着，将他的手一挽，二人一起上了车。

蹄声嘚嘚，专车起动。一队骑兵在前开路，一队骑兵在后押阵，张作霖确实感到受宠若惊。车上无话。张作霖用手将旁边金黄色车幕上的耳帘纱窗一撩，注意看外面的风景风情。民国初年京都的风景风情，就像一幅多姿多彩的连轴画，缓缓往车后流去。灰扑扑的天，灰扑扑的街道建筑物，间或闪出巍峨壮观的箭楼、崇楼丽阁……这些巍峨壮观的建筑，多少填补了故都的陈旧、沧桑。街上的交通工具大都是人拉黄包车。有少量一般乡间老百姓叫作"屎克螂"，南方叫"推屎爬"的从日本，从西方国家进口的漆黑锃亮的小轿车，在街上来往如飞。街上不时响着叮当、叮当声——那是长脖子上挂着黄澄澄的铜铃，小山一般缓缓移动的骆驼队。这样的景物看多了，是容易引起睡意的。就在睡意渐渐袭来时，张作霖猛地感到眼睛一亮，精神一振！注意看去，他们正在经过宏伟壮阔的天安门广场。那兀地而起、红墙黄瓦、庄严肃穆的天安门城楼和在城楼前迭次铺展开来的巍巍汉白玉华表、流水汤汤的金水河，镶金嵌玉骏马雕鞍般跨金水河上的金水桥，是那么壮丽。天安门上空有一缕白云，与城楼上艳丽的翘檐相拥相抱，久久不愿分离，平添温馨。这时，金阳乍现。透过云层的金阳，逐次将它的华光洒在天安门城楼上、洒在汉白玉华表上、洒在流水汤汤的金水河和镶金嵌玉骏马雕鞍般跨在金水河的金水桥上；洒在阔大的天安门广场上。这时，一群鸽子拖着长长的、带着钢音的鸽哨，从天安门上空缓缓掠过。它们好像是一群神雀，浮光掠金，每根翎毛都闪闪发光。张作霖眯了眯眼睛，在这短暂的瞬间，他打了一个盹、沉入一个梦中。他似乎又在悠远的历史深处，看见了那个叫陈胜的农人。在田间挂锄、望着远去的鸿鹄，陈胜说："王侯将相，宁有种乎！"在这种似睡非睡，似醒非醒中，他的思维转回到了现实。他思索着，袁大总统怎么会想到我名不见经传的张作霖？他怎么会召我张作霖进京，召我进京有何目的？此次进京，是喜还是忧……想到这里，当今大总统袁世凯的人生轨迹在他的思想上也——闪现开来。

袁世凯又被称为袁项城（河南项城人）。他是清末重臣权臣、是中堂大人李鸿章最先发现的，李对袁的评价很高，谓："天下有才，无过袁项城右者"，那时，袁世凯还是个初出茅庐的小子。而袁世凯最终青云直上，还是因为得到了老佛爷、比皇帝还皇帝的慈禧太后的赏识、垂青、提拔。不过，那是袁世凯用一桩很不光彩的"出卖"换来的。清末，戊戌变法中，以光绪皇帝为首的变法派，同慈禧太后为首的守旧派、反对派水火不相容。两派斗争激化到矛盾的顶点、临界点时，变法干将谭嗣同衔命到了天津小站，找到在那里练兵、练新军的兵权在握、时年39岁的袁世凯谈话。那是一个深夜，银河耿耿、刁斗无声。袁世凯为谭嗣同的到来，特意做了专门的布置，谈话绝无外传的可能。谭嗣同直截了当地对袁世凯说，现在情况危急……他要求袁世凯在不日慈禧太后由权臣荣禄陪着来小站阅兵时，发动兵变，拘禁慈禧太后、诛杀荣禄……他甚至慷慨激昂地说，我之所以衔命来找你，给你提出这样的要求，是因为你也是变法派。此事重大！他目光炯炯地看定袁世凯，试探道，如果你不敢，可以拒绝，甚至可以出卖我们去邀功，用我们的血去染红你头上官帽的顶子！不意袁世凯听他如此说后，勃然震怒，对谭嗣同说：你把我看成了什么人！我肯定会照办。"杀荣禄，如杀一狗耳！"结果，谭嗣同兴冲冲前脚一走，袁世凯后脚就向荣禄告了密。东窗事发。大权在握的慈禧太后盛怒之下，一巴掌将包括光绪皇帝为首的变法派主脑人物打入地狱，她囚禁了光绪皇帝；将谭嗣同、刘光第等六个变法派骨干人物，公斩于北京菜市口；变法主谋康有为惊慌失措，逃亡日本。戊戌变法失败了。而与中国戊戌变法同时开始的日本明治维新成功了。由此，日本大步前进、跃升，而中国就此坠入了更加黑暗的深渊。袁世凯善于识人用人、招揽人才。为招揽人才，他常常礼贤下士。譬如，与冯国璋、王士珍并称为"北洋三杰"之一的脾气古怪，自恃本事大，桀骜不驯的段祺瑞，就是这样被袁世凯招至麾下的。

1889年，清政府选拔段祺瑞在内的五个人去德国学习军事。段祺瑞学成归来，被指定去袁世凯在天津小站练兵处办的小型学习班学习。这个小型学习班的学员，都是军中精华中精华，袁世凯当然特别在意。开学在即，所有在册人员都已报到，独缺段祺瑞，袁世凯问身边亲信管事唐绍仪，段合肥（段祺瑞是安徽合肥人）怎么没来，难道他蔑视本官不成？"断断不是。"唐绍仪给多疑的袁世凯解释，"段合肥原不知这期学员中有他，请假回老家结婚去了。"袁世凯叫唐绍仪拍电报让段祺瑞归队。

这时，段祺瑞刚刚到家，接到电报很是为难。作为军人，他理当服从命令，但这时贸然离去，很容易被女方家人视为他悔亲。女方家是当地有头有脸的人物，弄不好出人命都有可能。就在段祺瑞左右为难，绕室徘徊时，又一封加急电报到了。这封电报是练兵大臣袁世凯亲自打给他的，电报中，袁世凯谓："婚姻乃人生大事。弟缓几日来小站也不妨……"堂堂的袁大人竟称他的学生段祺瑞为"弟"。不仅如此，袁大人还在电报中附了一笔价值不菲的银票，作为送段祺瑞的结婚礼金，这让段祺瑞对袁世凯着实感激涕零。

履行了结婚仪式，段祺瑞火速赶回天津小站。让他更没有想到的是，刚下车，他原在天津武备学堂时的老同学、河北人冯国璋等簇拥着一位身穿军服的矮胖子来接他。冯国璋指着这位面容威严，护八字胡的矮胖子对段祺瑞说："这是新来的袁（世凯）大人，专门来接你的。"

段祺瑞赶紧跑步上前、立正，啪的一声，举手给袁世凯一个标准的军礼，不好意思地说："学生怎敢让大人迎接！"

"芝泉不必客气。"袁世凯亲亲热热地叫着段祺瑞的字，上前一步握着段祺瑞的手说，"以后我们就是一家人了，不必客气。"

知恩图报。以后，段祺瑞对袁世凯着实忠心耿耿，成了袁世凯倚重的大将、亲信。

思维又是一转：年初，袁世凯在全国频频走马换将，走马灯似的。袁世凯撤了赵尔巽，东三省总督遗职由张锡銮接任。张锡銮是他的老上司、义父，感情关系自然不同，让他喜之不禁。这次临行之前，张锡銮对他言之谆谆："雨亭，你这次到京，袁大总统要见你，机会难得，你一切要好好把握。"张锡銮告诉他，这个机会是他给争取的。

车队进入了新华宫。段芝贵陪张作霖在殿前下了车，在通往新华宫新华殿那一段天梯似的汉白玉台阶上，从上而下站了多名高级军官，有的甚至是将军，两边排列。他们昂首挺胸，名说是在奉命迎接他，其实在向他示威。军官们一律身着黄呢军服，头戴鸡毛掸子似的高筒军帽，脚蹬黑亮的高筒皮靴，手上挂着指挥刀，俨然得很、骄傲得很。跟着段芝贵拾阶而上的张作霖想，无论如何，这也可以看出大总统对他的重视。这样想时，站在高处的军官们忽然转过身去对着来人行礼。他看到了，来人穿一身炫目的大元帅服，在侍卫簇拥中龙骧虎步而来，不用说，这是大总统袁世凯。

陪着他上到台阶的段芝贵赶紧站定，对他说："敬礼，这是袁大总统。"

张作霖紧跑几步，挺胸收腹，举手给袁大总统行了一个标准的军礼，朗声道："大总统康健！卑职张作霖奉命而来！"他无师自通地沿袭清廷臣子见皇帝的惯例，咚的一声跪在地上，对袁世凯行三跪九叩礼。

"雨亭请起！"袁世凯十分高兴，伸出双手，做了一个虚扶的姿势。张作霖在起身时，很敏锐地注意到了周围人对他的反应。这些人一是对他瞧不起，认为他不过是一个东北来的"胡子"，是个没有见过世面的大老粗。二是对他有鄙视、防备之意，认为他诡奸卖乖。

"雨亭跟我来。"袁世凯带着张作霖、段芝贵龙骧虎步进了新华宫中西合璧的接见厅。大总统赐座，大总统端坐在当中一把镶金嵌玉的御椅上，端起一副大总统的架子。大总统让他们离得很近，显出特别的亲热、亲近。

袁世凯说一口地方音浓郁的河南话，就像老师考学生似的，他要张作霖谈谈对目前形势的看法。

张作霖不会首先谈看法。他知道，谈错了，不对胃口，就讨不到袁世凯欢心。他把腰一直，脖子一拧，喊操似的说："报告大总统，雨亭是个粗人，不懂政治。雨亭不管全国形势咋的，就认准一点，唯袁大总统之命是听。大总统要我咋的就咋的！"

"好！痛快！"袁世凯对他非常满意，对站在堂下、场上、"陪太子攻书"的军官们说，"如果你们，如果全国各地的大员，都能像张雨亭张将军这样服从我的命令听指挥，何愁乱党不灭！""陪太子攻书"的军官们这就站起，齐声响应："听从大总统命令、服从大总统指挥。"

袁世凯当即当众历数了张作霖对东北、对全国大局的贡献。对他作了高度评价，谓："值此全国烽烟四起之时，唯我最重要的东三省不乱。之间，很重要的一个原因就是因为张雨亭张将军坐镇。在东北，张雨亭将军像一根定海神针。"

"雨亭呀！"袁世凯突然转换了题目，用一双鼓鼓的蛤蟆眼看着他说："鉴于东北三省在全国牵一发动全身的特殊地位，我想征求一下你的意见……"张作霖不由一惊，凝神静听。原来袁世凯是想撤了张锡銮，东三省总督职由陪坐在侧的段芝贵接任。

段芝贵，字香严，安徽人，说起来也是个老东北，他是从东北发家的：先前做过清廷的察哈尔都统，过后做过袁世凯北洋军体系中的整编第一军军长……

张作霖当然清楚，袁世凯表面上征求他的意见，其实他的话就是决定。张作霖头脑转得很快，打得滑，他知道，这会儿他是说得脱，走得脱，说不脱，就走不脱。他当即表现出坚决服从的样子，说："大总统高瞻远瞩，统揽全局。大总统的任何命令，我张作霖都坚决执行！我在大总统面前表个态，欢迎香严先生回东北主持工作，我一定服从段总督命令。"

袁世凯的蛤蟆眼眨了几眨，看着段芝贵说："那就这样定了。香严，你去了东北后，凡事要多听雨亭将军的意见，嗯！"

"那是，肯定是。"段芝贵心领神会地站起身来，点头答应。张作霖掩饰着心中极度的失望。他原以为，袁世凯召他进京，会给他"好果子"吃，不意竟然是用段香严替换干爹张锡銮。他心中一万个不服、不悦，很生气、很愤怒。但他得忍住。人在屋檐下，不敢不低头。这会儿，最要紧的是，不要让袁世凯看出他的心思、情绪。他只要全身而退，回到奉天，回到东北就好了。他恨不得现在身上生出双翅，呼的一声飞回去。但是，让他更没有想到的是，老奸巨猾的袁世凯在接见结束，他都站起来，要退出去时，袁世凯对他说："雨亭，你为东北、为国劳顿多年，人很瘦，身体不太好。这次进京，你就不要急着回去了，留在京师好好休养一段时间！"

糟了！轰的一声，张作霖直觉血往头上涌，他知道他被软禁了。他知道，段芝贵这家伙一去，肯定要对东北进行人事大调整、大洗牌；肯定要撤换我的人马，换上他的人。不过，他当即还是做出一副很愉快的神情，向大总统谢恩，感谢大总统对他的感怀。

戏还没有演完。张作霖是一个相当不错的演员，袁世凯更是一个演技绝妙的演员，他要给张作霖授勋。

两个手捧托盘的礼仪官，应声而出。袁世凯先是从一个大红漆盘里提起一枚黄金铸就的沉甸甸、金灿灿的一等勋章，给张作霖挂在脖子上；然后从另一个大红漆盘里拿起一柄镶金嵌玉的短柄军刀，赐给张作霖。张作霖向大总统谢恩。捧场的军官们热烈鼓掌。

之后，作为大总统代表的段芝贵，礼数周到地用大总统华贵的专用马车，将张作霖送到北海附近原清朝王爷的一座府邸里住了下来。

二

张作霖原已做好了在北京被长期幽禁的思想准备。让他没有想到的是，好运再一次眷顾了他，让他在短短的噩梦之后，迎来了美好的明天。

距前门不远的八大胡同，从古至今是名妓集中地，也是历来名公巨卿、豪商富贾的销金窟。

北京的夏夜很美好。夜幕初上，八大胡同夜风习习，垂柳依依。深墙高院内的多家名妓院纷纷亮灯，亮的不是电灯，而是很有色情意味的大红宫灯。黑绒似的天幕上，金色的繁星闪烁，名院雕楼上，这里那里流泻出袅袅的琴声歌声。近处是看不见的，只能从远处看，楼上那些古色古香、白纸裱糊的窗棂里窗户上，闪出犹抱琵琶半遮面的妓女们，和抱着妓女饮酒呷妓的先生、达官贵人们的种种剪影，就像在上演一出出有伤风雅的皮影戏。

张作霖是八大胡同的常客。他来这里不是嫖妓，而是有意挑事肇皮。他财大气粗，把好几个名妓院都包了。他带着他从东北带来的那些个大兵，很粗野地在八大胡同进进出出。兵们螃蟹似的横着走路，动辄大骂"妈拉个巴子！"类粗话，把达官贵人们出没的八大胡同搞了个乌烟瘴气。

袁世凯的几个儿子，都是八大胡同的常客。张作霖如此一闹，严重地影响到袁家几个公子和他们的朋友的生活情趣、生活质量。袁家公子身边的狐朋狗友们在他们耳边叫苦连天，怂恿他们去老爷子耳边鼓捣，让老头子把"张胡子开回东北去"！袁家几个公子听了，这就采取车轮战术轮番在老头子耳边磨、鼓捣。起初，袁世凯不理，骂儿子们不懂事。可是，袁世凯最爱的儿子袁克定，在老子面前磨、东说西说，磨动了。不知最终是袁克定把老头子说服了、磨动了，还是老爷子烦了，有了新的主意，终于同意把"张胡子开回东北去"。

"雨亭哪！"还是几个月前接见张作霖的新华宫内，袁世凯假惺惺地对他说，"我是想留你在京师好好将息一段时间的，可是一、你在京师待不惯，多次给我提出要回去；二、段香严也盼望你回去。东三省那个地方、东北边陲，你不回去还不行，压不住。没有办法，只好让你回去了，辛苦你了。"

张作霖马上激昂慷慨地表示："服从大总统安排。卫国防边，谈不上辛苦！"

"那好。"袁世凯把蛤蟆眼睛一闭，"你可以马上起程！"

"是！"张作霖强压着心中春潮般漫卷的狂喜，霍地立正，给袁世凯敬了个标准的军礼，去了。

一代奸雄袁世凯完全低估了"张胡子"的能量。他没有想到张作霖这一回去，先是收拾了他在东北的忠实代理人段芝贵，进而成了东北王；再进而将东北三省打造成了任何人针插不进、水泼不入的张氏独立王国。

三

深夜时分，万籁俱寂，正是好睡的时分。然而，最近一段时间总是担着心，睡不踏实的段芝贵突然被一阵爆烈的枪声惊醒。他猛然坐起来，枪声又像猛然涨潮猛然退去的拍岸海潮没有了。

"芝贵，咋回事？"睡在他身边的小妾也被枪声惊醒了，只不过她不像他一样惊抓抓坐起来，而是用锦被把自己的玉体盖紧，睡意酣酣地问他怎么了。"没有事。"他说，小妾这就放了心，转过身，又睡过去了。他却再也睡不着。东北夏初的深夜，夜凉如水。他从床上轻手轻脚起来，顺手披了件薄棉衣，做贼似的，趿上鞋，蹑手蹑脚来在窗前，将窗帘拉开一条缝，弯下腰，目光透过安镶在雕龙刻凤的窗棂上的红绿玻璃，迎着院子中透出曦微的光线看出去，看张作霖给他派的卫兵在不在。初看没有，他心中很生气。等一会看到了——那个背枪的卫兵，不知从哪个背风的地方钻了出来，影子似的在窗外一摇一摇的，履行着保卫他的责任。他这才放了心，缩回床上躺下来，却再也睡不着。他在黑暗中睁大双眼，象征性地望着天花板，思想上闪出一句很悲哀、带有血腥味的成语"我为鱼肉，他为刀俎"，一阵深重的悲哀，从心上走过，让他不寒而栗。这段时间，东北强人张作霖很不听话、很不对劲。

张作霖的所作所为，就像过电影似的，清晰地在他眼前一一闪现开来、闪现出来。

年来，从中央到各地，当然包括东北，都大势不妙。

民国3年（1914年）初，一心黄袍加身的袁世凯加快了当皇帝的步伐。袁的吹鼓手、筹安六君子杨度、孙毓筠、严复、刘师培、李燮和、胡瑛等为袁大造帝制舆论。张作霖表现得也非常配合，他在以个人名义发给袁世凯的劝进电中表示："如帝制不成，死不再生。"这个时期，张作霖对他段芝贵也表现得非常顺从。

同年12月11日上午9时，在袁世凯的精心策划、武力威胁下，北京参议院开会表决帝制案，与会各省"国民代表"共1993人，结果全票通过拥戴袁大总统转为皇帝，"拥戴书"谓："恭请今日大总统为中华帝国皇帝，并以国家最上完全主权奉之于皇帝，承天建极，传之万世。"

袁世凯称帝后，第一件事就是论功行赏，袁封张作霖为子爵。没有想到，没有多少文化的"胡子"张作霖得知"子爵下于伯爵；伯爵之上为公为侯……"时勃然大怒。他一是嫌官小了，二是认为袁世凯视他为犬子，张愤怒地说："我张作霖岂能为他袁项城做子？他把我看成了啥人！犬子？实实是欺人过甚！"袁世凯称帝很快引发了全国怒潮。云南省总督蔡锷首先发起讨袁战争讨袁起义；接着，四川、贵州、广西等省相继宣布独立……顷刻间，星星之火燃成了燎原大火。其中，像投枪匕首击中袁世凯要害的是四川的陈宧！陈原被袁视为头等亲信、头等封疆大吏，袁是专门安排陈宧到有中国首省之称的四川掌握军政大权。而就在袁世凯进一步生，退一步死的节骨眼儿上，陈宧不仅不帮他的忙，反而带头造反，火上浇油。在造反的同时，让文笔厉害的清末四川最后一个状元骆成骧以他的名义连续发出三封讨袁电。骆成骧将这三道讨袁电拟好交给陈宧时就说："这三通讨袁通电，要活活气死国贼！"果然，袁世凯接到四川陈宧发去的三道通电后，当即气得吐血倒地，不省人事。

至此，袁世凯才惊讶地发现，他已经坐到了全民喷发的火山上，不得不宣布废弃帝制，企望重新坐回民国大总统宝座上去。但是，已经晚了。在全国人民一片喊打声中，大势所趋，雪崩似的，连他的干将、手握重兵，过去唯他马首是瞻的北洋大将冯国璋也拒不听从他的命令，停止对南方用兵。袁世凯在全国上下一致的喊打声中，焦头烂额、走投无路、绕室彷徨。这个时候，关外张作霖向袁伸出援手，表示可以从关外发兵为袁所用，为袁解燃眉之急。但他有个条件，希望给他的部队补给足够的军械粮饷。

这时的袁世凯，就像落水将死的人抓到了一根救命稻草，他马上满足了张作霖的要求。然而，得到了满足的张作霖，却又摇身一变，抬出"奉天人只治奉天"的挡箭牌，说话不算话，拒不出兵……就这样，在全局动荡众叛亲离中，只当了短短 83 天短命皇帝的袁世凯气得吐血而亡。

全国各地各自为政，群龙无首。

段芝贵更惨。他在东北没有根基，袁世凯一倒，他顿时无依无靠，形同孤儿。这时，东北各地传出打倒、揪出袁世凯余孽段芝贵的呼声，张作霖对此无动于衷，让这股针对他的烈火大有越燃越旺之势。他只好求张作霖。"张将军！"他可怜巴巴地找到张作霖，像一只摇尾乞怜的狗，他说，"张将军，你答应过的，我到奉天你会保护我、管我。"张作霖显得很豪气，把胸脯一拍，大包大揽地说："要管、要管！"在这里，张作霖舍弃了"保护"二字，只说要管他。结果张作霖确实把他们一家管起来了，把他们一家人都接了过来，住在张作霖的张家大院，将套院给了他们一家住，还给他们安排了哨兵、卫兵。但这样一来，他又被张作霖管制了起来。这样的生活不是个办法，活不活、死不死的！但该如何破局呢？他想来想去，也没有想出个好办法。一更二更又三更，在床上辗转反侧的他，直到黎明时分才睡了过去，这一睡就睡"死"了。

他们家像所有的官宦人家一样，习惯晚睡晚起。他家到张家大院已经住了一些日子，张作霖在生活上对他们还是很照顾的，他们有自己的厨子、佣人。总之，他们在张家大院过着似乎与以往一样的日子。

而这天不同了。小妾已经起床，坐在梳妆台前梳头，他是被小妾推醒的。

"你怎么回事？"他眯缝起眼睛问小妾，"你起来了就起来了吧，早饭又没有什么讲究的，你要吃就去吃，何必把我整醒？为了你、为了我们这一大家子人的往后，我昨晚考虑来考虑去，几乎一宿未睡。""不是我要把你摇醒。"小妾很不以为然地顶了他一句，一边用梳子梳头，一边往梳妆台走去。厚重的紫金窗帘拉开了一半。小妾和她的梳妆台暴露在那边清亮的晨光中。他发现，这些天原来在他面前柔嫩得像豆腐似的小妾对他也有点离心离德了。真是，人倒霉了，喝口水也要卡喉咙！他的妻儿都还没有来，他把他们留在了北京。这个艺名"金蝶蝶"的小妾，是他到奉天后讨的，她原是唱二人转的，有些名气，也有些姿色，今年刚 20 岁，整整比他小 26 岁。小妾坐到梳妆台上继续梳妆打扮，用背对着他。她这时穿的是一身雪白宽大的丝绸睡衣，完全显示不出内在的苗条丰满的身姿、雪白细嫩的皮肤。从背后看去，罩在明亮晨光中的她，就像一只快要上架吐丝的肥蚕。

他叹了口气，对背对着他的小妾说："你话还没有说完吧？你说是哪个把我弄醒的？"

不容小妾回答，窗外传来他从安徽老家带出来的管事老段的咳嗽声。他知道这是假咳，老段找他有要事。老段与他并不沾亲带故，用老段做管事，一是因他是安徽老乡，二是都姓段，他是个家乡观念很强的人。

情知有事，而且是要事，他立刻翻身而起。他知道，若不是有要事，借一百个胆子给老段，老段也不敢来搅扰他的美梦。

"老段，你不要在门外咳咳耸耸的！"他边穿衣服边问窗外的老段有啥事。

"张作霖张将军请你饭后过他那边去一趟，说有要事相商。"老段的口齿很清楚。

事来了，肯定不是什么好事！他的心猛地一跳，他竭力沉着气问老段："过去的时间，他说没有？"

"说了，上午 9 点，张将军在他家客厅恭候。"

"知道了。"倒霉蛋段芝贵没好气地对门外报信的老段说，"你下去吧，让大家该干啥就干啥。"

"是。"门外，老段杂沓的脚步声渐渐远去。

"雨亭，你找我？"按照约定的时间，段芝贵准时来在张作霖家的客厅，进门就问。主人已经等在那里了，在看报纸，看来有段时间了，长方形的玻晶茶几上，花花绿绿的报纸码了几堆。主人对他的问，听而不闻，头都不抬，连眼角都不挂他一下，只是用下巴示了个意，要他坐在对面沙发上。他一边小心翼翼地坐下去，一边注意观察张作霖的神情。

"昨晚上的枪声你听到了吧？"张作霖猛不丁地问。

"听到了。"他睁大他的鼓眼，不解地说："怎么了？"

"冯德麟带他的部队造反了，说要捉拿你！"

"是吗？"他顿时手脚冰凉，不解地问，"冯德麟不是你的下属吗，他怎么敢？"

"下属管什么用？关键是人心所向！"张作霖抬起头，看着他，用教训的口吻说，"孙中山有句话说得好，'当今潮流，浩浩荡荡，顺之者存，逆之者亡。'当今潮流是什么？就是民众自发地清除、公审袁世凯的余孽余党。我张作霖不要说就这点能耐，哪怕能耐再大，也不敢逆潮流而动。昨晚上的事，幸好我发现及时，制止得快，要不然！"张作霖用一双冷冰冰的眼睛看着他，机弹打来似的，清癯的脸上浮起一丝阴狠的奸笑，"要不然，你段先生恐怕这会儿已做冯德麟的刀下之鬼了。"他惊愕地注意到，张作霖不再称他为总督，而是改口称他为先生了。也就是说，顷刻之间，他已经从中央大员变成一介庶民了，甚至是罪人。

"谢谢！谢谢雨亭将军！"他说时欠了欠身说："待云开雾散日，我段某会重谢张将军。"

"怕是等不到那天了。你看看今天的报纸。"说时，张作霖把一张当天的《奉天日报》拍在他面前，接着又翻出东北三省的多张报纸要他看。

段芝贵一看这张报纸，头嗡的一声，这天的《奉天日报》头版头条的通栏大标题是《奉天民众强烈要求公审袁世凯余孽段芝贵》，下面副题是一行小字"昨夜冯德麟部兵变欲逮捕段芝贵，经张作霖将军干预兵变平息"。这篇报道占了半个版面，记者翔实地报道了昨晚事端的由来、发展及结果，还配有评论。看了这篇文章，别的报纸他不愿看，也不敢看下去了。

"雨亭将军，我们不是外人。"段芝贵周身抖索着说，"全看将军你了。张将军，你可不能不管啊！"

"你放心，我张作霖不是那种见死不救的人。但是，有一点！"张作霖看着面无人色的段芝贵，说，"你一定要听从我的安排！"

"当然，当然。"段芝贵连连点头，"这是肯定的、肯定的。"

"那好！"张作霖言之凿凿，"你不能再留在东北了。赶快走、就走，越快越好，多留一会就多一分危险。"

"问题是我无路可走呀！"段芝贵哭丧着脸。

"有地方可走，天无绝人之路。"张作霖胸有成竹地说，"你哪里来就回哪里去。"张作霖替他分析得头头是道，"段先生是昏了头吧？你忘了吗，现在天下可是你们段家的。你的侄子段祺瑞现在身任国务总理，军政两界大权在握，说一不二。你是他亲叔叔，他不能不买你的账，不能不管你。他手中有一大把大官还没有人当，你回去正当其时。你何必窝在东北这个穷地方、烂地方担惊受怕，被民众抗议来抗议去，被小小一个冯德麟欺伤心，抓来抓去，弄得我也为难！"

"对的哈！"段芝贵一副幡然醒悟的样子，用胖手在他油光光的秃头上猛拍了拍，"哎呀，我怎么没有想到这一点呢。"既然都想到了这一点，张作霖当即礼送段芝贵回北京，事情也就定了。

张作霖显得很够意思，当即给段芝贵安排了专列，又派人把段在不长时间内，借东三省总督职在东北狠劲搜刮的民脂民膏，装进多个箱子，计200万元白花花的现大洋和一些金银财宝、文物珍奇打点收拾停当送上了火车。张作霖送了段芝贵些好东西，如高丽参、猴头、关东宝等等，张作霖专门派一个排，武装护送段芝贵回北京。

"拿酒来！"车站上，一切停当后，张作霖要上演长亭送别这一出了。

一个长相清秀的弁兵手中端着一个髹漆托盘而来，盘子当中摆一个酒壶，盘子中的两只酒杯已斟满了酒。张作霖和段芝贵分别端起了酒杯。

"祝段兄一路顺风。"这会儿，张作霖又改了口，他将酒杯举至眉间祝酒道，"请兄在京休整一阵，待东北局势稳定，望兄尽快返回奉天重新执掌东北大权。届时，我来接你。"

段芝贵举杯回应："雨亭厚恩，芝贵铭记在心。"咣的一声，两人碰怀，一饮而尽，并亮了杯底。然后张作霖送段芝贵上车。

专列拉响汽笛，离开奉天火车站后，很快不见了踪影。张作霖站在车站上，目视着一溜烟消逝在葱茏东北大平原上的专列，不知为什么，清癯的脸上抽搐了一下。

专列行约百里，到达沟帮子火车站时，前方，忽然有两排机枪子弹哒哒哒、哒哒哒地朝专列上空射来，封锁了道路。专列被拦截了下来。一直担着心的段芝贵，弯着腰从车窗内望出去，不看则已，一看顿时吓得面色苍白、虚汗长淌。前面两边小山坡上，有多挺机枪对着他们，很多身穿黄军服的东北军端着枪，蚁拥蜂聚地逼了上来，多个粗喉咙齐声大喊："段芝贵滚下车来！"声震天地。

"王排长、王排长，这是咋回事情！"段芝贵竭力沉着气，打开车门，走去问坐在前面车厢内，负责保护他的王排长，可是王排长不在。就在这时，王排长上来了，身边带着一个团长。

这个团长看着面前惊慌失措的段芝贵，劈头就问："你就是段芝贵？"

段芝贵矜持地点点头，看着这个中等身材，一脸胳腮胡，军腰带上斜挎着一把小巧玲珑手枪的团长说："请问，你是哪部的？"

"我是汲金纯的部下，三团团长邱正。"啊，汲金纯！段芝贵心中暗暗打鼓，汲金纯不是冯德麟的属下旅长吗？冯德麟不是要抓我吗？糟糕，碰到他们的枪口上了。

"那好！"邱团长验明正身，对他宣读了一份奉天军民要求惩处段芝贵的文告——

"段芝贵本系清廷余孽，后又为袁世凯张目，成为鼓吹帝制的祸首。现竟然携带巨款畏罪潜逃，我们奉天人坚决不答应！"邱团长念到这里，把手中文告一卷，扬起浓眉，虎威威地看了一眼呆若木鸡的段芝贵，提高声音宣布，"现在我奉上级命令，为顺应军心民心，将段犯芝贵押回奉天公审、严惩！走吧！"

"且慢！"段芝贵反应了过来，他退后一步，掉头对王排长说，"你奉张作霖将军命令，负责保卫护送我去北京。"说着又掉过头看着邱团长："你们都是张作霖张将军的下属，现在你们究竟谁该听谁的？"

王排长做出一副很为难的样子，两手一摊说："没有办法！段将军你是看到的，沿路到处都是冯部二十八师的人，他们兵强马壮，我们这几个人就是想冲也冲不出去。要是真动起手来，他们马上就可以把我们，包括你这样身份尊贵的人，打成肉泥。"

段芝贵仍然不死心，从身上掏出张作霖开给他的路条，递给邱团长。

邱团长接在手中，边看边念："这是趟专列。希沿途军民着意保护，不得有任何碍难、阻拦。

此令

奉天督军兼巡阅使张作霖即日。"

"嗬！"邱团长看着手中张作霖开具的路条，做出很吃惊的样子，"段先生，你有张将军开具的路条，就好说些！请你休息一下，容我去请示上级，马上就回来，请稍等。"顷刻间，邱团长这个怒目金刚变成了笑头和尚，说话也和气、客气了。

邱团长下车去不久，又上车，由王排长带着走进段芝贵的软卧包厢。邱团长对段芝贵说，适才他去请示了顶头上司汲金纯，汲旅长当即指示，既然有张督军开具的路条，有什么说的？放人放车！不过，汲旅长的意思，你人可以走，但东西不能带走。所有钱物都得留下！邱团长问段芝贵："看你的意思？看你还有没有什么要说的？"

丧魂落魄的段芝贵头脑转得很快，当即很爽朗地表示："行！"尽管他挖心挖肺地痛。他安慰自己：命最要紧！钱财乃身外之物，没有了命就什么都没有了。有言"三年清知府，十万雪花银"，我侄子段祺瑞目前是朝中头号人物，回去找到他，想来捞个大官当不成问题。回到北京，活动活动，捞个肥缺，重新再来，东山再起。这些东西，老子不要了，权当喂了狗。邱团长却又说："那请你老写张自愿留下车上所有财物，捐献给东三省寒门人家的条子，权当是你老留给东北人民的念想。不然，这事我以后说不清。"

没有办法，打落牙齿和血吞，段芝贵只得按这个邱团长的要求，忍泪含悲地写了"条子"，忍痛将他搜刮来的海量钱财，还有几样价值连城的文物舍弃给了土匪打劫般的冯德麟部，这才回到北京。

段芝贵一回到北京，就立即去国务院找国务总理段祺瑞，本想在侄子面前痛告张作霖欺人过甚。可是段祺瑞不见他，他一连去了几次，都吃了闭门羹，只得回到家中，一边生闷气，一边托人活动。他哪里知道，这时府院之争相当激烈，段祺瑞无暇东顾。府院之争的由来是：袁世凯死后，副总统黎元洪依法继任民国大总统。但黎元洪这个大总统远远不能同袁世凯相比，他这个大总统是名义上的、象征性的，他手中是空的，没有任何实力。实力都握在有军权政权的国务总理段祺瑞手中。手握大权的强人段祺瑞要黎元洪做一个影子总统，做一个负责盖章的机器，偏偏黎元洪又不肯，千方百计想驾驭段祺瑞。于是府院之争愈演愈烈。

段祺瑞是个有主见的人，是个很霸道、独断专行，铁钉子都咬得断的人。

袁世凯生前曾经私下向西方五国银行借过一大笔款项，后消息传出，在国会中人数占优的国民党议员表现得很激愤，要求事后经营此事的段总理到国会接受议员问询。段祺瑞也不推诿，坦然接受，定了日期。那天，国会议员们一到场，就发现气氛反常。大批荷枪实弹的士兵封锁了国会各个通道，包围会场，如临大敌。待惊悚不安的议员们刚刚坐定，只听门外站岗的兵们将胸一挺，扬声道："段总理到！"话未落音，只见体形消瘦、戎装笔挺、腰上挎刀、着黄呢军服、脚蹬黑亮皮靴、佩陆军上将衔的段祺瑞，在侍卫们的簇拥下风一般而来，健步登台。他在台上的桌后一坐，将长长的指挥刀在胸前一竖，用戴着白手套的双手拄着刀把，看着场下，满面秋霜。顿时，原先很有点喧闹的场上鸦雀无声，议员们被他镇住了。

"不是有人有事要质询本总理吗？"段祺瑞扬起安徽合肥音很重的北京官话问道，用霸道的目光扫视了一下全场。就有不睬祸事的国民党议员站起来，就袁大总统在时私下向西方五国银行借款事由来质询总理。

段祺瑞也不解释，只是把头一昂，一字一句说来，犹如板上钉钉："木已成舟，毋庸再议！"他就一句话八个字，说完见台下的议员们你看我，我看你，大眼瞪小眼，一时之间惶置无计。段祺瑞霍地站起，昂首而去，事情不了了之。

段祺瑞虽是个大忙人，一般人要想见他比登天还难，好在他也还顾念亲情。他还是在百忙中约见了从东北落魄回来的叔叔段芝贵，他要求叔叔在很短的时间内把话说完。早有准备，好不容易争取到这次机会的段芝贵，这次说话出奇的流利、简洁，在规定的时间内把要说的话都说完了，归结起来，无非两点：一是他控诉在东北如何受到张作霖等地头蛇的欺凌；二是直截了当请求侄儿给他安排一个合适的位置。

段祺瑞是个惜字、惜句、惜时如金的人。在他那间布置得像个作战室的办公室里，坐在一张硕大的办公桌后的段祺瑞，聚精会神地听完叔叔这番话。他只听不说，不发一言。叔叔说完后，满怀希望地看着他，他却站了起来，让副官送客。他让副官用他的最新日本产轿车、专车，把叔叔送回家去。

段芝贵回到家中，一直等着、盼着段祺瑞处分张作霖；盼着段祺瑞给他个官做。可是他失望了。张作霖不仅没有受到任何处分，反而升了官。他等到的是，段祺瑞一连签署发布的两道任免令，报上都登了。第一道令是免去他——段芝贵的东三省督军职。第二道令是任命张作霖为东三省巡阅使，领盛武将军衔。东三省巡阅使相当于过去的东三省总督，了得！更让他气得冒火的是，段祺瑞在下达的第二道命令中，居然把他的头号仇人、敌人冯德麟也升了官，升为张作霖属下的军务帮办。

啪的一声，正在书房里走笔写字，借以打发日子，排解忧烦心绪的段芝贵看了报，得知这消息，当即气得气血攻心。他拿起书案上那枚小小的纯金铸奔马镇纸，朝窗户狠命掷去，将窗上的玻璃砸得粉碎。闻声而进的女佣梅香，见主人直挺挺地倒在了地板上，吓得花容失色。就像大白天见了鬼，梅香一边呼叫快来人，一边飞跑到上房，向太太报告去了。

第四章 | 名副其实东北王 |

一

天刚擦黑，奉天东三省巡阅使署内灯火辉煌。

新任东三省巡阅使张作霖，在使署花厅设盛宴款待奉天各路官绅，来得最多的是他的发家人马——整编第二十七师团以上军官。赳赳武夫们下了马，进了门，转过照壁，沿着长长的甬道昂首挺胸阔步而入，掌有铁钉子的黑皮长靴在五彩碎石镶就的花径上叩出空洞的回音。来的绅士都是奉天城内有名望的人；官员则都是厅局长级及以上，他们有的西装革履，有的长袍马褂，还有的是前清遗老遗少。这些前清遗老遗少虽然脑后不再拖根长辫子，但他们头戴瓜皮帽，腰带上挂槟榔荷包，走路一步三摇，说话之乎者也，一看就很落伍很滑稽。军官们最看不起这些人，故意像螃蟹样横起走路，让前清遗老遗少吓得靠边站，尽量躲避这些兵爷。

花厅里摆开几十桌，服务员正在做相关准备。偌大的客厅里灯火辉煌。男仆女仆躬身迎候、招待络绎而入的客人。真个人以类聚，物以群分。客人们各有各的圈子。熟识的见面点头招呼，亲亲热热坐在一起喝茶、聊天、剥瓜子、吃糖。客厅里客人越来越多，谈话的声音嗡嗡嘤嘤。有的人在一边头碰头小声议论着什么、探听着什么、透露着什么。不过，若有谁想从他们的谈话中听出点什么，根本不可能。也有些小开样的男人，还有些油头粉面的中年男人，他们的兴趣完全不在马上就要开始的场面宏大的盛宴上，也不在马上就要出来的宴会主人、东三省新贵张作霖身上。这些人，故意落单坐在客厅里某个不引人注意，而视线很好的位置上，目光鹞鹰似的四面逡巡。他们在暗中观察、打量、比较出席宴会的先生、军官们带来的太太或小姐，他们的兴趣在这里。嗡嗡嘤嘤的谈话声和陡然高涨的人气人声，冲激得在空中纵横交叉，由一串串红红绿绿小电灯组成的珠串，在空中不断抖动，有点海市蜃楼的缥缈意味。客厅里渐渐有些燠热，逼得那些丽姝们纷纷脱下穿在身上的多余衣物，放在旁边的沙发上、凳子上，这就让猎艳的男人们大饱眼福。秀色可餐。丽姝们的年龄，两头小中间大。她们大都在 20 至 40 岁之间。这个年龄段是女人的黄金时期，可谓燕瘦环肥，各有风流、各尽其妙。她们大都认识，坐在那里，三三两两，热烈谈论某某时髦服装、某某时髦最新化妆品。整个客厅里，流溢着上层社会慵懒、散漫的气息。愉快的交流还有猎艳，让客人们不觉时间的流逝。

　　晚 8 时，值星少校军官张章迈着均匀的步武走进来，在场子中一站，胸一挺，像鸭子扇翅似的将两手一拍，场上立刻安静了，大家的目光被新任东三省巡阅使张作霖将军的亲信副官牵引。张章可着嗓子宣布："各位请注意，东三省巡阅使张作霖将军马上到！请大家起立欢迎。"年轻的张副官在这里用了个军事术语"起立"，说时转过身去，目视着张将军出现的方向——客厅大门，并率先鼓掌。

　　张作霖出现了。哗的一声，客人们全都对着这位东北新贵鼓掌、热烈鼓掌。而让客人们讶异奇怪的是，堂堂的东三省巡阅使张作霖将军，挽着他的下属、二十八师师长、大块头冯德麟一起进来。主人容光焕发、精光四射，而挽在他手中的大块头神情沮丧，像只落败的公鸡，人似乎矮了一头。客人们都是老东北，对冯德麟如此这般，心中明白。张作霖当然更是心知肚明。说起来、冯大块头是他张作霖的恩师。当他被人们普遍叫作"张老疙瘩"，在大车店当小伙计的时候，冯德麟冯大哥已经是一个有相当实力、相当名气的山大王了。是冯大哥首先发现了"张老疙瘩"，拉他上山入伙。虽然由于种种原因，他没有跟冯大哥上山入伙，但是冯大哥开阔了他的眼界，让他认识到外面的世界有多么精彩、多么宏阔；让他认识到自己原来是个人才。以后他们的发展，到袁世凯时期处于同一起跑线上，他是二十七师师长，冯大哥是二十八师师长。东混西混，现在他混到了东北三省最大的官，混到东三省巡阅使高位上，而资格比他老，年龄比他大好几岁的冯大哥却还在原地踏步。他还知道，更让冯大哥窝火的是，年前挤走段芝贵、冯德麟发动兵变，都是他的主意。结果，好处被他得了，冯大哥不过是一陪衬。冯大哥心中不愉快、不服，是可以理解的。张作霖知道，就在命令下来那晚，冯德麟在家中喝得大醉，对他的几个亲信放话说：

"张作霖那小子拿老子当枪使。现在他小子成了一朵人见人爱、人见人羡的大红花，咱老子成了他小子的陪衬，成了一片绿叶。老子坚决不干、坚决不答应！"消息当然很快就被耳线密布的张作霖知道了，但他佯装不知，他有整套计划，他要趁现在"府院相争"，无暇东顾之机，关起门来整肃、排除异己，建立自己的独立王国，确定自己东北王地位。现在，他首先要整的，就是这个牵在自己手中的冯德麟。

这晚张作霖身着蓝袍黑马褂的民国大礼服，给人一种书卷气、一身和气和别样的派头。在客人们的掌声和仰慕中，他发表了简短的就职演说。

"承蒙诸君帮衬，家乡父老给力，相较全国其他地方而言，年来我东北三省总体而言，局势稳定，人民安居乐业。中央日前下令，任命我为东三省巡阅使，德麟兄为军务帮办。"他看了看站在自己身边，不尴不尬的冯德麟说，"这是中央对我们的肯定。唯以后努力，关起门来，办好我们东北人的事，做出成绩，方不辜负中央信任，家乡父老期望。"他语言通俗，言简意赅，点到为止。场上再次爆发出掌声，属下对他同声祝贺。"同喜同喜！"他抱拳一揖。小张副官这就宣布"请各位按座位名号入座，宴席马上开始"。

客人们注意到，神情不佳的冯德麟和张作霖坐在首席，但冯德麟总是提不起劲。在客人分别向主人和他敬酒时，他像霜打的茄子，蔫蔫的，懒懒地站起应付敷衍，不发一言，与谈笑风生，端起酒杯走来走去，红光满面的巡阅使张作霖形成鲜明的对比。对冯德麟明显的抵触情绪，张作霖不仅是看到了注意到了，而且在私下做了最坏的准备。

也许对冯大块头的表现，汤玉麟实在看不下去，也许是他想讨乖卖巧，也许是张作霖的事先安排，汤玉麟霍地站了起来，用虎威威的眼睛扫视了一下全场，沙声沙气地说："雨亭将军升任东三省巡阅使，人心所向，名至实归。这个重担，除了雨亭将军，其他任何人挑不起来。不是谁想挑就能挑的。"说到这里，他毫不掩饰地看了看冯德麟，把话说得更直白、更狠了些："如果哪个是口袋里装茄子——在下面吱吱嘎嘎，辜负了巡阅使的好意，反其道而行之，那么！"汤玉麟说到这里显得很激奋，一手把戴在头上的大盖军帽揭下来，往桌上一甩，一张阔脸涨得通红，碗钵似的拳手捏起，咚的一声砸在桌子上，拧起一副钳子似的浓眉，嘶声哑气地吼道："那我汤玉麟肯定对他不客气！"汤玉麟说话是有分量的。他是当年张作霖在八角镇的结拜兄弟。过后，汤玉麟认准了张作霖，一个心眼跟到底、不遗余力。张作霖对他也是足够信任，他是张作霖手下红人，现在他是张作霖基干部队——整编第二十七师主力旅五十三旅旅长兼奉天密探局局长。奉天密探局局长，这可是至关重要的位置。

冯德麟在一惊的同时，注意到，坐在旁边席位上张作霖的两个心腹干将张作相、张景惠也都虎视眈眈地注意着他。他想，这不是东北版的现代鸿门宴吗？张作霖唱白脸，汤玉麟唱黑脸，场上都是他们的人。如果我冯德麟与他们过不去，他们完全现在就可以把我冯德麟"黑"了。想到这里，他怕了，开始注意自己的情绪，夹紧尾巴。好在冯德麟担心的事没有发生。宴会中途，他假装头痛，对坐在身边的张作霖说："雨亭，我不舒服，头痛加上眩晕，这会儿我看你，人都在转。对不起了，我得先回去。"张作霖显得很关心，立刻吩咐小张副官用他的专车把"冯帮办"送回家去。

"不用了。"冯德麟站起身来，手架势摇。他说他有车，他自己回去。他让随他来的，坐在边角一桌上的马副官去外面叫司机。张作霖也就不坚持，亲自把装病退席的冯德麟送到大门外，一直看着他上车。这时的冯德麟，没有病也有了病，因为刚才张作霖那一声"冯帮办"，像刀子一样扎进了他的心、扎得他心上流血。

冯德麟个性很强。回到家中，他一连多日闭门不出，对张作霖派人给他送去的中央政府任命他为"军务帮办"令，坚辞不受；带出话来，张巡阅使如果坚持要他屈就"军务帮办"也可以。不过，要满足他两个条件：一、军务帮办在规模上，要同巡阅使署差不离；二、军务帮办的办公经费同巡阅使署一样。

这完全不可能！这是冯德麟在泄愤，对张作霖出难题。嗅觉比狗鼻子还灵的奉天多家媒体，把二人之间的过节儿当成头等新闻，每天追踪报道。

张作霖很有办法，竟能让与国府总理兼陆军部长段祺瑞誓不两立的大总统黎元洪也同意了段祺瑞这纸命令，在这纸命令上加盖了总统府公章。张作霖表现得很是礼贤下士，他拿上大总统加盖了总统府公章的这纸命令，亲自送到冯家大院，送给冯德麟看。可是，倔强的冯德麟还是不肯。张作霖做出一副很为难的样子，提出一个折中方案，鉴于中央拨给东三省巡阅署每月经费30万元，拨给军务帮办的经费15万元，这中间的差额15万元，由他张作霖来想办法，来给德麟兄填平补齐。这下，冯德麟不该横绊顺跳了吧？东三省最高军政长官张作霖，对老资格的、不讲理的下属冯德麟是仁至义尽。可是冯德麟还是不松口，理屈词穷地把脑壳耷起，不回应。

"德麟兄再想想吧。这是本月补你的15万元经费。"早有准备的张作霖，从身上掏出一张 15 万元的支票，放在他的桌子上走了。

可是，第二天冯德麟又派人把张作霖留给他的 15 万元支票退了回去。这些过节儿、过程，被善于捕风捉影、锦上添花的记者们描述得活色生香，在奉天每天的多家报纸刊发，赚足了读者眼球，也让张作霖赚足了人气。

那个晨光清亮的早晨，奉天最热闹的中央大街上，出现了一个奇怪的场面，引路人观看、围观：一列人数众多的长队前面，走着军服整齐，服装上白下红的军乐队，军乐队吹吹打打。走在军乐队之后的是多排身着短褂、市民状的人。为首的两人手中拉着一个横幅，横幅上排一行大字："恭请冯军务长德麟出山！"走在他们之后的人，手中都举着一个牌子，牌子上写着有力的短句："为了奉天！""为了东北！""请冯军务长出山"……原来这是恭请冯德麟出山的劝进队。

劝进队将奉天城里最有名的饭店——德义楼也搬来了。德义楼的一些名厨、大厨走在前面，他们身穿雪白挺括的制服，头戴标明厨师等级的高帽。之后是一帮年轻的堂官，他们抬着多个蒸笼和碗什。蒸笼里盛着精美的热气腾腾的菜肴，沿途散发着香味。而走在劝进队之后，押阵的是新任东三省巡阅使张作霖。他戎装笔挺，头戴鸡毛掸帚似的高筒将军帽，佩上将军衔，脚蹬漆黑锃亮的皮靴，骑在一匹火焰般的高头大马上，一摇一摇的。他带的护卫不多，不过四五十人，但个个精干。护卫们一半背长枪，一半挎短枪，长枪的枪刺在北国上午清爽的金阳映照下，闪闪发光。精干的小张副官，骑在一匹高大的口外黑马上跑前跑后，注意观察、督促警卫。

劝进队所过之处，万人空巷，人们夹道观看。骑在高头大马上的巡阅使张作霖，不时举起手来，向夹道两边的人招手、微笑，一副亲民形象。

得知这个消息，冯德麟大惊，他再也稳不起了。他知道"胡子"出身的他，本来在民众中印象就不好，这几天再演这一出，他被广泛地批为不宜好，是"狗坐轿子——不受人抬"。这下，他不能不到门外迎接巡阅使了。张作霖很能体谅他，在门前下了马，在将马缰抛给弁兵时，张作霖只让他在德义楼专门为冯帮办点的菜肴抬进去。别的人不能进屋，他特别对小张副官交代："都在门外等着，容我进去与冯军务单独谈谈。"张作霖进去与冯德麟关门密谈，其实什么也没有谈。张作霖要的就是这样一个形式，走这样一个过场。

此后，就在冯德麟快要绷不住，即将就范时，这个晚上，意想不到的事来了——他的仇人、张作霖的马前卒、打手汤玉麟竟然悄悄找上门，找他来了、求他来了，破天荒地提出，要同他联手对付张作霖，让他又惊又喜。

二

已是夜深。被称为奉天模范街的同仁路特别幽静。位于同仁路中段的冯师长德麟冯公馆的两扇黑漆大门早已关闭。门楣上垂下的在微微的夜风中飘拂着金色流苏的两盏大红宫灯灯光幽暗。不过可以看清，门前，华丽的叠次而下的汉白玉石台阶两边，一边蹲一只雕塑得栩栩如生、脚踩绣球、鼓睛暴眼，口中衔一个大石球的雄狮。黯淡的灯光下，门前那两个头戴大盖军帽，手持步枪站岗的卫兵，始终保持着一个固定的呆板姿势凝视着黑夜。看上去，很像哪座庙宇中安放在配殿中的小鬼。

万籁俱寂。这时，一辆黑色小轿车披着夜幕，滑到冯公馆门前不远处的大树荫下悄然停了下来，显得神秘而鬼祟。

这就引起了站岗卫兵的注意。一个警戒，一个上前盘问。盘问的卫兵刚到车前，车门开处下来一个年轻军官。黑影憧憧中，下来的军官就像一个飘然而至的鬼影。

"干什么的？"卫兵吓了一大跳，退后一步，大声喝问。问时，咔的一声，把端在手上的步枪的枪栓一拉，把子弹推上了膛，如临大敌。

"别误会。"来人小声小气，"我们是奉天密探局的。我们的汤局长就在车上，汤局长来找冯师长谈点要事。去、去找你们的值班军官来！"来人口气很横。

听此一说，两个卫兵不敢怠慢。一个保持警戒，一个颠颠跑进去报告、请示。

很快，值班军官出来了。在浓厚的树荫下，值班军官与来人"咬"了一阵耳朵，值班军官会意地点了点头，只见来人走到车后面，轻轻拉开车门，说声"汤局长请下车"。车上下来的果然是奉天密探局局长汤玉麟。汤玉麟很警惕很职业地掉头四面看看，确信无人发现、无人跟踪，将披在身上的黄呢军大衣一裹，跟着值班军官一阵风似的进了冯公馆。

这是有缘由的。这些日子，汤玉麟与张作霖产生了很大的矛盾，割开了一段很深的裂痕。这是因为他与新任奉天警务处处长王永江的争风吃醋而起。王永江很能干，是张作霖发现、重用的新人。王永江，辽宁金阳人，文武全才，德政昭彰，不管是在辽阳巡察总局局长职上，还是过后的清丈局局长任上，都干得相当不错。俗话说得好，卖石灰的见不得卖灰面的。汤玉麟欺王是个新人，与他处处过不去，以致让王永江无法正常开展工作。

王永江就任奉天警务处处长伊始，狠抓警务纪律，雷厉风行，一连颁布好些治安条例，敢于逗硬，很快让奉天气象一新。这就把汤玉麟比了下去。他气不过，指使手下一个姓宋的营长顶风而上，带几个兄弟伙计，在奉天整天饭馆进、酒馆出，沾吃霸赊，触犯了治安条例，被王永江毫不留情地抓了起来，关进监狱。汤玉麟去找王永江大吵大闹，逼着王永江放人，并且声言，王永江再不放人，他就动武。事情闹到了张作霖那里，张作霖批评了汤玉麟，明确支持王永江，让他愤愤不平。在他看来，张作霖之所以春风得意，步步高升，无非手上有实力。而一个好汉三个帮，一个篱笆三个桩，他汤玉麟就是其中的一个"帮"、一个"桩"，替张作霖出力不小。而且，他还比张作霖大两岁。

他不服气，两人越说越"冒"火。说到最后，他身上冒起匪气，气鼓气胀地质问作霖："他王永江有什么了不起？我们起事打天下时他在哪里？现在他才当了几天奉天警务处长，就拿鸡毛当令箭。我不尿他！"

张作霖发作了，暴跳如雷，指着汤玉麟鼻子骂他是"土匪，满身匪气……"，骂汤玉麟不讲道理、不辨是非、不明大局。

"站好!"骂完了,张作霖罚汤玉麟站好,完全是主子对一条狗的架势!那架势,张作霖枪毙他都有可能。不得不在张作霖面前乖乖站好的汤玉麟心中涌起一阵绝望、一阵悲哀:我汤某人不过是张某人眼中的一条狗,他同时想起一段戏文:"飞鸟尽,良弓藏;狡兔尽,走狗烹。"我就是一条随时可能被张雨亭烹食了的狗、走狗了。没有办法,在翻脸不认人的张作霖面前,他只好打落牙齿和血吞,知错认错。可是,还没有完。张作霖要他,一回去后写一份深刻的检讨交上来;二登门向王永江道歉。回到家,他越想越气。既然你张作霖无情,休怪我汤某人无义。大不了来个鱼死网破!人际间,没有永远、固定的朋友,也没有永远、固定的敌人。这下,他想到了与他有旧的冯德麟。

今夜,他找昨天的敌人,今天的朋友、战友冯德麟来了。他要联手冯德麟,共同对付翻脸不认人的张作霖。

汤玉麟进去了两个多小时。两个麟之间究竟密谈了些什么,外人无从得知,不过,他们密谈的内容是可以想象出来的。汤玉麟出来时,仍然用军大衣将自己一裹,快步上了躲在树荫下的汽车。汽车一溜烟而去,很快没有了踪影。

"家家户户——小心火烛……"噹!远处,更夫敲起了三更。更夫苍老的声音,和着铜更金属的颤音,水波纹似的袅袅而至,袅袅远去,深夜越发显得凄凉深沉。两个麟,以为他们的事情做得人不知鬼不觉,殊不知他们的一切,包括今夜的密谈,被张作霖掌握得一清二楚。这晚,严密监视汤玉麟的警员,跟踪而至,埋伏在他们看不见的暗处,将两个麟,特别是汤玉麟的来来去去,一举一动,一一记录在案。

"报告巡阅使!"这天上班时间,在原东三省总督府、现张作霖的东三省巡阅使署,张作霖的办公室里,汤玉麟在巡阅使面前站得端端正正,将自己的深刻检查捧在手中,腰一弯,恭恭敬敬递给张作霖。坐在硕大的办公桌后的张作霖接过他的检讨,只是眯起眼睛扫了一遍,放在桌子当中。张作霖的办公桌很整洁、简洁，一切有条不紊，从某个方面，显示出他的个性特征。办公桌左上角堆一叠待批文件，右上角趴着一架红色军用电话机。当时，电话机可是稀罕物儿。电话机上很隆重地罩着一领雪白的真丝挑花网巾。汤玉麟一眼就看出来，这丝巾出自大帅（在奉天，在东北，人们习惯称张作霖为大帅）最宠爱的六姨太之手。这军用电话，被大帅老佛爷似的供起。

端端正正、恭恭敬敬站在大帅面前的汤玉麟，在作了诚诚恳恳的口头检讨后，又特别解释：他之所以到今天才把检讨送呈给大帅，是因为回家反省期间，思想上有个从不通到通的、很痛苦的认识过程。

"我知道、我知道。"大帅很理解地点点头，表现得很宽容，大帅笑道，"我知道你的火炮脾气，能改就好，改了就好。以前是咋的，以后还是咋的。"

看来过关了。扑通一声，汤玉麟提起的一颗心，落进了胸腔里。

不久，春节来临。沿袭往年的惯例，奉天密探局在德义楼宴请"省中诸长吏"，大帅张作霖当然出席。

那晚，大帅挽着六姨太的手出现在大员们面前，微笑着向大家挥手致意。大家鼓掌。人逢喜事精神爽，这晚大帅显得很年轻。他穿一件闪光缎面青色长袍，外罩一领绲了金边的黑马褂，清癯的脸上，挂着矜持的笑容，满头黑发裹着稍许白发，往后梳得溜光。悬胆似的鼻梁下，唇上护起了一绺日本式八字胡。最让人印象深刻的是大帅那双眼睛。他的眼睛是黑色中带有棕色，眼睛不大，但很明亮。和大帅手挽着手的六姨太生动、明媚，典型的北国佳丽。这晚她身着一袭裁剪得体的鹅黄暗花绲边旗袍，越发显得身肢苗条、丰润。她身高约160厘米，体重约60公斤，脚蹬一双样式最新的软底半高跟红色皮鞋，耳朵上戴一副翡翠耳环，走步间那副翡翠耳环晃动得滴溜溜转，别有风韵。被丈夫挽在手中的她，满面生辉。

走过往常的套路，大帅夫妇落座，大家也得落座。正当汤局长要给大帅敬酒时，大帅突然问汤玉麟："王永江没来？"

汤玉麟说："没来。"

"他没有来，是因为你没有请他？还是他自己没来？"大帅开始追问，全场顿时鸦雀无声，气氛骤然变得紧张、凝滞。

汤玉麟怔了怔，说："应该是请了，可能是下人发请柬时不当心，把王局长漏掉了。我下来查，查到后重处！"

张作霖不给汤玉麟面子，冷然一笑，当众揭底："你不要给我演戏了！所有的人都请到了，唯独漏了王永江，是何居心？你一个堂堂的奉天密探局局长，遍请奉天大员，会专门漏了警察局长？"在连声质问中，大帅把胸脯一挺，厉声质问汤玉麟："怎么着？你是要同王永江誓不两立，有他无你，有你无他，是不是？"

被大帅当众如此喝斥，面子丢尽的汤玉麟，不管不顾了。他将颈项一昂一硬，脸红筋涨地硬顶："是，就是。我就是不请王永江，我汤玉麟同他王永江誓不两立。"

面对这陡然发生的一幕，出席宴会的大员们知道事态的严重性，有胆小的吓白了脸；而平时在家闲得无聊的女人们却来了兴趣，她们喜欢这种刺激，像看西洋景似的看下去。

"那好！"大帅咬了咬嘴唇，对汤玉麟说，"既然如此，那你当众辞职，我当众批准。"

"有什么了不起的，辞职就辞职，你甭骂街！"汤玉麟还在顶。

咚的一声，大帅拍桌而起，变脸变色地指着汤玉麟问："我怎么骂街了？你立即辞职，我立即批准。我就不信了，离了红萝卜还不办席了！"

与汤玉麟有旧的张作相、张景惠等这就赶紧上去劝汤玉麟，要他冷静，要他立即向大帅承认错误。可是，不行了。盛怒的大帅带着六姨太拂袖而去。大帅夫妇一去，大员们也就一哄而去，不欢而散。这样的宴会哪怕再丰盛，谁敢吃、谁又有心思吃。

这一下，张作霖的耐心到了底。他不想再同两个麟玩下去，准备动武了，准备逮捕两个麟。就在他密令下达，让王永江对二麟进行更严密的监视的同时，命令他二十七师主力旅二十五旅旅长孙烈臣带大部队进城。二麟也不简单，绝非束手就擒的鱼腩之辈，他们也在设法积极应对。冯德麟利用北京的府院之争，他选择了总统黎元洪靠边站。他在致黎元洪的密电中称，张作霖是段祺瑞的忠实代言人、代理人。他冯德麟，还有从张作霖营垒中反出来的奉天密探局局长汤玉麟坚决站在黎大总统一边，他们是黎大总统忠实的代言人、代理人。只要能得黎大总统支持，他们不惜与张作霖誓死一战。正愁手中无兵可用、可调的黎大总统，对送上门来的这两个麟来者不拒，极表欢迎、支持。为慎重起见，黎大总统让两个麟火速派他们的亲信去北京细谈、详谈、具体谈。不用说，张网以待的张大帅截获了两个麟同北京黎元洪来往的多封密电，对两个麟的一切洞若观火。

在对两个麟动手之前，为了把事情做得有理、有利、有节，张作霖将东北二麟同黎元洪如何勾结，如何图谋不轨报告给了段祺瑞。大权在握的国务总理兼陆军部部长段祺瑞，马上下令，让张作霖马上逮捕二麟，将二麟先在东北公审，然后送京法办。段祺瑞同时下令，将派驻在东北吉（林）、黑（龙江）二省、直属中央陆军部的第九师、第十三师听从张作霖调动指挥，准备戡乱。

在对二麟动手的这个晚上，巡阅署议事厅里，铺着雪白桌布的长条桌两边，坐满了与会军官，有20多人。张作霖坐在条桌上首，孙烈臣、王永江分坐在他肩下两边。

"冯德麟、汤玉麟这二麟，就像两个脓疮。"张作霖说时语气平缓，完全没有战前的紧张、急促，他说，"这二麟如同长在我们身上的两个脓疮。如果我们任其发展，那么，我们本来很健康很饱满的身体就会长满脓疮。而且，这些脓疮会很快发展、溃烂，直到烂得发臭，烂得不可收拾。"张作霖话说得很讽刺很幽默。

"这两个脓疮，我原想给它们抹点药，看能不能消散。现在看来根本不可能。这两个脓疮已经到了自己爆烈的程度，我们今晚就帮它们排排脓。脓排了，大家都舒适点。"说到这里，看下属们频频点头，有的还会意地笑了一下，完全领会他的意思，张作霖把声音提高了些。他看着坐在左右下首，往小本上记录的孙烈臣、王永江，强调："今晚打二麟，孙旅长是战场总指挥。王局长负责安排警员维护秩序，安抚周边百姓。"说着强调："开打的时间不变，今晚9时。战斗范围尽可能局限在冯家大院周围团团转。总的战术原则是：打而不狠，打走为是，尽量不要死人。天要下雨，娘要嫁人。"

"记住！"他着重强调，"届时给二麟留一条活路，网开一面。把他们打走为是，他们想去哪里，就去哪里。尽量不要死人。就这样。"他目光灼灼地在所有的军官脸上过了一遍："我的话完了，哪位还有话，还有啥问题没有？"

"报告！"一位绰号"咬卵匠"，长得五大三粗的团副，显得很冲动地举起手，要求发言。

张大帅温和地看着"咬卵匠"，点点头："你讲。"

"部下不明白。""咬卵匠"很冲动地站起来，脸红筋胀地问，"二麟该死。为何大帅还要给他们留活路？还有，大帅为何强调最好不要打死人？"

"问得好。"大帅挥挥手，让"咬卵匠"坐下。他注意到，这个"咬卵匠"的不解，也是好些军官的不解。

"我不是说了吗，天要下雨，娘要嫁人。人各有志，由着他们去。"今晚身着便装，而不是像以往一样，遇着这样的场合必穿军装的大帅，用宽袍大袖将脸一遮，似乎他那张青白脸上有无限的无奈、忧伤和恻隐之情需要掩饰。"毕竟大家跟着我这么多年了，又都是东北人。他们这些人中，哪怕打死一个人，他们背后就是一大家人，往往一个家庭就毁了。我不忍心。"他注意到，他说这番话，在所有参会军官中都引起了奇妙反应，大家对他肃然起敬。

"就这样吧，孙总指挥！"他看了看腕上表，再看着正是当打之年，很彪悍的孙烈臣。孙烈臣霍地站起，全体军官跟着霍地站起，面向张大帅，孙烈臣和王永江面向大帅举起拳头宣誓："请大帅放心。"在下军官齐声响应："坚决完成任务！请大帅放心！"

战斗在当晚9时准时打响。张作霖很悠闲地背着手，站在他家最高的楼层，三楼上注意看去。他家的楼房是一座具有日式风格的楼房，墙上爬满了常青藤。他是站在三楼那间他的书房兼办公室看出去。冯公馆离他家空间直线距离最多不过800米。漆黑的夜幕中，完全看不见隐藏在夜幕中的冯公馆，只见密集的枪机子弹，像无数暗绿色的流萤，从三个方面咬在一起，朝着冯公馆紧紧咬去、狠狠咬去！从三个方向射出去的密集子弹，又像结成的三束干硬的光带，向隐藏在夜幕中的冯公馆尽情倾泻。从楼上望出去，很好看，是一处别样的风景。

冯公馆还击的火力太弱了，像几只绿头苍蝇，还没有飞起来，就被拍了下去、拍死了。急促的枪声炒豆似的，在静夜里听来格外清晰、格外惊心。好在时间不长。战斗从开始到结束，最多20分钟。枪声过后，冯公馆方向，甚至整个奉天城都显得格外安静。夜幕中的奉天，似乎在朝着一个不可知处神秘地潜行。

张作霖没有开灯。为了看得更清楚些，他上前，把两扇雕龙刻凤的窗棂上镶嵌着好看的红绿玻璃窗，尽可能地朝两边排开。带着最初寒意的夜风，挟带着青藤的清香扑面而来，他感到刺激、感到舒爽、感到惬意。此时此刻，凭他多年的战争、战场经验，完全可以想象出二麟狼狈而逃的情景，他也知道二麟要逃到哪里去。

叮铃铃！这时，摆在办公桌上的电话突然炸响。他转过身，走上去，借着微弱的天光一把抓起电话。电话里传来孙烈臣的大嗓门，这个山东人说话像放大炮似的，他把电话拿得离耳朵有点距离。

"报告大帅！"电话里，孙烈臣的声音嗡嗡响，"冯德麟、汤玉麟在一帮亡命徒的保护下，骑马往新民方向逃了。"

"让他们走。"张作霖特意问，"没有死人吧？"

"没有，只是伤了几个。"

"好，好！"张作霖很满意，他特意叮嘱孙烈臣，"你让二麟跑，他们想到哪里去，就到哪里去。你和王局长下来，对他们的家属要好生安顿，嗯！"
他有意把最后这个"嗯"字拖长了尾音。

"是！"孙烈臣刀切斧砍地回应。虽然看不见孙烈臣，但他可以想见孙烈臣胸脯一挺，接受命令那份利索劲。

果然不出所料，二麟逃去了北京，投到黎元洪门下。张作霖心中有数，有关二麟这一出好戏，他会接着唱下去。

三

又是秋天了。秋天是让人忧伤的季节，更是让人憧憬的季节，因为这是一个金色的、沉甸甸的收获季节。

秋阳朗照，蓝天高远。

张作霖书房后窗不远处，有一片别具风格的风景。那是由一排排长得生气蓬勃的、单株高达三米的望日莲，也就是老百姓口中的向日葵组成的方队。它们高脚伶仃的秆上，顶着硕大金黄、始终向着太阳旋转的轮盘。看上去，这些望日莲形体挺拔、爽朗，很像是一排排忠诚的卫士，让大帅随时看着都心中欣喜。

不知不觉间，张作霖一家，搬进更加阔绰大气的大帅府，已经有些时日了。

大帅书房后窗那一片地，管家原本是要拿来栽花养草的。在管家看来，大帅累了、倦了，靠在窗前，看看花看看草，养养眼养养神，有多好！然而，大帅不同意，这就只好改种为望日莲。管家哪里知道，大帅不仅喜欢望日莲的形态，更喜欢果实成熟时，它们头顶一派金黄的轮盘，在清风摇曳间，哗啦啦起伏响动时，形成的那样一种千军万马冲锋陷阵般的声威、气势。

这天上午9时左右。

将天地到处照得亮堂堂的金色阳光，到了大帅窗后那片茂盛的望日莲林，就遇到了艰难。再往前走，它们就只能不厌其烦地拨开一株株固执地站立在那里的望日莲，到了尽头，往上一跳，上了窗台，精灵似地滤过纱窗，跳进大帅书房，变成一个个金色斑点，在地上闪烁、跳跃、游移，编织出一个个梦幻般的图案。

这天，大帅穿一件蓝色绸缎长袍、很薄的夹袍，背着手，在书房里轻轻踱步，走来走去，陷入深思。在家里，大帅喜欢穿这种舒适、简洁的便装。他办公的衙门——那座很气派的、原东三省总督府、现东三省巡阅使署，平时很少去。他喜欢在家里办公、接待他喜欢接见的客人。使署那一摊烦琐的政务、事务，他交给了杨宇霆打理。杨能干而干练。杨是本地人，日本士官学校毕业，现暂为奉军参谋长，人长得高高大大，声如洪钟，深得大帅信任。

周围很静，静得似乎可以听见阳光穿过望日莲时发出的轻微的金属似声响。这时大帅需要绝对安静，任何声响都不允许。小张副官一早就带着下人，将望日莲林里、林外那排白杨树上栖息聒噪的所有雀鸟，附近花花草草、丛林假山上所有发声的生物都轰了开去、驱散尽净。

轻轻踱步中的大帅，突然住步、转身、抬头，望着挂在墙上那幅红红绿绿点点画画，外人看来不明就里，在他眼里却是处处堂奥洞深、生动无比的东三省地图，脸上若有所思、所感、所悟。这时，一束明丽的阳光，端端地照在他的脸上。他站的身姿有些侧，这束明丽的阳光从他棱棱的鼻梁上分开。于是，他的半边脸在明里，半边脸在暗中，对照分明。阳光中的半边脸，光明、温馨；笼在阴影中的半边脸，带着几分阴深和诡谲。这时，他表面上在看地图，实际上，思想上走马灯似的转着最近的北京政局。他不能不关心北京上层政局。因为，北京政局的走向如何，直接影响、关联着他治下的东北三省，关乎他的前程。

俗话一句说得好："天上九头鸟，地上湖北佬。"别看北京黎元洪这个大总统是虚的，手中没有实力，似乎是专为强人段祺瑞加盖"总统府"大印的机器。不然！黎胖子把手中有限的"资源"运用、发挥到了极致。黎胖子有板眼，板眼还深沉。

1914 年爆发的第一次世界大战已经打了三年，胜负已见端倪，德国必败无疑。段祺瑞这时拟对德宣战，坐收渔人之利。他将此决定昭告全国各省督军，特别说明，中国对德宣战无须出兵，只须向欧洲参战协约国派去一些劳工，战后即有丰硕回报。只要不伤及地方"诸侯"的利益，那没有说的。然而与此同时，亲日的段祺瑞，暗中同日本方面签订了一个一亿元合同的贷款，他要用这笔钱来整军经武，培植、发展个人势力。

段瘦子对德宣战书，在流程上需要黎胖子盖章。黎胖子坚决不盖。骤然间，段瘦子与黎胖子的矛盾升级、对抗加剧。

黎胖子之所以有这个胆量，是因为这时他手中有了一支愿意为他保驾护航的军队——"辫帅"张勋和他的军队。

时年 63 岁的辫帅张勋，臭名昭著。他字绍轩，江西奉新人，从军很早，跟着袁世凯步步高升。镇压过义和团，先后任清廷的江苏巡抚兼两江总督、南洋大臣；辛亥革命期间，是清廷凶恶的鹰犬。袁世凯复辟称帝，他是袁的开路先锋。袁世凯死后，抱着贞节牌坊的他，纠结多个地方保皇武装，成立十三省区联合会，张勋自任盟主，一心助清室复辟。张勋和他的部队官兵头上都拖着一根清朝的辫子。张勋尚有一定实力，能得到一些反动政治势力的支持赞助。

当不明就里的段瘦子又来找黎胖子盖章时，黎胖子仍然坚持不盖。段瘦子火了，以辞职相要挟，殊不知，正中黎胖子下怀。段瘦子当即写辞职书，黎胖子当即批准。段瘦子一是面子上下不来，二是不信北京中央政府能离得了他。他一怒之下，到天津当寓公去了。段瘦子一走，黎胖子马上命令辫帅张勋率辫子军进京。

即日，辫帅张勋率 7000 余人的辫子军由徐州进京途中，他专门绕道去了天津看望段祺瑞，实际上，他是要对段强人作出解释。在位于海河畔的段公馆里，辫帅张勋对段强人说，他率部进京，并不是真要帮黎胖子的忙，他是"借事出徐州"，想把软禁在紫禁城中清末最后一个儿皇帝——宣统皇帝溥仪解救出来，让溥仪重新坐回金銮殿上当皇帝。

见段祺瑞理所当然地反对，辫帅竟然如此说：你段芝泉祖上是清廷世代军官，你本人更是清末北洋重臣……你不应该忘恩负义。段祺瑞一时没有吭声，他要看辫帅究竟要说些什么、干些什么！辫帅夸段祺瑞有能力，有号召力，是个强人，他希望能得到段强人的支持，默许也成。

"复辟这出戏我去唱。事成之后，清廷复辟，我张绍轩敢保证，你段芝泉的官位绝不比现在小，肯定是个摄政王，如何？"形容枯槁、头发花白的辫帅，将鹅似的长颈项一硬，用鸡爪似坚硬的瘦手，咚的一声拍了拍自己瘦骨嶙峋的胸脯，言之凿凿地保证。

"不行！"段祺瑞一拍桌子，鹰眼环张，正告张勋，"你要走回头路，绝对不行！现在已经是民国了，你张绍轩还留一头辫子，我可以不管。你带辫子军盘踞一地，我也可以暂时容你们一段时间。可是你要复辟，我就要打倒你。你不要忘了，同你谈话的，可是当今国务总理兼陆军部部长段祺瑞！"

大路朝天，各走半边。张勋带着失望的心情，当天离开天津，率部进了北京。

黎胖子自以为得计。他万万没有想到，他是引狼入室。从 7 月 1 日起，北京城所有的大街小巷里蹿动着大股小股辫子军，如嗡嗡嘤嘤的绿头苍蝇。辫子军一色清军打扮，持九子快枪，腰别大刀，打大清国龙旗……一时间，把北京城搞得乌烟瘴气，引得民怨沸腾，同声喊打。黎元洪后悔了。可是，请神容易送神难。黎元洪轰不走辫帅，反倒被辫帅逼着解散了国会，接着，辫帅将溥仪从紫禁城中接出来，安进中南海当皇帝……

惊慌失措的黎元洪，在谋士开导下，不得不厚着脸皮，请段祺瑞出山收拾乱局。同时下达了对段祺瑞的复职令，下达了对辫帅张勋的讨伐令。北京已经完全失去控制。妖道似的辫帅闯进宫去，找黎胖子说个子曰。黎胖子感到生命安全受到了辫帅威胁，躲进了与他有交往的美国大使馆。

7 月 2 日凌晨，段祺瑞赶到天津附近马厂李长泰所率的陆军第八师宣誓就任讨逆军总司令。当天下午，时年44岁的大名人梁启超风尘仆仆赶到马厂，支持段祺瑞讨伐辫帅张勋……

在历史的节点上，张作霖当然不肯落人后，他当即派全权代表赵锡福赶到马厂晋谒段总理。而因为张作霖与张勋是儿女亲家，段祺瑞对张作霖很怀疑，问赵锡福："张巡阅使与张勋是儿女亲家，我要打他的亲家，他肯？他还要来帮着我打张勋？"

"张巡阅使说了，家事为小为轻，国事为大为重。"因为有张作霖的示意，赵锡福说得振振有词，"我们巡阅使坚决表示，以段总理马首为瞻，听从段总理调遣，以段总理之意为是！"

"张雨亭深明大义，难得！"民国年间有政坛常青树之称的强人段祺瑞如此一句，决定了张作霖日后接着来的好运。

7月4日，段祺瑞以讨逆军总司令名义，向张勋发出讨伐通电，同时向全国各地发出讨逆电文。冯国璋、张作霖分别在奉天、南京立即通电响应。紧接着，各省督军纷纷通电响应。5日，段祺瑞率李长泰之陆军第八师进京平乱。辫子军不经打，一触即溃，溃不成军。战至7月12日清晨，除南河沿张勋那座偌大的公馆里还在负隅顽抗外，整个北京已恢复平静。

就在张公馆即将被强大的平乱军攻破之时，一辆插着荷兰国国旗的轿车风驰电掣而来，荷兰大使多事，接辫帅来了。没有办法，为了不至于惹着外国人，攻打张公馆的部队只好奉命停止了攻击，荷兰大使在兵荒马乱中接走了时年63岁的辫帅，同时接走的还有辫帅宠爱的二太太邵夫人。

树倒猢狲散。在金銮殿刚刚才坐了几天的溥仪，屁股还未坐稳，又被扫地出门，重新住进他被软禁的紫禁城。

政局恢复了，铁腕人物段祺瑞重新执政。段祺瑞下令通缉、审判的第一批要犯人员中，就有投靠黎元洪的冯德麟。这是张作霖最关心的人物之一。狼狈不堪的冯德麟，化装成日本人逃出北京，刚到天津下火车，就被直系曹锟部拿获，押回北京关押。7月15日，倒霉蛋冯德麟在最高军事法庭受审，以"背叛共和罪"下狱。至于另一个麟、汤玉麟，在张大帅眼中，根本不值一提，不知跑到哪里去了。

就在冯德麟被判刑、丢监的当天晚上，冯夫人哭哭啼啼地来求张作霖了。

"大帅！"冯夫人咚的一声跪在他面前，"只有你老人家才救得了德麟。"冯夫人哭得泪如长河，哀声连连，说，"我们一大家子都靠这个莽子，没有了他，我们这一大家子人没法活。不看僧面看佛面，请大帅看在你们过去的情分上，救救他、饶了他……"

忍住心中的狂喜，他上前对冯夫人弯腰做了个虚扶的姿势，好言好语抚慰："冯大嫂，请起来吧，我答应你。虽然冯大哥犯了大罪，丢监入狱，但我张作霖不要这张脸，拼了命也要把冯大哥救出来。我总不能看着你们一大家人……"说到这里，他显得异常难过，说话的声音都在哽。听大帅如此一说、一保证，很是憔悴的冯大嫂转忧为喜，起来了。他请冯大嫂坐，让下人上了茶。这又显出一些碍难、一些犹豫、一些忸怩。冯大嫂见状一惊，以为他又变了，翻身又要给他下跪。

"冯大嫂你请坐好。"他赶紧劝住，故作正经地说，"我们不是外人，我有几句话要给你说清楚。冯大哥要我保出来，可以。不过，你们一定要依我一件事，给我保证。不然，话就难说了，我爱莫能助。"说时，手一摊，一副无可奈何的样子。

"决无问题、决无问题！"冯大嫂赶紧表态，赶紧保证，"不要说要他答应您一件事，随便要他答应您老多少件事，都决无问题。不要看这个莽子在外面人五人六的，在家里面，他都听我的。您老请说！"

"冯大嫂你是知晓的，德麟总是喜欢在我面前抠老大哥的架子，不时同我作对。我千辛万苦设法通过关系，把他保出来，让你们一家人美美团聚、团圆。我怕他缓过气来又同我作对。"

"大帅，您多虑了。"

他马上纠正："冯大嫂不要叫我大帅，叫我雨亭兄弟好了。我们不是外人，这样叫，亲热些。"

"雨亭兄弟你想。"冯大嫂很会说话，"这个莽子不仅被一撸到底，而且成了这个样子，成了犯人。人往高处走，水往低处流，穷居闹市无人问，富在深山有远亲。他成了这个样子，人家躲他都躲不赢。他还有啥脸面，还有啥力量？他以后就是想同你雨亭兄弟作对，也是有心无力。就是借给他几个胆子，要他同你雨亭兄弟作对，他也不敢，因为，这是明显找死！"

"好！"冯大嫂说得头头是道，也是这个道理。他彻底放心了，那张青白脸上浮上一丝笑意，他刀切斧砍地对她说："如此，我就放心了。我答应你。冯大嫂你就回家静候佳音吧。别的事你不要管。我保证在十天之内，让冯大哥回家与你们团聚。"说时，扬声叫小张副官："用我的车送冯夫人回去。"

当天，他给段祺瑞发去电报，请求段总理出面干预，将冯德麟案批转奉天处理；将冯德麟派人押回奉天，由他负责监押、管理。在段祺瑞的棋盘上，他张大帅是个很重要的棋子。不出所料，段祺瑞给了他足够的面子：照准！

最高军事法庭随即以"冯德麟参加复辟证据不足"为由，处理为"撤职，不再追究刑事责任。削职为民，处罚金800元"，后派人押回奉天交给了张作霖。

回到奉天的冯德麟，果真就像一只被打断了脊梁骨的狗，再也不野了、不咬人了。知恩图报，他还设法去找到了隐匿起来的汤玉麟，二麟一起到大帅府，向张作霖谢罪、赔罪、忏悔。

这样一来，解除了面前的心腹之患，他放下心来，瞄准黑龙江、吉林二省动手了。他首先要建立起自己稳固的东北张姓独立王国。

黑龙江省有机可乘。黑龙江省两个地头蛇毕桂芳和许兰洲闹得不可开交。许兰洲是海参崴总领事兼直属陆军部的整编陆军第一师师长。五大三粗，取了个女人名的毕桂芳类似北京那个跑了的黎元洪黎胖子，领黑龙江省督军虚职，名义上是许兰洲的上级，可许兰洲对他根本不屑一顾。于是，毕胖子将两个地头蛇——独立旅旅长英顺、巴英找去许愿。说是，许兰洲把持的海参崴肥得流油。位于中俄朝三国之间的海参崴，是重要的边疆城市，也是重要的海边城市、经贸城市，每年光贸易这一项收入就相当可观。问题是许兰洲是老鹰吃麻雀，毛都不留一根，是可忍，孰不可忍。你们两个旅加起来，打走、打败许兰洲决无问题，事成之后，肥得流油的海参崴，就是你们二人的。

英、巴二人有些顾虑，说是，我们与许虽说是白水不沾锅巴，但他毕竟是师长，官高一级，而官高一级，犹如泰山压顶，上面追查下来，追究我们犯上作乱咋办？不怕，胖得一塌糊涂的毕桂芳大包大揽。他说，我毕竟是黑龙江省督军，有什么事，上面都听我的，有事，我给你们兜住。英、巴二旅长听进去了，找借口在海参崴搞爆乱，赶走了许兰洲，毕胖子却食言了。英、巴二人后悔莫及，赶快找到还在路上的许兰洲，三人联名向北京政府状告毕胖子无法无天。趁这个当儿，新任大总统徐世昌插手了。与段祺瑞同门同宗的徐世昌，原来也是袁世凯的手下大将、北洋重臣，他是黎元洪在被逼下台后填的缺。许兰洲本是徐世昌营垒中人，徐趁势撤了毕胖子，黑龙江省督军职，由许兰洲接任。这下惹恼了段祺瑞，他不直接出手，示意张作霖就近用武力捡顺这几个狗咬狗的王八蛋。张大帅求之不得，把这几个王八蛋捡了，推荐自己的亲家鲍贵卿就任黑龙江省督军。对此，段祺瑞本来另有所属，不太乐意，但碍于张作霖的面子，从长考虑也就准了。

拿下黑龙江后，顺理成章就是吉林。吉林与黑龙江情况大不同。吉林省督军孟恩远是个老油子，从上到下的关系盘根错节。这也好整。麻烦的是，孟恩远虽然也像好些督军一样，有行政权没有军权。而没有军权的人，哪怕官再大，比如黎元洪还有继任者徐世昌，无非纸老虎一个，吓人不咬人，甚至连人也吓不着。可驻吉林从属陆军部的一个整编师的师长高仕傧，是孟督军远房侄儿，远房侄儿也是侄儿。他致信段祺瑞，指出孟恩远的种种不是。目的无非是挤走孟恩远，由他的亲信、得力大将孙烈臣为吉林省督军。他设想，要么是请段总理段部长，用合法手段撤孟恩远职，要么由他张作霖出面，找个借口，武力驱逐孟恩远。如果高仕傧敢阻拦，那就把他们一锅端。段祺瑞表示，怎么都好办，关键是，段祺瑞不同意上孙烈臣，而是要上田中玉。

电话中，段祺瑞操起他那口安徽话说："雨亭啊，上次黑龙江省督军，你要安排你的亲家鲍贵卿，我让了你。有言'排排坐，吃果果'。这次，轮也该轮到了我……"电话中，铁钉子都咬得断的段强人非但没有丝毫居高临下的意味，倒像在求他似的。但事关要紧，不能退、不能让，他打了几声干哈哈，囫囵了过去。这事暂时搁起了。

怎么办呢？他抬起头来，久久注视着东三省地图上，像夹心饼干一样，夹在奉天（辽宁）与黑龙江之间的吉林省，发起愁来。

太阳正在下去，迫不及待的月亮，在远远的天边升起来。天光薄了，屋子里荡漾起一丝最初的暮色。在浅薄的酱黄色暮色中，他那张五官清晰的脸，也渐渐变得模糊起来。他又习惯地背着手，在屋里踱起步来，处于一种观想中。

田中玉，青岛人，北洋武备学堂毕业，精精干干一个中年职业军人，现为陆军部次长，段祺瑞的下属、亲信将领。段祺瑞执意安排田中玉到东北当吉林省督军，绝非仅仅是当个督军那样简单，而是段祺瑞打进东北的一根坚硬坚强楔子。田中玉同日本人关系很好。段祺瑞走的是亲日路线，而他张作霖说到底，也是靠日本人的扶持上来的。田中玉来了，也就相当于段祺瑞来了。如果这样，如果借段祺瑞"排排坐，吃果果"的话来说，以后吃日本人果果的，就只有段祺瑞的代理人田中玉，而不是他张作霖了。

日本人是实际的、功利的、贪婪的、冷酷无情的、狗日的！很长一段时间，他都觉得有一个身穿和服，脚蹬木屐，腰挎长把倭刀的大和武士，在深不可测处，侧着身子，手按刀把，冷眼观察、打量着他。不，日本武士对他其实不过是挂了一眼。日本武士有兴趣的、关注的是他张作霖治下的辽阔、富饶的东北大地。日本武士流露出来的是极度的贪婪、攫取。日本武士更多关注的是这片土地上，莽莽苍苍的森林；是埋藏在地下的源源不断的煤矿、铁矿……是无尽的宝藏；是这片土地上盛产的大米、大豆、高粱……而所有这些，日本都是短缺的、稀罕的。在日本武士眼中，他张作霖不过是他们打猎的一张弓、撵山的一条狗。而"飞鸟尽，良弓藏；狡兔死，走狗烹"。假如田中玉来了，他这张弓就该收了，他这只撵山的狗就该烹了。对于在中国的土地上，在他的家乡东北称王道霸的日本人，他并无好感。但他要上去，就要利用日本人、离不了日本人，就像日本人也离不了他张作霖一样。双方是互相利用。人不可一日无钱，大丈夫不可一日无权。等到哪天，我张作霖羽毛丰满时，我再让你们日本人看看我张作霖的厉害，看看我张作霖的真面目。而现在，只能是潜伏爪牙忍受。千万不要露出真面目、露出反骨，不要得罪日本人。

就这样，他反复踱着步、思谋着、算计着、对比着。目前他手上有名义上隶属于段祺瑞陆军部，实际是他个人的整编二十七、二十八、二十九师三个师。此外，他私下悄悄扩展了七个独立旅。但凭这点力量，完全不足以同段祺瑞抗衡。况且，段是中央，我是地方；段在高处，我在矮处，真是顶起牛来，只有我吃亏的。但吉林问题不能久拖不决呀，久拖生变，对我不利。该怎么过这个坎呢？真所谓久想出智慧。猛地，"借刀杀人"这句话四个字，电光石火般闪现在他灵活的头脑中。他心中一喜，"对了！"吉林有不少惹是生非的日本浪人，我怎么不借日本人这把刀去解决吉林问题呢！就在他猛然开窍，高兴地以手击掌时，小张副官来到门前。

"大帅！"小张副官隔帘报告，"日本国驻奉天关东厅长官林权助先生求见。"

"谁？"他闻此言，猛地住步，一惊、一怔、一喜。

"日本国驻奉天关东厅长官林权助。"口齿清楚的小张副官把这句话说得一字一顿。

"请、快请。"他大喜过望，连声吩咐，"快请、快请！"真是，瞌睡来了，正要睡觉，就有人给他送来了枕头。

四

这天下午4时左右，张作霖和林权助出现在奉天远郊一片森林里。

他们并肩沿着林中一条蜿蜒曲折的小道朝前走去。有风。从密林中透出来的风，时断时续，吹得小道上躺得横七竖八、轻薄的黄叶，像是一只只仓皇逃窜的枯叶蝶。小道两边、森林边沿，有大自然裁剪得度的，随着小路向前延伸的葱翠草地。草地上那些兀立的野花，全部色彩艳丽。清新的空气中，弥漫着森林特有的鼓舞人的气息。小张副官带着大帅府一班卫士，若隐若现地在前后左右侍卫。

"满洲真是个好地方啊！"林权助故作伤感地说时，将握在手中的那根拐杖，挂了挂地上的落叶。落日西照，晚霞万点。血红的晚照，大幅度地将他们前方的密林依次染上血红、晕红、残红。而在他们身后，天光已经快速暗淡下来。叮咚！叮咚！密林中隐隐传来啄木鸟啄木声，东边几下、西边几声，相互应和，越发显出密林的幽静、深邃。

这是一个适宜谈话、密谈的处所，特别是对于他们。

张作霖注意看了看走在身边的关东厅长官林权助。林权助远远不到挂拐杖的年龄，他之所以如此，是显一份派头、一份矜持。

林权助的日本名字叫龟三八郎，是个中国通，更是东北通。毕业于日本帝国大学的他，40来岁，瘦瘦矮矮，罗圈腿，金丝眼镜，身青黑色西服，头戴一顶黑色博士帽，白手套，手上挂根油光水滑的栗色拐杖，仁丹胡。看上去，显得很文弱，但如果接触，就会发现，这个日本人相当敏锐、警觉、深沉，还有一种内在的强悍。看人时，目光在镜片后快速一瞥，目光又冷又快又硬，锥子似的。

他这个"日本国驻奉天关东厅长官"头衔，听起来好像是负责日本在奉天一般事务性的官员，其实不然，权力很大，他是个通天人物，负有日本在东三省的情报收集、相机策反等特殊任务。

"是吗？"张作霖说，"满洲的好，我们这些土生土长的东北人，反而没有觉出、没有先生体会得这样深、这样细致。久处其间，反而麻木了、迟钝了。"

走在大帅身边的林权助，似乎不经意地掉头看了一下大帅。他那黑色博士帽下，瘦脸上眼镜一闪。这个日本人打量了一下张作霖的神情，在心中细细咀嚼、品咂大帅这些话有无话外之意、弦外之音。大人物往往就是这样，特别是处于这样敏感时期的他们。林权助继续感叹下去："不知为什么，每当在这样的时节，面对这些飘飞而下的金黄落叶，我心中就很有些伤感，不由想起我们日本如雨的落樱。"说时问张作霖："不知大帅是否知悉、理解，我们日本人为什么会有这种伤感？"

"知道，当然知道！"张作霖对这个说话喜欢转山转水的日本人的路数太熟悉了，知道这个日本人接着要把话题朝何处引，他一语中的、语出惊人。

"你们日本地狭人多，资源贫乏，这就让你们有种天生的紧张感、紧迫感。樱花虽然很美然而生命短暂，转瞬即逝，这就很容易引发你们的伤感，让你们触景生情，悟出干什么事都得抓紧。

"我们不同，正好相反。我们中国地大物博，尤其是你们说的满洲，正确的说法应该是东北三省到这个时节，"说时指指前方，很豪壮地说，"这满地金黄的落叶，在我们眼中，不是伤感，而是壮美、新生。我虽然读书不多，但对白居易的一首诗，记忆很深！"说着背诵起来，"离离原上草，一岁一枯荣。野火烧不尽，春风吹又生。"

"言为心声，豪壮，大帅了不起！"林权助将拐杖挂在腕上，动作夸张地扬手鼓掌，"这可以看出大帅的心境、大帅的宏图大略！"说时，这个日本人偏着头，惊诧地看了一下张作霖，明贬实褒地给张作霖戴高帽子，"请原谅我的直率，在满洲，我常听人说大帅是'胡子'，意思是指大帅是不通文墨的粗人。而事实完全不是这样。这些人看到的仅是大帅的表象。"说着又感叹开来，"大帅刚才引了一首唐诗，我上大学时就很喜欢唐诗，崇尚中国文学，特别崇尚唐诗宋词，原来想以后好好研究研究中国文学、研究研究唐诗宋词，不意命运捉弄人，让我从了政。"这时，他们已经步出密林，站了下来。前面，一望无垠的大平原上，远远有几个破落的村庄，在这日暮时分，村庄上空飘起几缕薄薄的青灰色炊烟。他们朝前凝望。这个时分，在辽阔的天地间，在如火的夕照映衬下，几个破落的村庄越发显得破败凋零，像是几朵黝黑的蘑菇。

张作霖似乎不忍看到治下这样破落的景致，他掉头往来路大步走去，就像突然生了气。林权助追上大帅，问他为何生气？

"不是生气。"张作霖长长地叹了口气，说，"作为东三省的最高长官，看到这样一副惨淡，我觉得我是失职，没有治理好。这里，还是作为全省首善之区的奉天的郊外，景况应该还算是好的，处于深山老林、荒郊僻野处的人民，他们的生活可想而知。"

"了不起！东北人有这样的父母官，应该是他们的福气。"这个日本人这样夸赞张作霖时，试探一句，"我倒觉得，现在是大帅施展抱负的最好时机。"

"怎讲？"张作霖停下步来，等着这个日本人摊牌。

"贵国有句俗话说得好，'大河有水，小河不干'。只要大帅的大河里有了足够的水，大帅治下的人民生活不就好起来了吗？"说到这里，这个黑乌鸦似的日本人，习惯地将油光光的拐杖往手臂上一挎，神情专注地看着张作霖，一抹夕阳在他的镜片上闪烁，像探照灯似的。张作霖等他说下去。

"大帅是个《三国》通，我是个《三国》迷。"林权助突然把话题宕了开去，背诵起《三国演义》中，刘备三顾茅庐时，诸葛亮高瞻远瞩，让刘备茅塞顿开的一段话。

"自董卓造逆以来，天下豪杰并起。曹操势不及袁绍，而竟能克绍，非惟天时，抑亦人谋也……是殆天所以资将军，将军岂有意乎？"张作霖知道这个日本人的意思，直截了当地问他："目前，吉林尚在他人之手，是张某的心腹大患，何来'是殆天所以资将军，将军岂有意乎'？"

林权助也不弯弯绕了，他直接问张作霖："大帅要我们帮忙吗？"

"要！"

"事后如何报答我们？"

"回去谈吧！"张作霖会意地嘲讽地一笑，手一比，率先朝前走去，林权助快步跟上去。这时，天，像反扣下来的一口锅，一下子黑了下来。

晨曦撕破黎明，军号嘹亮，跑步声声。这天一早，吉林省长春市北郊宽城子高仕俟师一个驻军营地的官兵，像往常一样结束了早操、早练后，军营恢复了平静。晨8时，军营外面出现了一个很奇怪很反常的现象：在这个有些冷的时分，三个体壮如牛、身穿白色短褂，头上缩条白布，额头打结，长相粗鲁的日本人，风风火火地骑着自行车，居然对着戒备森严的军营大门端端冲去！领头的，是好些人都认识的附近火车站日本人站长船津，附在他身边的两个是属于日本"黑龙会"的日本浪人。周围的人、过路的人，对他们此举很是吃惊，站在路边，就像看西洋景一样，看着这三个穿白色短褂的日本大男人，用力划动多毛的粗腿、短腿，弓起背，尽可能用最快的速度，朝军营大门冲去、撞去，不知所以，议论纷纷：不用说，日本人找事来了。

"站住，干什么的！"门口站岗的两个中国卫兵，先是没有反应过来。及至反应过来，咔的一声出枪，将上了雪亮刺刀的步枪当中一横，封住门。大声制止这种荒唐行为。

船津等三个疯子似的日本人，不得不嘎的一声在门前停下车来，差点没从自行车上摔下来。

"你们没有长眼睛吗？"

"也不看看这是什么地方！"营门前，两个中国卫兵非常生气地指责他们、喝斥他们……兵们用手指着高墙上，还有门口竖立的大牌子，要他们看看这是什么地方？营房前面上，还有门口竖立的大牌子上，都用中日文醒目地写着"军事重地，不得擅入"八个大字。

被挡下来的船津很横。他30来岁，个子不高、笃实、戴副黑边眼镜，一脸络腮胡子，那个张牙舞爪的样子，就像螃蟹似的。他不仅油盐不进，还生气地将自行车高高抓起来，往地上砰地一墩。他用日本话骂两个卫兵："八格牙鲁！"凶得简直要吃人。就像一头发怒的水牯牛，做出一副要打架的架势，用一双血红的牛眼睛，瞪住两个站岗的卫兵，很猖狂地说："老子就要从你们这里进去，从你们的营房里穿过去……"带有明显的挑衅意味。那家伙改口说起了中国话，地道的东北话。

"你妈拉个巴子的还讲不讲理……"站岗卫兵中一个毛了，用东北话骂了开来。听外面喧闹，带班的排长出来了，他身后带了几个兵。

"什么事，什么事？"排长出来就问。

"这三个日本人就像吃了枪药似的。"站岗的卫兵给排长敬了礼，非常气愤地数落三个横不讲理的日本人，"他们硬要闯进我们的营地去，我们不让进，他们开口骂人、耍横……"

日本人最好不要惹，排长是知道的。排长想息事宁人，他赔着小心问带头闹事的船津："你们这是为什么？"

"没有为什么！"船津将头一昂，抱起膀子，很不屑地说，"我们穿过你们的军营去我们要去的地方，近得多，就为这个。"他横着眼看了看竭力压住火气的排长，说："你不会不认识我吧，火车站站长，日本人船津。"

排长看船津们这副样子，知道三个日本人是惹事来的，他想尽量避开冲突，指着门前的警示牌说："我们这儿是军事重地。任何人不得擅入！这样斗大的中国字，你们不会不认识吧？"排长话中很有几分讽刺。

"不行，老子今天有要事，非要走这个捷径不可！"像条莽牛似的船津很不讲理，一跃上了自行车，手一挥，带着两个日本浪人硬往里闯。二十郎当岁的排长毛了，带着几个兵一拥而上，将往里冲的三个日本人揉倒在地，摔了个狗吃屎。

"好个支那兵，想打架，正好！"船津和两个日本浪人从地上一跃而起，挽起袖子冲上去打开了架，船津扭着排长……事情一下子闹大了。

很快，呜喧喧中，许多闻讯赶出来的中国官兵将船津等三人围在中心。

中国官兵本来讨厌这些日本浪人，官兵们纷纷撸衣将袖下场参战。一人不敌二手。众多愤怒的中国兵，将船津们打得鼻青脸肿，倒在地上爬不起来。船津特别狼狈。他是个高度近视，他的眼镜被打落到地上，打碎了。他什么也看不清，只得趴在地上寻眼镜，让大获全胜的中国兵们，在旁捧腹大笑。

"好，你们敢打日本太君！"船津摸到半边眼镜戴上，带着被打得鼻青脸肿的两个日本浪人一溜开跑，自行车也不要了。他们一边跑，一边回头提劲："你们这些支那兵等着，马上就有你们好看的！"

呜——！中午时分，随着一声牛啸马嘶般的汽笛长鸣，一列从公主岭方向开来的军列，缓缓停靠在长春火车站上。多个车门轰轰开处，下饺子般跳下来一批全副武装的日军，足有五六十人，配了四部装甲车。日军迅速集结、整队，弹上膛，刀出鞘，编好战斗队形后，跟在四辆装甲车后，朝早晨出事，离火车站不远的中国军队驻地宽城子军营杀去。

到了宽城子中国军营，打头的四辆装甲车一字排开，不由分说咚咚开炮。中国军队立刻还击。很快，双方近距离地打成了一气、打成了一锅粥。

虽然中国军队的配备、火力不如日军，但日军面对的毕竟是深墙壁垒中人数绝对占优的高仕侯师。高师凭借有利地形，组织起轻重机枪形成的火力，暴风雨般，带着森然的死亡气息，从四面八方泼向日军……小视了中国军队的日军很是吃了些亏，这就不断增兵。很快，宽城子变成了一片火海、杀场。午后，日军两架飞机也来参战了……

在高仕侯的吉林暂编第一师师部里，收发电报电键敲击的嘀嗒声、多间屋子里作战参谋的问询声、命令下达声以及急促的脚步奔跑声……构成了一种箭在弦上的战时紧张气氛。高仕侯是有些来历的，他字芜儒，北洋陆军速成学堂及陆军预备大学毕业，清宣统二年（1910 年）任吉林陆军第二十三镇（师）参谋官、参谋次长、军械局局长。辛亥革命后，为吉林督军公署参谋长、陆军少将、师长。有相当的能力和担当。

高高瘦瘦的高师长，从早晨起就一直在师部指挥作战、调兵遣将，未出屋一步。之间，不断有作战参谋在他的办公室进进出出，将最新战况报告给他，再将他的命令传送出去。下午3点，高师长发火了，耐心也到头了，他啪的一声将刚进门的参谋送给他的一份战报摔在桌上，大怒："日本人这样无休无止，老子这点本钱干脆不要了，上、全上！"他正要下达全线作战的命令时，桌上电话响了。

"师长！"作战参谋上去拿起电话，小心递过来，轻声道，"孟督军的电话。"高师长刚拿过电话，话筒中就传来他舅舅怯怯、急急的声音："仕侯，不要打了。"孟恩远的声音在抖："来者不善，善者不来。日本人这次来，我看大有名堂。"

"不行！"高师长气得脸红筋胀，不依不饶，"这些日本人欺人太甚。打就打，老子陪他们打！"

"仕侯，你不要意气用事！"电话中，孟恩远的声音提高了些，他拿出舅舅和督军的双重身份、架势，要外甥下令停止抵抗。看高仕侯还不听，他搬出最高统帅段祺瑞的命令，厉声道："停止抵抗，执行命令！这也是国务总理兼陆军部部长段祺瑞刚到的命令。"

"有这样的事？"高师长一听一惊。

"立即执行命令。"电话那边，孟督军扬起声，再次重申。军人以服从命令为天职。略为迟疑，高师长应道："那好吧。"

黄昏时分，残阳如血。长春市北郊宽城子高师营地高挂白旗投降。乌云滚滚，天低云暗。在如血残阳的映照中，高师挂在营前的那面白旗，含羞受辱地低垂着头，好似在掩面哭泣。

日军得寸进尺，进而照会吉林省督军孟恩远，要他并高仕侯师长一起到车站日军战时司令部，就这场战事作出解释，对日方道歉并签城下之盟。对日方的如此羞辱之至、之极，高仕侯死也不肯去。

孟恩远只好硬着头皮，一个人去。

孟恩远只带了一个副官、一个秘书，乘上他不久前买的那辆最新日产轿车出城去宽城子火车站。苍茫的天底下，孟恩远乘坐的那辆漆黑锃亮的日式小轿车，在辽阔的北地高天阔地映照下，像一只渺小的形态丑陋的屎克郎（南方人叫推屎爬）在缓缓蠕动。日军战时司令部设在早上从公主岭方向开过来的军列前端的两节车厢里。日军战时司令部门前高撑着一面通红的太阳旗，在这个时分，那面太阳旗，就像一大团正在往下滴血的血团。车站上，那些头戴钢盔，狗屎黄军服上扛两块红布，脚蹬大头靴，手上端上了寒光闪闪刺刀的三八大盖枪，枪身比他们还长、还高的日本兵，三步一岗，五步一哨，戒备森严，对来车来人虎视眈眈。

孟恩远下了车，带着他的秘书、副官，在两排持枪日军监视下，战战兢兢地朝指挥车颠颠走去。矮矮胖胖，着一领蓝绸团花长袍、腆着肚子，见人就点头哈腰，很没有骨气的孟恩远一团和气，可日本人不给他面子。上车前，一个日军少佐拦下了他的副官，只让秘书跟着孟老头上车。上到指挥车上的孟恩远，见到挎刀坐在那里的指挥官，让他吓了一大跳。这人居然是日本关东军参谋长矶谷廉介中将。这个矮矮胖胖，腰挎拖地战刀，戴副黑边眼镜的高级军官，就像一个铁砣砣。在他的背后张有一面太阳旗。太阳旗一边写"武运"，一边写"长久"。"武运长久"，就像佩的两把刀。矶谷廉介用凌厉的目光打量着近前来的孟老头，那架势，就像在审视犯人。

良久，矶谷廉介问了孟督军一句："高师长没有来吧？"

孟恩远又吓了一跳，连连解释："他哪能不来、哪敢不来！他是临时中风倒床，行动困难，来不了，请将军原谅。"他以为矶谷廉介就此事会不依不饶，不意这个日军高级将领竟然会意地点了点头，放过了这事。或许崇尚武士道精神的日本职业军人，对于高仕傧这样敢战的军人，内心有几分崇敬吧？孟恩远在对日军整个道歉、请求日本人休战、撤军等下软话的长时间里，矶谷廉介都没有让孟督军坐，对孟老头备极蔑视、羞辱。

孟老头的过程走完了。日本关东军参谋长用戴着白手套的手，扶着挂在面前那把刀把上镌刻着镶金樱花图案的长长战刀的矶谷廉介，让孟恩远洋相出尽后，这才说："要我大日本皇军休战、撤回去，可以，但你必须满足我两个条件！"

"请讲、请讲！"孟恩远又是连连点头。

"一、将宽城子营地中的中国军队撤走，营地交我。二、高仕傧部退出长春市 30 里外。"孟老头倒抽了一口冷气，稍微踌躇，答应下来。矶谷廉介这就将手一挥，刚才那位日军少佐，双手捧着他们已经打印好的备忘录上来，放在桌上。孟恩远弯下腰去，签了名。在日本人面前胆小如鼠的孟老头，岂有不签的。

第二天一早，长春郊外那座规模很大，各项军事设施完善的宽城子军事基地摇身一变，变成了一座日本关东军的基地。门外站岗的兵，换成了日本兵，挂的旗变成了太阳旗。凡是从那里经过的中国人见状无不气愤痛恨、痛骂孟老头没有骨气。而这时躲在高墙深院、走马转角楼间吉林省督署中的孟恩远暗自得意，他以为他以退让保全了自己的名誉地位，可以舒口气了，可以过好日子了。可是晴天一声霹雳，北京来电粉碎了他的美梦。来电以孟恩远、高仕傧先是在对日关系上处置不当，引发战事；继而请示不及时，对日本人卑躬屈膝，丢掉了宽城子大营，着即撤销孟恩远、高仕傧一切职务、削职为民。北京政府这一命令经多家媒体公布，舆论大哗，议论纷纷。有识之士指出：这是北京上层在演一出戏。因为，如果照北京政府公布的孟恩远、高仕傧舅甥罪行，对他们绝非仅仅是撤职而已。果然，有识之士的猜测很快得到了证实：不日，北京政府发布命令，命令张作霖的亲信孙烈臣为吉林省督军。至此，孟恩远、高仕傧舅甥大梦方醒，知道这是张作霖在背后操纵所致。他们大发雷霆、拒不听令，这就给了东三省巡阅使张作霖以口实，他以执行中央政府命令为由，立刻兵分两路对吉林省用兵，对孟恩远、高仕傧大加挞伐，发布对二人的逮捕令。张作霖命令麾下二十七师师长孙烈臣为南路军总司令；二十九师师长吴俊升为北路军总司令，两路合击长春。

张作霖大军兵临城下，破城在即。孟恩远、高仕傧舅甥在城上又展开一场激烈争论。看城下张军兵强马壮，军帐连营、战马啸啸、军号声声，孟恩远又害怕了，他倒抽了一口长气，对身边的外甥说："仕侯，大势已去，我们认栽吧。君子报仇，十年不迟。"

"你的意思，是向兵临城下的张作霖投降？"面对地平线上那一轮血红的落日，军容仪整，高高瘦瘦的高师长气愤地将手一挥，长条脸上那双有些凹的亮眼睛迸射出义愤、仇恨的火星。

孟老头又是将腰一弯，看着不听话的外甥一怔："不投降能咋的？不投降就是死！"

"死就死！"也就在这时，城下高音喇叭响起："城上的高师弟兄们，你们已经被我们团团包围，你们决无战胜的能力。你们犯不着为孟恩远、高仕侯卖命，犯不着为他们去死。你们守南门的兄弟已为我们打开了南门，已献了一城。我们的炮群马上就要对长春进行轰击。最先是示威性的。你们听着炮响，希望你们向南门方向撤退。否则，别怪大炮不长眼睛！"

话音刚落，炮声轰响。一道道金蛇似的曳光弹，向着天上飞快蹿去、蹿飞。城墙上守军见到这阵势，立刻垮山似的朝南门方向逃去。高仕侯见状，长叹一声，一屁股跌坐在城墙上。

"王副官，听我的。"吓得面无人色的孟老头对自己的副官说，"快去，传我的命令，挂白旗投降。"

长春落入张作霖之手。

亏孟老头想得出，在日落之前，他携高仕侯到张作霖大营上演负荆请罪一出。天光已经很黯淡了。张作霖的帅帐布置得很有点《三国演义》中诸葛亮六出祁山的意味，苍茫苍劲。门口高挂两盏大红灯笼，"东三省巡阅使"旗幡猎猎有声。帅帐前面，大雁展翅似的排列着两列刀出鞘、弹上膛、威风凛凛的警卫部队。

听说负荆请罪的孟恩远、高仕侯到了，张作霖立刻迎出来，上前扶起孟恩远。高仕侯没有跪，而是把脸别了开去。

"何必如此，何必如此！"张作霖说，"我们不是外人，二位请。"说时，手朝自己的帅帐一指。自己的目的达到，他有意给这二人留点面子。

不言而喻，在这个回合中，孟恩远、高仕傧完败，张作霖大获全胜。孟恩远、高仕傧卷铺盖走人，回天津老家隐居去了。孟恩远是个"能上能下"的人，在吉林督军任上，他捞得不少。回到天津，他买豪宅、娶小妾、捧戏子，呼奴唤婢，过上很庸常的富绅日子，悠哉游哉，自得其乐，终老一生。高仕傧不同。他把对张作霖的仇恨，铭刻于心。延至1922年春爆发第一次直奉战争，高仕傧倾其所有，组织起一支万余人的"讨逆军"，对张作霖的奉军开战。可是，在很短的时间内，高部就被张作霖的悍将张宗昌率领的，由职业白俄军人组成的机械化部队包围、击溃，高仕傧被俘，6月25日被张宗昌枪决，年仅35岁——这是后话。

张作霖就此成了完整意义上的东北王，建立了他的东北帝国。接下来，他要整军经武，厉兵秣马，挺进关内，逐鹿中原。这时的张作霖，已将他攫取的目光，瞄准了北京紫禁城中那颗最辉煌、最耀眼的皇冠。

1921年，张作霖兼任蒙疆经略使，节制热、察、绥三特区都统。1922年，第一次直奉战争爆发，张作霖败于曹锟、吴佩孚之手，奉军败，退回关外。张作霖自任东三省自治保安司令，宣布东三省独立。旋即与"民国不老松"、民国强人段祺瑞和解，联络孙中山，组成反直三角联盟，在1924年的第二次直奉战争中打败直系，把持了北京政权。

第五章│北京新贵│

一

　　孙中山站在"永丰"舰甲板上，凭栏远眺。眼前海天茫茫，船舷两边白浪翻卷，几只雪白的海鸥，追着船舷姿态矫健地上下飞翔。应北京方面邀请，1924年11月23日一早，孙中山先生携夫人宋庆龄、助手汪精卫等离开广州，由海路去北京商谈国是。

　　此时此刻，站在甲板上凭栏远眺的先生，神态心情犹如眼前徐徐展开的大海，表面平顺平静，内心却很是波涛汹涌。目前动荡的政局、困难的国是，在他心中一一展开。

　　月前，在第二次直奉大战中取胜的张作霖，在战争中反戈一击、跃出的黑马冯玉祥，还有一些等而下之的要人齐聚天津，在政坛不老松段祺瑞门下开会，就中国的未来走向等要事商谈。冯玉祥本是直系曹锟、吴佩孚手下大将。第二次直奉战争前夕，他从陕西督军到河南督军，再跳到陆军检阅使任上，驻军北京南苑。第二次直系战争时，他被阵前点将的吴佩孚吴大帅火线任命为第三军总司令，受命火速率部到山海关一线参战。机变百出的冯玉祥却在北京发动兵变，给有"常胜将军"之称的吴大帅拦腰一击，直接促成了直系败北。之后，冯将统率的足够一个方面军的数万人的部队，改为国民军；他亲俄亲共，独树一帜。他的部队大都分布在西北一线，因此，他的部队又被称为西北军，他叫"西北王"，他是张作霖进驻北京后、唯一能掣肘张作霖的要人。

会上，张作霖与冯玉祥几经矛盾冲突，渐渐转为折中、平衡，抑或说是相互妥协。最后的结果是，抬出段祺瑞为中华民国临时政府临时执政。这个高层架构的运作是，临时执政段祺瑞再也不能像以往那样一人独大，他只是一部运作的机器，张作霖、冯玉祥是这部机器后面的两个支撑点，也可以说，他们是三驾马车。而这三驾马车中，张作霖是驾辕的，他的分量最重。

表面上，张作霖与冯玉祥是握手言欢了，实际上，私下张作霖对冯玉祥恨之入骨，背后动手，欲置冯焕章（冯玉祥字焕章）于死地。

那是在天津开完会、冯玉祥刚刚回到北京家中。那晚上，参谋长刘骥突然带了个奉军军官到他家中，说有要事。猛然看到参谋长给自己带来一个陌生的、神情有些紧张的奉军军官，冯玉祥很感诧异。明灯灿灿的客厅中，这个人他好像认识。

"我们好像在哪里见过，好生面熟。"冯玉祥对客人让了座，敲了敲自己的额头，努力回忆道，"却又一时想不起你的名字，想不起在哪里见过。"

陌生人和参谋长坐在他下首两边的黑漆高靠背椅上，客人主动介绍自己："我叫杨毓珣，是张大帅的机要副官，随时都在大帅身边。我们在大帅家中见过面的。"来人说："我是你的河北老乡（冯玉祥原籍是安徽，河北长大）。我今晚来，不是来攀老乡关系的，而是为冯将军通报一个生死攸关的消息！"

"嗬，有这样的事？"冯玉祥嘘了一声，看了看坐在自己右下手，戴副金丝眼镜，白面书生一个的参谋长。

刘骥推了推眼镜，示意来人接着说下去，说到底。

"就是今天晚上，刚才不久，张宗昌、李家林这两个大帅的打心锤锤，来大帅家找大帅谈话。三个人关起门来谈话。我看他们鬼鬼祟祟的样子，起了疑心，躲在壁后偷听他们的谈话。原来张宗昌、李家林要加害将军——明天他们假大帅名义，请将军晚上到北京饭店赴宴，说是有要事相商，其实要对冯将军下毒手……"

冯玉祥很镇定地问："你家大帅同意吗？"

"大帅倒是不同意，但是态度不坚决。我怕这两个家伙我行我素，对你下手，因此特别赶去给刘参谋长报信，参谋长又带我来。"

"谢谢。"冯玉祥笑道，"不过我与你素昧平生，你为什么要救我？"

"我觉得，中国离不开冯将军。"杨毓旬很激动地说，"我不能看到张宗昌、李家林这样的小人加害将军而无动于衷。"来人用一双明亮的眼睛看着高大魁梧的冯玉祥，态度诚恳地说："请冯将军相信我！"

"我相信你。"冯玉祥很感动地说，"天理昭昭，公道正义自在人心。"

"天不早了，我也不能出来的时间太长了，我得回去了。"杨毓旬这就起身告辞。

"参谋长，我们该如何感谢杨副官呢？"冯玉祥站了起来，看着刘骥。

"我问了杨副官。"刘参谋长说，"杨副官说了，他不是为利而来，是为正义而来。"

"了不起的人。"冯玉祥说，"那这样，我要副官用我的车送先生回去。我总得有所表示。"说完就要喊人。一脸精明、一身正气的杨毓旬谢拒，他说这样反而不好。目前奉军入城不久，纪律不是很严，像他这样的军官，晚上出来玩玩，听场京戏，是可以的，回去晚点是常事。他要自己回去。

"也好。"冯玉祥说时，拉开抽屉，拿出一张大额支票硬揣到杨副官口袋里，然后同刘参谋长一起，将杨副官送到大门外，挥手作别。杨副官身子一闪，已经融入黑夜，就像鱼儿入了水，不见了踪影。

果然，第二天张宗昌、李家林假张作霖大帅名义，请冯玉祥第二天晚上到北京饭店赴宴，冯玉祥当然借故不去。接着，冯玉祥发现自己的住宅外面，随时都有不三不四的人在那里游荡。显然，张作霖们对他没有安好心。北京不能再住下去了，再者，张作霖无法相处，他决定以退为进。11月21日，段祺瑞由天津进京，24日宣布就任国家执政。25日，冯玉祥向段执政面交辞呈。同时，当面向段执政提议，邀请孙中山先生进京共商国是。这时，在广州，以孙中山为代表的国民党的势力如日东升。孙中山更是被国人看作国父，是中国唯一的政治明灯，他的威信、威望无人能比。段祺瑞与张作霖经过商议，权衡利弊，都同意请孙中山进京。段祺瑞在接受冯玉祥辞呈的同时，表示接受冯玉祥提议，随即，以中央执政名义，盛情邀请孙中山先生进京共商国是，孙中山愉快地接受了邀请。这时，如日中天的孙中山先生，身患重病，他是抱病北上。

在轮船上凭栏远眺的孙中山先生，时年59岁。他穿一套银灰色的笔挺的毛料中山装，这种服装是先生自己设计的，衣服上三个口袋，直领，穿上庄重、实用、好看。因此，这种服装由先生设计并率先穿出来，甫一亮相，就受到国人欢迎、追捧，成了"国服"。

先生中等个子，体态适中，脸形是属于相书上顶上等的天庭饱满地阁方圆类。他的神态睿智。端正的鼻子，护一绺仁丹胡。看得出先生在海外，特别是在日本生活过相当一段时间。先生虽然在重病中，但他那双眼睛，仍然炯炯有神。先生平素留的是平头，不戴帽子，不过这天海上风大，他戴顶青灰色博士帽，身上披件风衣，手上挂根油光锃亮的拐杖。拐杖，英文名司的克，拐杖在手，并不表示先生真的需要拐杖，不过是一种身份，是绅士风度的象征。总体上看，面带病容的先生，于智慧、温存中带有深沉；神情忧郁而含蓄。先生1886年出生于广东香山（今中山市）翠亨村一户农民家庭，字逸仙，又叫孙文。小时，在神权笼罩的村子里，他竟然敢于将神庙里的菩萨打碎，足见不凡，血液里鼓荡着一种先天的叛逆精神。村子里容不下他这样的叛逆，而他的长兄孙眉，早年漂洋过海去美国檀香山创业，几经奋斗，经营起了一个不错的农场。大哥将他接去读书。他先后在广州、檀香山、香港读书。渐渐长大中，他在接受西方文明，感受到西方经济发达繁荣的同时，对腐朽没落、满人统治了约300年的清朝，越发感到必须推翻，越快越好，这样方能将积贫积弱的祖国、苦难深重的同胞拯救出来。他愿为此献出终生。

1892年，先生在香港西医学院毕业，成了一个收入颇丰，生活环境优裕的医生。但是，以救国救民一本初衷的先生，放弃了到手的一切优厚、优裕。他成了一个职业革命家，先是在日本创建了以反清为宗旨的同盟会，树起了一面旗帜鲜明的战旗，将所有有志于此的热血男儿，会集到这面旗帜下，向腐朽没落的清王朝发起一次次冲锋冲击。在无数仁人志士抛头颅、洒热血、前赴后继的战斗中，终于轰然一声，让基脚早就松空了的清朝轰然塌圮。在这个废墟上，崭新的中华民国兀地而起，同时也终结了中国两千年的封建帝制。然而，胜利果实很快被窃国大盗袁世凯窃取。先生又马不停蹄，与袁世凯斗争。他将同盟会改为国民党，重新积聚力量，继续战斗。同袁世凯斗、同广东军阀斗、同北洋军阀斗……在人生的道路上、战斗的道路上，他披荆斩棘，历经磨难而九死不悔。他是一个改变了20世纪初中国历史进程和中国命运的伟人。

站在先生左边的宋庆龄，是先生夫人，时年31岁，两人之间年龄悬殊很大。孙夫人打扮入时，体态适中，风姿绰约，端庄美丽。她父亲宋嘉树，字耀如，广东海南文昌人，是一个虔诚的基督教徒，旅居海外多年，事业有成，后终生追随孙中山革命，曾做过很长时间孙中山先生秘书。宋嘉树有六个子女，分别是宋霭龄、宋庆龄、宋子文、宋美龄、宋子良、宋子安。宋庆龄毕业于美国名校，佐治亚州威斯理安女子大学。后回国，做先生秘书期间，和先生相互爱慕，她不顾家人反对，不计较两人间年龄悬殊，毅然决然于1915年10月，在日本东京与先生结婚。婚后的她，不仅是先生生活上的好伴侣，更是先生最好的助手、政治上的同路人。这天，天生丽质的她身着一件巴黎最新流行的米黄色束腰风衣，在海风吹拂下，衣袂飘飘。她头戴一顶斜插雪白翎毛的蔚蓝色巴拿马阔边呢帽。她皮肤白白，细眉黑黑，眼睛又黑又亮，冰清玉洁，亭亭玉立。这会儿，她是担心丈夫着凉，还是在慰藉向着远方凝想着什么的丈夫？善解人意的她，将一只手挽在丈夫手中，很温驯地依偎在丈夫身边。

站在先生右边的是汪精卫。这位后来在抗战中，认为抗战必败，着意"曲线救国"，地位仅在蒋介石之下的大人物，最终被历史钉在了耻辱柱上。他本名汪兆铭，因慕中国古典文学中衔石填海的精卫鸟之志，遂将自己的名字改为汪精卫。1883年出生于广东番禺的他，祖籍浙江绍兴。从小家事坎坷，父母早亡而天资聪颖发愤，年及弱冠，家兄去世之后，他主动担起供养寡嫂及侄儿侄女的家庭重担。因才华出众，1903年为广东学政吴稚晖在全省选中的12名保送日本留学学子中列为第一名。他毕业于日本法政大学，1905年加入孙中山创建领导的同盟会，被推为评议员，一度担任鼓吹反清创立民国的同盟会机关报《民报》主编。过后一直是孙中山最为器重的股肱人物之一。他能言善辩，精通诗词歌赋，是公认的美男子。1906年到1909年，革命党人多次发动武装起义，均遭失败。1909年，汪精卫邀集志同道合的黄复生、陈璧君、曾醒等人潜入北京，决心"与虏酋拼命"，行刺清摄政王载沣。行前，他写有一首《致南洋同志书》。书中慨然谓："此行无论事之成败，皆无生还之望。即流血于菜市街头，犹张目于望革命军之入都门也。"很是壮怀激烈。3月，汪精卫刺杀载沣未果被捕。在狱中，他写下了那首慷慨激昂、脍炙人口、流传久远的《就义诗》：

慷慨歌燕市，从容作楚囚。
引刀成一快，不负少年头。

清廷见他是个有影响的人物、人才，杀了不好。来硬的不行，就来软的，将他移入一处裱糊一新，配有家具的房舍单独关押，生活也好。清民政部尚书肃清王亲自去探望他，投其所好，"复赠以图史百尺帙"，并多次与他密谈，表示倾慕。汪精卫被软化，后获释出狱。以后他一直跟着孙中山，从事革命，因对先生忠心耿耿兼才华出众，深为先生倚重、信任。

这天，时年41岁，任国民党中央执行委员的汪精卫，着一套笔挺的银灰色西服。他身姿颀长，风流倜傥，气宇轩昂，有玉树临风之态。他双手扶着栏杆，凝视远方，似乎思维的羽翼在他极为擅长的诗词王国里展翅翱翔。

而此时，凝视远方的孙中山睿智的目光似乎在追寻着一个光明的亮点。这个亮点就是奋斗、救中国。屈原有句名诗，"路漫漫其修远兮，吾将上下而求索"，很能代表先生此行的心情。

此次先生北上，不仅在共产党，在国民党内部，也有许多反对的声音，认为此行险恶。他们举出若干反对理由，最有分量的一点是，12年前，先生为了国是也像现在这样，单骑北上与袁世凯谈判，结果上了袁的大当；而现在盘踞在北京，以中央自居自大的张作霖、段祺瑞比袁世凯还要危险！况且他们本身就是革命要打倒的军阀，根本不值得谈。对此，先生不是没有认识，而且，先生的估计，比反对者说的还要困难，还要危险。日前，他视察黄埔军校时，对军校校长蒋介石说："余此次赴京，明知异常危险，将来能否归来尚不一定。然余之北上，是为革命，是为救国而奋斗，又何危险之可言耶？况余年已59岁，虽死亦可安心矣。"何其悲壮。况且此次北上，先生还向同志们隐瞒了他日渐严重的病情。他的病情只有夫人和汪精卫知道，先生要他们为自己保密。

离开广州前夕，11月10日，他以国民党总理名义，发表告全国人民的《北上宣言》，同时做好了人事安排：胡汉民留守广州，代行政府；谭延闿负责准备北伐军务；廖仲恺负责党务；伍朝枢执掌外交……

呜——！树木蓊郁的黄埔岛已经遥遥在望，"永丰"号舰拉响了长长的汽笛。

"逸仙！"夫人宋庆龄用手指着远方，海天之间，像一支利箭射来的快艇对丈夫说，"看，黄埔军校校长蒋介石迎接你来了。"先生点头间，快艇来到"永丰"号船舷边，戎装笔挺的蒋介石站在艇上给先生敬礼，问好。先生让蒋介石上船。

船上。在先生那间简洁清爽小巧的临时客厅里，戎装笔挺、正襟危坐的蒋介石，就军校的要务以及准备北伐的情况向先生作了简明扼要的汇报，孙夫人和汪精卫陪坐在侧旁听。对于这所为国民党为革命培养高级军事人才的军校——黄埔军校，先生极为重视。军校成立不到一年，日理万机的孙总理抽出时间多次去视察、讲话。值此北上途中，先生抓紧一切时间，在路途上，在永丰舰上，再次听取蒋介石有关汇报。可见先生对这所军校，对准备中的北伐重视到了何种程度。

时年37岁的蒋介石，又名蒋中正，浙江奉化人，毕业于日本东京士官学校。在风起云涌的辛亥革命中，他大展锋芒，受到先生重视重用，他与胡汉民、汪精卫成为先生身边最重要的三个人物。他们三人各有特点。老资格的胡汉民傲慢。汪精卫文采斐然。蒋介石为人阴鸷、看重军权。国民党中上层中流传着一种说法："同胡汉民谈话，只有他说的，没有你说的。同汪精卫谈话，各说一半。同蒋介石谈话，只有你说的，没有他说的。"可见，在语言技巧上，汪精卫最行最好。但无论是胡汉民，还是汪精卫，最终都栽在了蒋介石手上。

蒋介石这番言简意赅的报告，总理是完全掌握的。不过，听完这番报告，先生还是又特别着意告诫军校校长蒋介石，要尊重苏联派来帮助我们工作的同志，要同军校工作的中国共产党人搞好关系，有事与他们多协商多通气。蒋介石做出一副认真聆听、坚决执行的样子，掏出一支笔一个小本子，把先生这些"指示"一一记下。这时，在黄埔军校的工作人员中，有一些著名的中国共产党人，比如周恩来、叶剑英等等。周恩来任军校政治部主任，叶剑英任教授部副主任，熊雄、恽代英、萧楚女、聂荣臻、张秋人等担任教官及负责军校多方面工作。蒋介石对先生表态，总理的话，我都认真记下了，牢记在心，坚决认真执行。

黄埔军校到了。党代表廖仲恺、政治部主任周恩来带领全校师生在码头上列队欢迎孙总理一行。孙中山在夫人宋庆龄、汪精卫、蒋介石、廖仲恺陪同下，再次视察了军校,并在鱼珠炮台检阅了第一期毕业生,观看了他们的实战演习,先生很是满意。他对全校师生演讲时说:"本校学生能忍苦劳,努力奋斗如此,必能实现本党主义……"之后先生一行登上永丰舰,继续北上。

12月4日,中山先生一行,辗转经香港抵上海,绕道日本去到天津。先生在天津上岸,在码头上受到段祺瑞、张作霖,还有冯玉祥派来的代表欢迎,还有社会贤达、数万民众热烈的夹道欢迎。之后,先生一行,乘车由码头在去天津市的路上,以及经过的天津大街上,各处无不张灯结彩,万人空巷,人们热烈欢迎孙中山北上。全国人民对孙中山此行寄予了莫大希望。

可是,抱病北上的先生,因路途遥远,沿途劳累,加上南北气候迥异,刚到天津就病重入院。医生检查后,认为是先生旧有的肝病加上新的病毒感染。表面上是感冒,其实病得很重,病势汹涌。先生的体温一下升到40摄氏度以上,在高烧不退的同时,肝区疼痛不已。

就在孙中山病重入院时,段祺瑞在张作霖支持下,乘人之危,先发制人。12月24日,段以执政名义公布《善后会议条约》,称善后会议将于1925年2月10日在北京如期举行。声称,这是一次决定国家未来命运的要会;公布出席会议人选的条件是:有大勋劳于国家者;各省区及蒙藏青海军民长官;有特殊之资望、学术、经验,由临时执政聘请或充任者。

显然,如果按照这个规定,不仅尚握兵权,盘踞一地的直系军阀如孙传芳、董耀南流都可以参加会议,就是在广州叛乱中,几近置孙中山先生于死地的陈炯明也将出席。更有莫名其妙的一条是"……由临时执政聘请或充任者",也就是说,以中央自居的张作霖、段祺瑞想指定谁与会都行。显然,张作霖、段祺瑞想借这次会议,给各地军阀一些名义、好处,换取各地军阀对他们的承认和支持。这与孙中山主张的,旨在团结全国各族人民,打倒军阀,全国统一的、民主的国民会议完全背道而驰。

病中的孙中山愤怒了,拍案而起。他指示汪精卫组织在京的有影响的国民党人罗驭雄、郭春涛、黄春涛等九人在多种媒体上大力对外界宣传国民党主张。段祺瑞派人持《善后会议组织大纲》到天津，请他认可签字，先生断然拒绝。

12月30日，孙中山抱病由天津抵达北京，下车伊始就受到北京各界人士10多万人的热烈欢迎。在欢迎先生的群众大会上，先生虽然勉支病体出席，但已不能讲话，只得让汪精卫代表他发表演讲，重申他来京"非争地位权利，乃为救国"之目的。随后，先生住进北京协和医院。

这时，声称"可以拥段（祺瑞），也可以拥孙（中山）；孙、段若能合作，以孙主政，以段主军则尤欢迎"的冯玉祥，从自身处境考虑，没有去医院看望孙中山先生，而是派夫人李德全代表他去医院看望先生。先生将他带来的，他著的《三民主义》6000册，《建国大纲》和《建国方略》各1000册，请李德全转冯玉祥。李德全无微不至关心先生病情，代表丈夫，特意垂询先生对当前治国治军方略。之后，李德全再次代表丈夫去看望先生时，表示，冯玉祥已将先生所赠宝书转发部队官兵，成了冯部官兵的必读书必修课；李德全说，焕章认为，先生的治国治军方略，是目前解决中国问题的唯一正确方法、途径。

病中的孙中山十分着急。他知道自己的身体，也知道自己的病情。为了国是这次北上到京，他很可能就回不去了。为了打破僵局，尽快召开国是会议，几经考虑，他作了有限度的退让。1925年1月17日，卧病在床的他，指示汪精卫给段祺瑞发去"筱电"，表示，为国家前途计，他不再坚持原有主张，如能接纳"现代实业团体、商会、教育会、大学、各省学生联合会、工商农会代表等参加"，他同意段的主张，即刻召开"善后会议"……然而，即使孙中山退让如此，他发去的"筱电"，仍然为张作霖、段祺瑞拒绝。

1月29日，重病中的孙中山先生，得知段祺瑞拒绝他的"筱电"后，病情突然加剧加重，体温忽高忽低，完全不能控制。随侍在侧的孙夫人见状万分焦虑，而又无能为力。先生的面色由黄转黑，已经完全不能进食，医生建议做手术，要孙夫人签字。

雪白的病房里，孙夫人宋庆龄面色苍白神情憔悴。她知道，签字意味着丈夫病入膏肓，意味着自己要担天大的风险。不签吧，病入膏肓的丈夫，就完全没有好起来的机会。她知道，这会儿她签"宋庆龄"三字，笔笔千钧。她很痛苦很矛盾很不舍。她轻轻地伏在完全昏迷了过去的丈夫身上，泪水不断地顺着她白玉般的脸庞往下流。结婚十年，他们患难与共，感情笃深日增。妻子嘤嘤的哭声让昏迷中的孙中山醒了过来。

"怎么回事？"先生猛然睁开眼睛，看着在场的夫人、汪精卫和主管医生问，声音低微虚弱至极。宋庆龄掉过头去，不忍回答，一直随侍在侧的汪精卫指了指放在案上的手术单，轻声说："医院根据总理病况，需要为总理做手术，要打开腹腔，是大手术，医院请夫人签字。"病边的主管医生亦如是说。

孙中山学医出身，本身就是一个医术水平相当不错，有从医经历的医生。他明白，医院是确定他患了不治之症，这个手术是必须的。他意志坚强。他要靠成功的手术、必要的药物和自己坚强的意志创造生命的奇迹。他要夫人相信这个医院、相信医生、相信他可以创造生命的奇迹，他要夫人放心为他签字。他从雪白的被单里伸出很瘦的手，紧紧握住爱妻的手说："坚强些！"说时竭力笑笑，他的声音极度虚弱但坚定，一双仍然睿智的眼睛凹在眼窝里。看着愁容满面，雨打梨花似的爱妻，先生久久地深情地看着夫人。这时浮现在先生眼前的，定然是十年前，他们在日本东京结婚时，上野公园里如烟似霞的樱花；是再早之前，他们徘徊在巴黎埃菲尔铁塔下、塞纳河畔时，她笑靥如花的样子；是过后在广州，陈炯明突然叛变，叛军突袭大帅府时，节骨眼上，她把生的机会留给他，把死的可能留给自己，果断地命令卫士护卫先生从后门先行撤退，柔弱美丽的她指挥若定……

在先生鼓励安慰下，宋庆龄终于咬了咬牙，提起笔，签了名。

当天下午6时，先生做了手术，手术做得很成功。主刀医生打开先生的腹部，发现先生的整个肝已变形，变得坚硬如铁。可是一直忙于国事的先生，已错过了最佳治疗期。先生积劳成疾，又耽误了治疗期，肝癌已到晚期，回天无力。在先生患肝癌的长时间里，还在为国事奔走、忙碌。可以想见，期间，先生是忍受住何等巨大的痛苦在坚持。什么叫鞠躬尽瘁，死而后已？什么叫长使英雄泪满襟？先生就是。感佩至极的医生们，限于当时的医疗条件、医疗水平，只能从先生的肝脏上取下一点病变组织作为化验，其他没有什么根治的办法。然后，他们流着泪，精心地将先生的腹腔缝合起来，对先生尽可能采用服药保守疗法。

先生病入沉疴，已不能进食，靠给静脉打点滴，输送葡萄糖等相关药物维持生命。先生自知来日不多，仍然心系国事。按先生指示，国民党中央执行委员会向全国人民发表宣言，揭露段祺瑞、张作霖坚持召开的"善后会议"的虚伪、反动性，要求全党全国人民抵制段、张的"善后会议"，同时宣传本党主张的合理性、必要性……在全国人民的高压下，段、张终于收起他们见不得人的东西，接受了孙中山的主张。1925年3月1日，全国人民期望的全国国民代表大会在北京开幕。然而，这个时候，孙中山先生的病情迅速恶化，一泻千里。

孙中山在京病危期间，1月26日，前来看望的国共要人，除身边的夫人宋庆龄、汪精卫外，有于右仁、李大钊、李石曾、吴稚晖、邵元冲、陈友仁等。先生对他们说："余不绝望，尚欲用至大至刚之气，以战胜此病。"精神稍好时，他安慰在旁照看的夫人："余诚病医者，亦诚无知余此病何！但余所恃以支持此身者，夙昔即不完全恃医，而恃余身之勇气！余今信余之勇气必终战胜此病，决无危险。"他一方面配合医生进行镭射化疗，一边开始做事后安排。考虑到北京是人文荟萃之地，全国政治中枢，关系格外重要。他将在广州的国民党中央执委会内的政治委员悉数迁到北京，并就党内多项要务及国共合作事宜多有指示。生命垂危的他，还时时关注南方战事。当他从蒋介石的电报中得知，以黄埔军校及教导团为主力的东征，攻占了陈炯明的老巢汕头和潮安，取得了决定性胜利，让广东军阀陈炯明丢盔弃甲，狼狈逃窜香港，再也无力对广州革命根据地形成威胁时，很是欣慰，嘱汪精卫代他拟电发去，以示慰问。

全国人民关注着先生的病情。各地每天的报纸上，都在报道他的病情，无数的人纷纷给北京协和医院写信，发电报探问先生病情，更多的则是给医院寄赠祖传秘方等等。

重病中的先生，2月初创口愈合后，即接受镭射治疗，这也是医院唯一可用的办法了，每天一次，每次约20分钟，如此到2月14日，镭疗达到45小时，除疼痛稍减外，没有什么医疗实效。13日，医院不得不将实话告诉孙夫人宋庆龄，先生的生命最多只能延续七天。孙夫人宋庆龄在悲痛之余，建议医生用中医疗法试试。也只能如此了。医院在征得先生同意后，2月18日，医院将先生送回他在北京铁狮子胡同的家，延请北京中医名家陆仲安、唐尧钦上门为先生把脉下药。他们竭尽全力，使出所有本领，还是不行，只能退而求其次，尽可能排水消肿，以期延长生命。最终药石无效，先生病势日渐深沉。

先生的病情震惊国民党中央。要员们纷纷进京，环立床头，在探视先生的同时，一致主张："趁先生意志尚清醒之时，请先生立一遗嘱"，并嘱主管医生："若觉先生濒危，须即速从实相告，以请先生抓紧进行。"

2月24日，先生已进入弥留状态，为了尽可能不打扰先生，国民党北京临时中央政治委员会推举汪精卫和先生的儿子及至亲孙科、宋子文、孔祥熙入室看望。汪精卫在先生的病榻旁安慰先生："总理的病一定能治好，不过总要较长一段时间的休养。在此长期中，一切党务还要照旧进行。先生有何教训，全党党员即遵行。请先生留下一些话语，俾党人知怎样去奋斗。"先生点点头，略为沉思，对病榻旁的汪精卫等人说："我言遗嘱好是好，不过于你们有危险。"

众人不解，问总理何出此言？总理说："我去后，政治敌人定要设法软化你们。你们如果不受软化，还要继续革命，他们一定要杀害你们。"汪精卫等人当即向先生发誓："我等追随先生奋斗数十年，从未巧避危险，此后危险何畏？我等从未被人软化过，此后何人能软化我等？吾等亦深知大部分同志，皆能遵从先生之言，不计危险生死也！先生教诲我等甚至，当能信及。"先生听后闭目点头，露出欣慰之情。

略停，孙中山先生要汪精卫笔录他的政治遗嘱——这就是后来有名的、传诸后世的孙中山先生的《国事遗嘱》："余致力国民革命四十年，其目的在求中国之自由平等。积四十年之经验，深知欲达此目的，必须唤起民众及联合世界上以平等待我之民族，共同奋斗。现在革命尚未成功，凡我同志，务须依照余所著《建国方略》《建国大纲》及《第一次全国代表大会宣言》，继续努力，以求贯彻。最近主张开国民会议及废除不平等条约，尤须于最短时间促其实现，是至所嘱。"汪精卫很精练地记录归纳后，将先生遗嘱读了一遍。先生听后很感满意，"面呈笑容，精神振奋"。先生又让汪精卫记录他的家属遗嘱。

因不忍卒看卒听的孙夫人宋庆龄，跑到室外大放悲声，稍后强压，饮泣。性格向来坚强的先生，这时泪如雨下，在旁的汪精卫录了先生一份极简单的《家事遗嘱》："余因尽瘁国事，不治家产，其所遗之书籍、衣物、住宅等，一切均付吾妻宋庆龄，以为纪念。余之儿女已长成，能自立，望各自爱已继余志。此嘱。"授毕，听汪精卫念了一遍，因不忍夫人伤心，先生说："改日再签名吧，此时我还不死。"

从3月5日起，先生腹胀加剧而医生无能力，至10日，先生完全陷入昏迷状态。11日，先生瞳孔开始散光，守在病榻旁的何香凝建议孙夫人宋庆龄请先生在遗嘱上签名。夫人强忍悲痛，向先生表示了这个意思，先生点头同意。当日午时12时许，汪精卫向先生呈上一公一私两份遗嘱。先生强忍剧痛，要夫人扶他起来坐好，从儿子孙科手中接过钢笔，手不停地抖索，他咬着牙，用最后一丝力气，在两份遗嘱上签上"孙文，3月11日补签"。然后掷笔，在夫人扶持下睡下，虚汗长流。稍息，在侧的陈友仁呈上先生口述，他笔录的《致苏俄遗书》。在这份遗书中，先生再次表达了他"联俄联共，扶助农工"

的一本初衷，最后，先生用诗一样的语言说：

亲爱的同志，当此与你们诀别之际，我愿表示我热烈的希望，希望不久即将破晓，斯时苏联以良友及盟国而欢迎强盛独立之中国，两国在争世界被压迫民族自由之大战中携手并进以取得胜利。

谨以兄弟之谊祝你们平安！

一九二五年三月十一日

先生在夫人扶持下坐起，在这份遗嘱上签了名后，睡下，喘息一阵，深情地环顾围绕于病榻前的诸同志，嘱他们，在他去后，再将他的三份遗嘱公布。

当天下午，先生回光返照，精神清醒。他复以党事、国事等训诫环侍榻前的汪精卫等，再三嘱咐他们，嘱望全党同志努力实行三民主义，务期"达到三民（民族主义、民权主义和民生主义）五权（立法权、司法权、行政权、考试权、监察权）相互独立，相互制约。中央政府实行五院制（行政院、立法院、司法院、考试院、监察院）之目的。如此，则本人死亦瞑目！"延至3月12日下午，生命即将完全消逝的中山先生，环顾病榻旁的夫人宋庆龄及至亲、同志，并对爱妻"短语慰勉"，最后用微弱的声音，不断重复呼喊"和平、奋斗、救中国！"

当天晚上9时30分，巨星陨落——一代伟人孙中山的心脏停止了跳动，享年59岁。

二

孙中山一去，张作霖干脆撕去了一切伪装，用自己的安国军政府取代了原先犹抱琵琶半遮面的北京中央临时政府，张作霖走到了前台。他一走到前台，首先将矛头对准著名共产党人，北京大学教授李大钊。张作霖是坚决反共的。

这个早晨，张作霖接到京师警察厅厅长吴文打给他的直线电话。本来，一个小小的京师警察厅厅长焉能把电话直接打给堂堂的安国军政府大帅张作霖，但情况特殊，这是张大帅的特许。吴文在电话中以激动的心情向他报告：北京大学教授，著名的共产党人，消失了很久的李大钊现身了。他们先是在东交民巷苏联驻华大使馆外不远处，抓到了重要嫌疑人李渤海。李渤海是李大钊的北大学生，在校期间，李渤海经李大钊介绍加入中国共产党，过后成了职业革命者，先后任中共北方区委、地下中共北京市委宣传部部长、中共北京市委书记……尚未用刑，李渤海就全部招供：年前，李大钊躲进东交民巷苏联大使馆后，李渤海负责李大钊同外面的联系，是李大钊重要的联络员……

听吴文汇报时，张作霖思想上已经将李大钊案走了个来回：李大钊 (1889—1927)，字守常，河北乐亭人，中国最早的马克思主义者和共产主义者，中国共产党的主要创始人和早期领导人之一。1913 年留学日本。在日期间，投身反对袁世凯的斗争。回国后任北大教授，鼓吹苏俄革命、苏俄理论，发展中共党员；先后发表《法俄革命之比较观》《庶民的胜利》《布尔什维主义的胜利》《新纪元》等论文；亲自策划并领导了 1919 年的"五四运动"等一系列反帝反封建反军阀斗争……

1924 年 1 月，李大钊出席国共合作的国民党第一次全国代表大会，被孙中山指定为大会主席团成员之一；参加起草大会宣言；他为实现国共合作不遗余力，当选为国民党中央执委会委员。此后，他更是在实际工作中担负国共两党在北方的领导工作。1924 年 11 月，李大钊策划、领导了声势浩大的反帝反军阀反当局运动，策应孙中山北上解决国是；1925 年在北京组织 5 万余人的示威游行；1926 年 3 月，发动了三一八运动……他多次走上街头，在人群广众中演讲，甚至将矛头直接对准他张作霖，攻击他年前组建的安国军政府强奸民意，闹得风生水起……那些李大钊组织的斗争场面场景，如在眼前，他对李大钊恨得牙痒痒的。李大钊的最终目的是"阴谋"推翻政府，把中国变成像苏联那样的国家。这是他张作霖决不准、绝对不能容忍的！年前，他亲自下令逮捕李大钊，李大钊却失踪了，现在终于有了消息……

听完京师警察厅厅长吴文汇报，张作霖立即发出指令："立即逮捕李守常。要做到人赃俱在。然后向我报告！"

"是！"电话那头，京师警察厅厅长回应得很坚决坚定。

根据《辛丑条约》，在东交民巷使馆区内，所有使馆享有治外法权，中国军警不能入内逮人。以前，康有为、梁启超和后来搞复辟的张勋等，都到使馆区的这个那个使馆避过难。苏俄十月革命后，苏联自行废除了历史上强加给中国的诸多不平等条约，苏联大使馆也自行免除了外交豁免权。这样，就为他们逮捕李大钊提供了便利。

1927年4月6日一早，灰扑扑的北京尚未从梦中醒来。京师警察厅厅长吴文亲率军警300余人，分乘几辆军用敞篷大卡车，风驰电掣地开进了东交民巷使馆区，嘎嘎地停在苏联大使馆门前，车尚未停稳，从车上陆续跳下大批身穿黑制服、头戴大盖帽、荷枪实弹，被北京人讥讽为"黑狗子"的大批警察。见大使馆两扇厚重的、具有俄式特色的大门紧闭。苏联大使馆是一栋四周高墙环绕，中有俄式楼房两楼一底、高顶阔窗红砖墙，墙上爬满瀑布般的绿色青藤。苏联政府不承认张作霖的安国军政府，苏联大使回国述职去了，大使馆内没有几个人。这就有大嗓门的警察上去大喊开门，大使馆内不应。吴文从众多警察中挑出10名彪形大汉，要他们团在一起，用身体做木桩强行撞门，经连续撞击，终于轰的一声撞开了大门。留馆镇守的苏联使馆工作人员甘布克闻声而出，上前大声阻止无效，拔出手枪对空砰地开了一枪，目的是为李大钊报警。军警中，就有人上前抓住、控制了甘布克，更多的黑狗子一拥而上、上楼去抓李大钊。

枪声响时，李大钊正在二楼书房里伏案办公，他刚上中学的大女儿星华坐在外间的长木椅上看报，李大钊妻赵纫兰带着小女儿炎华在后院散步。听到尖厉的枪声，星华惊吓得扔下报纸，跑进来一下扑进父亲怀中。李大钊很镇静地站起身来，一边安慰女儿，一边抬头从窗子里望出去。李大钊个子适中，着一袭黑色长袍，短发，唇上护一绺又粗又黑的胡子，胡子末梢像两撇利剑向上挑起，长圆形的脸上戴一副眼镜。整个看去，他身上流露出浓浓的学者气，还有庄重、睿智。听着楼下牛鸣马嘶般的喧嚷和众多人踏着楼板咚咚而上的脚步声，他知道，他最不愿意看到的事件发生了。他很镇静地搂着扑来的女儿，用一只温柔的大手，抚摸着女儿黑亮的头发，要女儿不要怕，爸爸在你身边。这时，关着的门被咚的一声撞开。众多的黑狗子一拥而进，摆开阵势，用长短枪对着他们，好像深怕他们跑了似的。内中一个黑狗子推着一个人进来，站在李大钊面前。这人是使馆工友，名叫阎振山，是大使馆安排照顾李大钊全家的。那个头戴博士帽的便衣特务，用手枪把戴在头上压得很低的博士帽一顶，指着李大钊问阎振山："他是谁？你不会不认识吧？"

阎振山摇摇头："我不认识。"众多的黑狗子中，这就闪出身着警服，腰扎军用皮带，皮带上斜挎可尔提手枪的京师警察厅厅长吴文。这家伙用蛇一样阴冷的目光，分别瞅瞅"演戏"的阎振山、李大钊，冷笑一声，看着阎振山，不以为然地说："李大钊这么大个人物，藏在你们使馆中这么久，你不认识？你是坟茔里撒花椒——麻鬼！"说时手一挥，头一摇："带走，两个一起。"黑狗子们逮捕了李大钊、阎振山及在李大钊身边工作的国共两党人员谭祖尧等30余人，还有李大钊妻子赵纫兰及他们的两个女儿。

吴文随后指挥大批军警，对苏联大使馆进行了滴水不漏的搜查。获取的文件档案，有七卡车之多。里面有大量苏联政府和共产国际对中国共产党的指示及李大钊与苏共、共产国际多封来往信件。过后，张作霖派专人将有关要件翻译编成《苏联阴谋文证汇编》，内容主要是"军事秘密之侦探"和"苏俄在华所用经费"。之中，林林总总的内容大端是：1927年1月30日，苏方同李大钊代表中共会谈纪要；苏联与冯玉祥的交往；苏联驻华大使馆致广东国民党军事顾问加伦函以及广东国民党拟北伐与苏联大使馆多个来往文电……张作霖这就找到了李大钊"勾结苏俄,阴谋颠覆"现政权的证据。被捕后,李大钊对敌人指控的很多事实供认不讳。"李大钊供词全份"保存在北京市档案馆中。张作霖有了杀害李大钊的依据,他要动手了。

然而,李大钊是北京大学著名教授,是名人,张作霖不能不有所顾忌。李大钊被捕,举国震惊。各方参与营救,其中有北洋政府前高级官员章士钊、杨度、梁士诒和北大校长余文灿。4月10日,北京大学等在京9所高校,联合推选北大校长余文灿、师大校长张贻惠为代表,向北京政府和奉系首脑张作霖递交意见书,强烈要求当局尽快释放李大钊及其妻女。4月15日,《世界日报》刊登了名人李公侠致张作霖大公子、少帅张学良的一封信,信中列举10条要求宽赦李大钊的理由,其中第八条谓:"且李氏私德尚醇。如冬不衣皮袄,常年不乘洋车,尽散月入,以助贫苦学生,终日伏案面究各种学问……"

强大的社会压力,让张作霖不敢贸然下手,犹豫不定的他,为此事专门给他的重要将领,如少帅张学良、杨宇霆、张宗昌以及不属于他的部下,在南方有五省联军司令的孙传芳等发电征询意见。给与北京近在咫尺的"山西土皇帝"阎锡山也发去征询电。除老油子阎锡山没有回复,保持沉默外,其余人都回电,主张立即将李大钊正法。张作霖控制的报纸转引"前方将士来电"称:"前敌将士因讨赤死者不知若干,今获其党首要,不置诸法,何以激励将士……"这一下张作霖胆壮了。虽然苏联政府,还有日本政府都再三照会抗议。然而绿林出身的张作霖一不做二不休,下令将被捕的李大钊等19名共产党人,还有同时被捕的国民党人悉数分别执行死刑、绞刑。

京师看守所里,李大钊被单独关在二楼尽头的一间优待室里。在强大的社会舆论压力下,奉张不得不放了李大钊的妻子赵纫兰和两个女儿星华、炎华。

监狱中的日子,今天是昨天的机械重复。自知来日不多的李大钊,挣扎着受了酷刑后伤痕累累的身体,利用狱中给他提供的纸和笔,要他交代,提供中共是如何在苏共支持指使下活动的,要他检举揭发共产党的高层秘密……

这些，李大钊只字不提。尽管恼羞成怒的敌人对他施用了多种酷刑：坐电椅、老虎凳；用竹签插手指……最后竟残忍地拔去了他双手的指甲，让他疼痛钻心！他用狱中提供的纸笔，写下了《我的马克思主义观》《布尔什维克的胜利》《庶民的胜利》等雄文。在洋洋洒洒的数百万言中，他详尽地叙述了他作为一个追求进步的中国知识分子的思想转变过程，阐明了马克思主义是放之四海而皆准的真理和中国选择马克思主义的必要性必然性。

在最后的时期，李大钊写下《狱中自述》。在《自述》中，他写道："钊自束发受书，即矢志努力于民族解放之事业，实践其所信，励行其所知。"自知必死的他，把所有的"罪"揽在自己身上，表示"这一切负其全责"，希望敌人"对于此等爱国青年，宽大处理，不事株连"。他能做到的，也只有这些了。

张作霖对李大钊的宁死不屈，对李大钊的铮铮铁骨、傲骨和身上表现出来的浩然正气感到不解甚至害怕，他对手下人说："李大钊这样的人，我从未见过，也不理解。难道他不是人，是神？"乘机邀宠的杨宇霆对张作霖张大帅说："我与李守常有过一面之交，我愿意而且有相当把握去狱中软化李大钊，让李大钊为我所用。"

"那敢情好。"张作霖习惯地背着手在屋里踱步，一边走一边焦虑地说："李守常这个上海人说的大赤佬，为了与我们对抗，这两天绝食了。"

杨宇霆去到了狱中。

"守常、守常！"迷迷糊糊中，李大钊觉得有人在喊自己，一口东北味的北平官话。声音是这么陌生而熟悉，显得很是亲切。这是他绝食的第三天。刚开始绝食觉得饿，饿到了极致就已经没有了饿的感觉，而是觉得人在天上飘，灵魂也在飘。

在来人的连声呼喊中，李大钊灵魂落地。他艰涩地睁开眼睛。正俯下身来看他的人高兴地说："守常，你终于醒了。"来人招呼跟在身边的狱卒："快，快给李先生喂几口参汤。"迷迷糊糊中，他被扶起一些，身体的本能让他张嘴喝了几口温热微甜的参汤。

李大钊清醒过来，猛地一愣，眼一亮，警惕地注视着眼前这个俯下身子，正关切地打量自己的穿着黄呢军装的中年东北大汉，他惊讶地问来人："你是谁？"

"杨宇霆。"来人笑了起来，"怎么，守常，贵人多忘事。难道你不认识我了吗？年前进京时，我还专门到北大听过你讲课。你讲得真好，那堂课，你讲的是马克思主义学说，我是给你鼓了掌的。"

记起来了。这会儿，李大钊思想上有了清醒的意识、认识。这个杨宇霆，是张作霖极信任极倚重的人，几乎可以当奉张半个家。他知道杨宇霆来的目的，冷着脸说："啊，是杨总参谋长，所为何来？"

"我就直说了吧！"不过，杨宇霆还是先转了个弯，说他在日本留学时，最先如何接触马克思主义，认为马克思主义是救国救民之本。后来认识到，马克思主义不过是马克思坐在英国伦敦图书馆穷经皓首多年臆想出来的一种主义，也可以说是一种美好的、不切中国实际的玄学，于是舍弃之，改而专注于中国的实际状况。在日本东京士官学校学成归来，服膺于张作霖张大帅麾下，做点实际工作……看李大钊生气要反驳，杨宇霆很霸道地做了个打住的手势，他说："李先生，你是大教授、大学问家，我说不过你。我来的目的就是要告诉你，大帅很尊重你，很看重你。希望你幡然悔过。如果你能这样，我保你的官职在我之上，如何？"说完，盯着躺在床上的李大钊，满脸期冀。

李大钊不由扬声大笑。平素他的声音洪亮、笑声爽朗，因为绝食，这会儿显得有些气息虚弱，但表情流露出明显的轻蔑。他对杨宇霆说："奉系张作霖是狰狞之子，被他打倒的直系吴佩孚是狼狈之儿。他们都是一丘之貉。对他们这样的人，我李守常岂能为他张作霖听命效劳！休想！"

"如果这样！"杨宇霆一下变了脸色，直起腰来，声色俱厉地对李大钊说，"如果这样，对于你的未来、前途，我可能就帮不了任何忙了！"

李大钊又笑了起来，消瘦的脸上露出憧憬和向往，他说："大不了你们把我杀了。此时时刻，我不禁想起陆游的诗。"说时不禁满怀深情地吟诵起来："'死去原知万事空，但悲不见九州同。王师北定中原日，家祭无忘告乃翁。'我这个'王师北定中原日'就是指的在中国实现共产主义！"

"不要说了！"杨宇霆十分焦躁地把手一挥，吼道，"够了、够了，你这个可恶的共党分子，共党头目，那你就等着死吧！"说完怒气冲冲，拂袖而去。

1927年4月的一个深夜，敌人凶残如狼而又胆小如鼠。大批军警突然出现在李大钊狱前，他们荷枪实弹、如临大敌。他们将毫无反抗能力的李大钊等20余人陆续提出监来，不仅个个五花大绑，而且都被蒙上口，让他们发不了声、说不了话。

临时绞刑台设在监狱的后院。张作霖派来的行刑官是东北宪兵营营长高继武。面对着在绞刑架下站成一排的李大钊等20余人，高继武怀着最后的侥幸，特别走到李大钊面前低声问："李守常，大帅念你是个人才，大帅让我最后问你一句，你可有悔改之意？"

夜幕中，怒不可遏的李大钊坚定地摇摇头，他主动出列，大步登上绞刑台。

"那就只好送你去见阎王了！"夜幕憧憧中，神情阴深的高继武，像挥舞大刀似的将手往上一挥，再狠劲住下一劈。两个刽子手走上前来，将从高杆上落下、挽好结子的绞绳往李大钊颈上一套，他们往后一退间，嗖的一声，将李大钊提起在半空中。受绞刑非常痛苦，脚要乱扳，身子乱摇。然而，李大钊凭着坚强的意志，没有半点反应。一般绞刑，一个人自然生命的终结是18分钟，然而敌人故意折磨李大钊，把他提上去6分钟放下来。放下来后，高继武又问李大钊："你想不想死？不想死就哼一声或点点头，现在还来得及！"李大钊始终不点头。李大钊就这样被刽子手反复提起、放下，放下、提起，反复折磨三次，总共28分钟，直至生命终结，李大钊神色不变，从容就义，牺牲时年仅39岁。

次日早晨，李大钊的舅舅周玉春上街买报纸，看到了李大钊遇害的消息，哭着回到家中。《晨报》记者记述接下来的事："李妻闻耗，悲痛号泣，气绝复苏者数次，病乃愈加剧，以致卧床不起。小儿女绕榻环立，其孤苦伶仃之惨状，见者莫不泪下。"

李大钊的妻了赵纫兰，又是伤心又是疾病缠身，家中儿女年龄幼小，她既无钱也无力操办丧事。李大钊昔日同事沈尹默、周作人、胡适、蒋梦麟等，在请求北京大学代办安葬的同时，蒋梦麟、沈尹默等北大13位教授伸出援手，为李大钊发起公葬。13位发起人每人捐款20元大洋。北大教授李四光、郑天挺每人捐10元大洋，马寅初捐20元大洋，梁漱溟捐50元大洋，鲁迅捐50元大洋，戴季陶捐100元大洋，陈公博捐300元大洋，汪精卫捐1000元大洋。捐款由北大会计科代收，留有收据。

4月23日，在北京中共地下党组织安排领导下，李大钊浩大的出殡队伍成了一场声势浩大的群众性政治示威。走在送葬队伍前面的是两个穿短褂的工人，他们手中分别举着一根高杆，高杆上拉着一副巨大的横幅挽联，挽联上白纸大黑字。上联是"为革命而奋斗，为革命而牺牲，死固无恨"，下联是"在压迫下生活，在压迫下呻吟，生者何堪"，横批是"李大钊先烈精神不死"！

1949年3月，当中共中央主席毛泽东回到阔别多年的北平时，曾十分感慨地对身边的同志说："30年前，我为了寻求救国救民的真理而奔波。还不错，吃了不少苦头，在北平遇到了一个大好人，就是李大钊同志。在他的帮助下，我才成了一个马列主义者。他是我真正的老师，没有他的指点和教导，我今天还不知道在哪呢。"——这是后话。

处死了李大钊，张作霖还未完，他命令京师警察厅厅长吴文，接着追捕著名报人邵飘萍。

三

邵飘萍，浙江东阳人，1886年生，14岁中秀才，后来转进西学。1908年毕业于浙江省立高等学堂，与国民党要员、北伐军总司令蒋介石的机要秘书，有"天下第一笔杆"称誉的陈布雷是同班同学，且有相当交往。著名报人邵飘萍，不畏强权，敢于揭短。无论是袁世凯当政，还是段祺瑞执政、张作霖执政，他对他们都毫不留情。他手中那支笔，是投向黑暗当政者的投枪、匕首，素为当政者痛恨，欲置之死地而后快。

袁世凯就三次下令逮捕邵飘萍，让他不得不流亡日本一段时间。1915年12月袁世凯称帝，邵飘萍在《申报》发表抨击袁世凯的雄文《预吊登极》，气得袁世凯吐血……第一次世界大战期间，段祺瑞政府在许多问题上讳莫如深，遮遮掩掩，拒绝所有记者采访。时年21岁的邵飘萍居然借得一辆挂有总统府车牌的轿车去国务院，被传达长拒之于门外，邵用贿赂的办法，给了传达长一笔钱，并谎称他与段总理有约。俗话说，拿人家的手软，吃人家的口软。经传达长努力，加之邵飘萍有名气，段祺瑞破天荒地接受了邵飘萍采访。邵飘萍很有能力，他从段祺瑞口中居然套出中国准备参加协约国对同盟国作战这样的重大新闻。邵飘萍将如此重大消息发表在他主编的《申报》上，消息不胫而走，引发国内外关注，让段祺瑞大呼上当，大发雷霆……

冯玉祥曾经赞叹邵飘萍："飘萍一支笔，胜抵十万军！""飘萍主持《京报》，握一枝毛锥，与拥有几十万枪支之军阀搏斗，卓绝奋勇，只知有真理，有是非，而不知其他，不屈于最凶残的军阀之刀剑枪炮，其大无畏之精神，安得不令全社会人士敬服！"

邵氏与奉张的仇隙不自今日始。早在1918年2月，邵飘萍就著文讥讽张作霖："奉天督军张作霖，初以马贼身份投剑来归，遂升擢而为师长，更驱逐昔为奉天督军段芝贵，取而代之。'张作霖'三个字乃渐成中外瞩目之一奇特名词。至于今所谓'大东三省主义'，所谓'奉天会议'，所谓'未来之副总统'……时时见之于报纸，虽虚实参半，褒贬不同，委之马贼出身之张作霖亦足以自豪也矣。消息传来，此当中原多故、西北云扰之时，张督军忽遣一旅之师，截留政府所购枪械二万余支，陈兵滦州，观光津沽。当局莫知其命意，商民一夕而数惊。"

第二次直系战争中，反戈的冯玉祥杀了个回马枪，率部占领北京。邵飘萍在他主持出版的《京报特刊》上，连续推出多个配文漫画版。凡是与张作霖作对者，他都作正面报道介绍，标题就很吸引人，如《保护京畿治安京畿警卫总司令兼京畿警察总监鹿钟麟》《时势造英雄首先倒奉之孙传芳》等等；对张作霖、吴佩孚们则给予相当的鞭挞、讥刺，如《一世之枭亲离众叛之张作霖》《助纣为虐之吴佩孚》《鲁民公敌张宗昌》《甘心助逆之张作相》等。一纸风行天下惊，造成的后果相当严重。这些报刊甚至流播到前线，让官兵争相传阅，影响军心，影响人心向背。

张作霖随手从当天送来的一叠报纸中，拿出一张面上的《盛京日报》，一看一惊。该报头版头条是一排黑体大字排就的通栏标题：《汀泗桥战大战吴佩孚大败蒋介石大胜》。

糟了！张作霖把报纸一摔，又在屋里踱了开来。他算计着。第二次直奉大战后，他与同样被称为大帅的吴佩孚化敌为友。为应付广东北伐军北上，他同"常胜将军"吴佩孚作了分工，订立攻守联盟。年前，本来形势一片大好。他挥师乘胜南下，奉军相继夺取、占领了安徽、江苏、南京、上海等江南锦绣之地、重要城市。为稳固胜利，他特别委派杨宇霆坐镇南京，统一指挥、监督这几十万南下奉军。不意，包括杨宇霆在内的高级军官，到了那样的烟花之地，醉心享受，不久就被当地大小军阀孙传芳、陈调元联合起来打得屁滚尿流，鬼哭狼嚎，尸横遍野，丢城弃地，大败而回。奉军中，多名高官强烈要求公审杨宇霆、治他的罪。特别是少帅的副手，在奉军中深孚众望的军长郭松龄要求枪毙杨宇霆，不然不能平民愤、军愤。他权衡再三，念及杨是个难得的人才且多年对他鞍前马后，忠心耿耿，多有贡献而网开一面。抓出几个中高级军官枪毙，做替死鬼，他撤销杨宇霆一切职务，赶回奉天软禁反省、闭门思过。现在，北伐军总司令蒋介石率部一路北上，势如破竹。汀泗桥是北伐军路上最难啃的骨头，吴佩孚在汀泗桥布下重兵，鼓吹汀泗桥不要说北伐军难以逾越，就连鸟也飞不过去。然而，"常胜将军"吴佩孚言犹在耳，北伐军拿下了汀泗桥，虽然死伤惨重，但是这样吴佩孚就一路上无险可守了，败定了。北伐军不同于他以前交手的任何部队。这是一支国共联合组建的部队，气势大得惊人，兵强马壮。北伐军由四个集团军组成。总司令蒋介石兼任第一方面军司令，这支部队在四个集团军中最为强大，集中代表江浙一带财团的利益，因而得到江浙一带财团源源不断的"输血"。此外，由"山西土皇帝"阎锡山、广西桂系李宗仁、白崇禧，"西北王"冯玉祥等大的地方势力组成的第二、三、四方面军，总兵力不下30万人。北伐军以黄埔军校毕业生为骨干。这支国共联合组建的新型部队，所向无敌。他自知不是北伐军对手。时不我待。得赶紧处理、处死邵飘萍这类人。然后他得集中精力，考虑北京一带防务，考虑迫不得已时，退回关外事宜了！想到这里，他猛然站定，拿起电话叫京师警察厅厅长。京师警察厅厅长吴文一叫就到。在电话上，张作霖声色俱厉地告诉吴文："时间紧迫，你必须在三天之内抓到邵飘萍。否则，哼！"

"是！"电话那边，京师警察厅厅长吴文接受了命令。

京师警察厅厅长吴文还是有办法的。很快，胖胖的《大陆报》社社长张翰举奉召到了他的办公室。这是一个很没有骨气的文人，又是一个胆小鬼。见到虎威威的京师警察厅厅长，张翰举脚就打抖。京师警察厅厅长吴文破例对他很客气，让座、倒茶。

"张翰举，你知道我找你来的原因吗？"京师警察厅厅长问。

"不知道。"张翰举用手托着眼镜说，"厅长，张某可是一介书生，老老实实的报人。所有的报道、文章，都没有离开过当局的规定。"

京师警察厅厅长点了点头，坐在办公桌后的吴文，用一双锥子似的眼睛将毕恭毕敬坐在自己面前的张翰举好一番打量。这人是邵飘萍旧交，唯利是图，人品很差，在业界有"夜壶张三"之称。这个不雅的外号是指谁有本事，谁就可以将他拿去，像使夜壶一样使用。

"邵飘萍你认识吧？你们是朋友吧？"京师警察厅厅长忽然连连发问，问时，掏出手枪，砰的一声拍在桌子上。那是一只小巧的烤漆锃蓝的可尔提手枪，京师警察厅厅长开始低头玩枪，他用一方红丝绒巾擦了枪身，将一只弹夹上的子弹退下来，摆在桌上数，一共是五颗子弹。子弹都不大，就像五颗红色花生米。

　　张翰举一听邵飘萍的名字就紧张、发慌。屁股底下就像被什么利器锥了一下似的，一下站起说："此人也不算朋友，只是认识而已。"

　　京师警察厅厅长把弹夹装进手枪，举起枪来，觑起眼睛瞄了瞄准。"张社长你就不要谦虚了。"京师警察厅厅长说，"你和邵飘萍是朋友，这没有什么关系。我知道，你是一个守法报人。而你的朋友邵飘萍与你不同，他同当局处处作对，危害很大。我们现在奉张作霖张大帅命令捉拿他，希望你同我们配合，嗯！"

　　"那当然、当然。""夜壶张三"站起来连连点头。

　　京师警察厅厅长没有想到，这么容易就把"夜壶张三"攻下来了，心中暗暗高兴，这就接着问："邵飘萍现在藏身何处？"

　　"这个，这个！"张翰举有些语塞，又用手托了托眼镜，手在发抖。

　　"说！"京师警察厅厅长突然发威，厉声喝斥，"不说我毙了你。"

　　"好，我说。"张翰举干咳一声，说出了邵飘萍现在的藏身地。邵飘萍现在在位于东郊民巷使馆区内的那座很有名、很阔气的六国饭店内，出高价包了一间房子。

　　"这是灯下黑。"京师警察厅厅长吴文咧了一下嘴，说，"这家伙看来还真有两下子。"

　　京师警察厅厅长吴文给"夜壶张三"开价，要他把邵飘萍诱骗出来，他们好逮捕。因为六国饭店在使馆区，弄不好会引起纠纷。看"夜壶张三"耷着头不吭声。京师警察厅厅长吴文给他开价两万块大洋，"夜壶张三"还是不吭声。"这样！"京师警察厅厅长做出一副豁出去的样子，手一比："再给你外加造币厂总监职。这个职务可是只下金蛋的金鸡，保你享用终身。我还要告诉你，这个案子是通天的，直接通到了张大帅那里。在送你两万块大洋的基础上，再送你顶造币厂总监的帽子，这个肥缺，也是张大帅定的。怎么样，该满足、满意了吧？"

"夜壶张三"这才笑了，他又托了托眼镜，很谄媚地表示："既然张大帅看得起我张翰举，我照办。如何办，请吩咐！"

"过来。"京师警察厅厅长以手示意，张翰举赶快走上去，京师警察厅厅长给了他好一阵耳语。

"翰举你说的事是真的吗？"这天下午，藏身六国饭店的邵飘萍接到朋友张翰举的电话。电话中，张翰举告诉邵飘萍，鉴于邵在国内国际崇高的声望名气，加上朋友们的努力斡旋，多国大使出面干涉，张作霖对多国大使郑重保证：尊重言论新闻自由；保证报业巨子邵飘萍的生命安全及言论新闻自由……

也就是说，邵飘萍自由了，安全了，可以重操旧业了。为了慎重，张翰举告诉邵飘萍，为此事，他专门去了住在北京什刹海那座过去是清王府，现在的少帅张学良家，给少帅谈了邵飘萍的情况。他知道邵飘萍与少帅有过交往。邵飘萍相信少帅张学良。少帅与大帅不同，少帅是个有新思想的人，很开明的人。

"少帅怎么说？"邵飘萍中计了，他很有兴趣地问。

"少帅是拍了胸脯的。"张翰举信誓旦旦地说，"少帅保证，新闻巨子邵飘萍出来，不仅安全上绝无问题，而且你办的《京报》照样办。"张翰举说这些话，邵飘萍是相信的，因为少帅张学良就是这样的人。不过，张翰举是否真的去找过少帅，少帅是否说过这些话，无以为证。

电话中，邵飘萍显得很兴奋，他说，在六国饭店静修这段时间，可把他闷坏了。这下好了，又可以出去大展拳脚了。张翰举马上给邵飘萍戴高帽子："理解理解。你邵飘萍是何等样人！闻鼙鼓而思良将。小花坛怎养万年松！

小操坝怎能任千里马驰骋！这样！"他立刻追上一句："我立刻用车来接你！"

"好！"时值盛年的邵飘萍热血沸腾，爽快地答应了张翰举，他太想工作了，他把自己估计过高了，对恶劣的处境、奉张的险恶，严重估计不足，思想上存在一些虚幻，特别是他交友不慎。他没有看出张翰举卑劣的人品，他太相信人了，这就落入了陷阱。

这天下午5时半，位于东郊民巷使馆区的那座占地广宏，红柱绿瓦，古色古香的六国饭店门前的大红宫灯刚刚亮起之时，在最初的客人络绎而至间，一辆最新产日本丰田黑色汽车，像一只体形轻捷的猎犬，不声不响地披着最初的暮色而来，轻轻停在六国饭店门前九级汉白玉石台阶下。

车门开处，张翰举下了车，望着饭店方向，习惯地托了托眼镜。如果这时有人注意他那厚厚镜片后的一双金鱼眼，必定大吃一惊，那眼神是多么凶狠、贪婪、残忍！

这时，个子适中，戴副眼镜，穿件长袍，面目清秀的邵飘萍出现了，他从饭店中走了出来。张翰举向他扬手。邵飘萍点头回应，他一手提皮箱，一手轻拽袍裾，步伐轻快地走了下来，上了张翰举的车。

结果可想而知。张翰举的车，刚出胡同就被大队军警拦下。邵飘萍被捕。

尽管京城多家报纸刊登了邵飘萍被捕的消息，京城众多文化名人迅速参与营救，其中还有清末年间与康有为一起参与过公车上书，做过清朝四品高官，和康有为、梁启超、黄兴是好友，与汪精卫、蔡锷等都有深度交往的杨度。杨度组织起很有名望的13人，上门请求少帅张学良营救新闻巨子邵飘萍。

少帅很为难、很无奈地告诉杨度等人："逮捕法办飘萍一事，是老帅和子玉（吴佩孚）及各将领早已有此种决定，并定了：一经捕到，即时就地处决。此时飘萍是否尚在人世，且不可知。余与飘萍私交亦不浅，时有函札往来。惟此次碍难挽回，而事又经各方决定，余一个亦难做主。"

虽杨度等人再三恳请，张学良表示没有办法。他说："飘萍虽死，已可扬名，诸君何必如此强我所难……此事实无挽回余地。"这就没有办法了。

邵飘萍从被捕到被处死，时间很短。其间，他被"严刑讯问，胫骨为断……"当局宣布他的罪状是："勾结赤俄，宣传赤化，罪大恶极，实无可恕，着即执行。"

邵飘萍被捕不久后的一个晚上，凌晨4时30分，他被军警押赴天桥秘密处死。临刑前，他不仅没有丝毫惧意，反而幽默地向监刑官拱手道别、调侃："诸位免送！"毫无惧色地哈哈大笑，直至枪声响起——京师警察厅厅长吴文亲自到场监刑。刽子手胆怯心虚，用的是当时很金贵的无声手枪。

那是东方亮出最初一丝鱼肚白时分。执刑队黑压压一片，至少有三四十人，如临大敌。监刑官要邵飘萍转过身去，邵飘萍却面向东方，不屑地对刽子手们说："我若面向你们，你们手抖。我就面向太阳升起的地方。"说时将搭在自己颈上的一条红围巾朝后一甩，泰然自若地说："开枪吧！"两个刽子手走到离他很近的地方，用两把无声手枪对着他的头开枪了。邵飘萍像是疲倦了，一头扑向大地母亲的怀抱，时年40岁。

邵飘萍牺牲后，他的夫人汤修慧继承丈夫遗志，克服重重艰难险阻，坚持出版具有邵氏风格、颇有战斗力的《京报》。到了抗战期间，国难当头，1937年7月28日，邵飘萍开创的《京报》，坚持出完最后一期，这才结束了它不畏强权、勇于歌颂正义、真理，鞭挞假丑恶的长达19年的非凡战斗历程。

第六章 | 悲歌一曲巨流河 |

一

河北滦县，是奉军精锐部队——第三方面军司令部驻扎地。这支部队对于奉军具有一锤定音的决定性意义。第一、第二次直奉战争中，这支部队都是主力中之主力，尤其在第二次直奉战争中，奉军之所以能一举战胜直军，这支部队起了关键性作用。进攻，这支部队是大帅张作霖手中的利矛；防守，是坚盾。这支部队是奉军的半壁江山，是张作霖的看家本钱。滦县，古称滦州，是首都北京咽喉地。这里距北京、天津不过一二百公里，距秦皇岛更近，不足100公里。公路铁路四通八达，交通便利。张作霖之所以现在把这支庞大的精锐部队安放在这里，是在这里筑起一道战略屏障，大帅已经做好了应战北伐军的准备。这支部队在这里，进好攻、退好守。

统率这支精锐部队也是战略部队的是时年24岁，风流倜傥的少帅张学良。身上具有传奇色彩、浪漫色彩的少帅与另外两位豪门子弟——袁世凯次子袁克文、清朝末代皇帝溥仪的族兄溥侗，还有7岁入私塾、9岁能写诗、享有

"神童"之誉，以后集诗词学家、京剧艺术研究家、书画家、收藏鉴赏家于一身的文化奇人张伯驹，并称为京城四少，又叫民国四公子。少帅对郭松龄足够信任、足够尊重。很多时候少帅都不在这里，大多时候住在北京，因此，这支劲旅的实际统帅是少帅副手郭松龄。郭是奉天人，时年40岁，足智多谋，文武双全。早年加入孙中山领导的同盟会，过后一直投身东北军事，先后在北京将校研究所和陆军大学学习深造，是东北最早的一所培养军事人才的专门学校——奉天讲武堂颇有声望的教官。过后从事实际战争、带兵打仗，从旅长到师长、到现在的主力军第三军军长职。他战功显著，文韬武略，在奉军中威信威望很高。他比少帅长16岁，堪称前辈，少帅是他在奉天讲武堂当教官时的学生，现在是他的顶头上司，但少帅对郭松龄从未以上级自居，对他很尊重尊敬，时不时尊他一声郭老师。

时间如同一只神奇、隐形的手，匆匆地将日历在人们不知不觉间快速地往后翻去。时间最公平，对任何人一视同仁。好是一天，不好也是一天；乐是一天，苦也是一天；成是一天，败也是一天……

日历翻到了1925年11月23日。这天一早，滦县一反常态，最反常的是火车站。当轻纱似的薄雾，在广袤的冀北大平原上渐渐消散，红日从地平线冉冉升起，霞光万丈之时，滦县火车站同附近大平原上那些村庄一样，完全苏醒过来，开始忙碌。不过，那些岚烟渐渐消散的村庄里，农人的生活今天完全是昨天的翻版。这里那里传来雄鸡的喔喔啼唱，在清晨的薄雾中，在显得空旷的大平原上传得很远。那些有低矮围墙的庄稼人家屋顶上，开始冒出淡蓝色的炊烟。有勤快的农人已经下地了。远远望去，就是一个、两个动的或是不动的点。

而滦县火车站就完全不同了。戒严了。这是个大站，每天有多辆南来北往的列车——敞篷的平板大货车、闷罐车，最多的是那种绿皮客车都要从这里经过。往天这个时候，车站已经忙开了。轰隆隆、轰隆隆，多辆列车经过这里，沿着从这里分叉的几条铁路，顶着或披着绚丽的朝阳，奔向自己的目标、方向。火车进站、出站。牵线线似的旅客上车下车。喧喧嚷嚷中，加上身穿铁路制服的值班长，一边手摇小红旗，指挥列车进站出站，口中衔着小铁哨吹得喔喔有声，还有火车车轮发出的有节奏的铿锵声、附近村人到站上的提篮叫卖声……构成了车站上一派极富民间生活气息的热气腾腾的图景。然而，这样的生活图景这天一早荡然无存，代之而起的是弥漫着紧张气息的战争图景。

停靠在车站上的多列火车正在源源不断上兵、上辎重、上大炮、上骡马。那光景，奉军第三方面军要有一个大的转移。

车站所有的铁路员工，也就是七八个人，一早被军方告知，要他们今天休息，最好窝在自己的工房里或办公室里，喝茶可以，聊天也行，哪里也不要去，更不要随意打听军方消息！因此，他们只能窝在屋里，用惊异的目光打量着站上的一切。三三两两间，不时小声议论。

不知谁有这么大的本事，一下调来这么多列火车！敞篷平板大货车，还有也许为了保密，平时运兵喜欢用的那种只有门，没有窗户的铁皮闷罐车，此外，就是多辆绿皮客车……敞篷平板大货车在上大炮、上骡马。当然，上骡马时是加了护栏的。更多的铁皮闷罐车、绿皮客在上军队，牵线线似的。这些军用火车，装满一列开出去，接着又有空车填补进来。看起来，无休无止。

窝在屋子里的铁路员工们，不由得小声议论，互相问询、求证：

"这是要打大仗了吗？"

"看来是。"

"看这样子，第三兵团的数万人马都要调走。"

看着这些军车消失的方向，有平时喜欢看报、关心时政的人，提出了疑问："不对呀！方向不对。他们要走就应该向南，怎么朝北方开去了呢？难道他们要回东北去、回关外老家？"有人接着问："他们要去打谁呢？"就有人想当然地回应："当然是打日本人。他们是东北人民的子弟兵，日本人掠夺他们家乡资源，欺负他们的家乡父老，这些有血性的东北男儿，能看得下去？

能长期容忍？"

"就是，就是。"有人赞成，"他们肯定回东北驱逐日本人去了。"

"不对、不对。"有人反对，"最近还有报载，张作霖接见日本大使，交谈甚欢。日方对张大帅的安国军政府表示一如既往支持。"……

这些"关在"屋子里的铁路员工，面对现状谈论、怀疑而找不到答案、莫衷一是、一头雾水之时，绝对想不到，与他们近在咫尺地，正在召开一个重要的军事会议。

那是两节躺在车站稍远处，还没有挂上车头，所有车窗内都垂挂着白色窗帘，四周有游动哨警卫的绿皮车厢。车上，郭松龄正在召集手下所有高级军官开会、统一认识。

虽然车厢内挂着雪白浅网窗帘，长方形的车厢内仍然光线很足。车厢内，原先那些一排排的座位已经尽都撤去，顺势安了一张长方形的桌子。与会人员全部到齐，坐在上方的是郭松龄。他的身后、车壁上贴有一幅放大了的军用地图，地图不仅全部囊括了东北三省，而且延及黄河以北诸省区。长条桌两边坐的都是第三方面军高级将领，分别是齐恩铭、赵恩臻、裴振东、刘振东、刘伟、范浦云、霁云、魏益三。还有一些相关人员。郭松龄的妻子韩淑秀列席会议，幕僚饶汉祥担任会议记录。一般而言，军队上，纵然是情投意合、夫唱妇随的统帅伉俪，这样的军事要会，也是不让夫人参与的。而郭松龄让夫人韩淑秀参与，自然有他的道理。

1911 年，郭松龄还很年轻，是个热血青年革命党人，在奉天参加了张榕领导的联合促进会，密谋起义。结果，张榕被张作霖暗杀，郭松龄被捕，判处死刑。节骨眼上，对郭松龄向来很有好感、很崇拜的青年进步学生韩淑秀对他积极营救。她利用她家与张作霖很近的亲戚关系，上门亲自找到张作霖，说她是郭的未婚妻，请求大帅放人。其实当时并不是。而且她向来不求人、很清高。求人，她是第一次。张作霖拗不过亲情，答应了，郭松龄虎口脱生。之后，他们恋爱，因情投意合，才貌相当，很快结为夫妇。在人生路上，她是他最好的生活伴侣，更是他事业上最好的助手。他们的恩爱与日俱增，都声称："生不相同，死同穴。"

郭松龄是个典型的东北男人，高大、俊朗、整洁、深沉，融知识分子与职业军人的特征于一身。他下意识地举腕看表，他戴的是一只有夜光的瓦时针。

"现在刚好是早上8点，人都到齐了，开会。首先我们要统一认识。"郭松龄说时，用他那双黑亮、深沉、带有忧怨意味的眼睛，挨次打量了一下部下们。他的眼睛有些女性化，眼睫毛很密，这在男性中是少有的。在座的将军们戎装笔挺，全都注意着他，全神贯注听他讲话。

"我和在座各位，是因为严重不满老帅而起兵、起事！时至今日，看得很清楚，这么多年来，张作霖穷兵黩武，全然不顾东北人民的利益、生死，完全是为了满足他个人的私利。为了满足他个人的私利，死了我们多少东北弟兄？"郭松龄口齿很清晰，一边观察与会将军们的神情，一边很是激昂慷慨地说下去，"有句话叫'一将功成万骨枯'。张作霖用我们无数东北弟兄的鲜血、生命，换取了他住进北京紫禁城，组建了属于他个人的安国军政府。他正在步袁世凯、段祺瑞的后尘。弟兄们，你们说，张作霖如此倒行逆施，我们允不允许？"

坐下将军们齐声响应："决不允许！"魏益三说："郭司令，请你放心。我们都听你的，我们坚决跟着你，打回奉天去。我们要逼老帅'休息'，扶少帅主持东北新政。"郭松龄赞赏地点了点头。在座的都表示了与魏军长相同的观点，郭松龄欣慰地吁了口长气。

"我郭茂宸是个坦诚的人，还有几句话要事先说明。"郭松龄思索着，看得出，他思绪很深，"张作霖表面上粗，实际上细，他是个相当精明干练的人，更是个心狠手毒的人。我要着重提一下他与日本人的关系。他是日本人扶植上来的，然而他并不喜欢日本人。他和日本人是相互利用，双方都是，一旦没有了利用价值，就一拍两散。他甚至深恨日本人。在私下我听他说过，'日本人是蚂蟥，钻进了我的肉体，在体内吸我的血。但我现在还是只得忍住，因为我还不够强大。到那天……"他学做张作霖的话说："'妈拉个巴子的，我会把钻入我体内的蚂蟥拔出来，甩在地上，锤尸万段！'话说回来，凭实力，我们打败张作霖当不成问题。问题是，张作霖届时很可能认贼作父，靠出卖我们东三省来换取日本关东军对他的支持。毋庸讳言，若关东军出手，胜负就难料了。就我郭松龄而言，大不了鱼死网破。一腔热血，愿为东北父老乡亲洒。"他用他那双深沉的、很有些幽怨的又黑又亮的眼睛，仔细观察在座将军们的神情。他说："如果有哪位不愿跟我郭松龄走，可以提出来，现在要退出还来得及。"没有一个要退出战斗的。

"那我最后再说一句。"郭松龄强调，"各位回去后，要向广大部队官兵反复说明，我们为什么要发动兵变！要让广大官兵认识到，这是他们在为自己战斗。"在座的将军们都表示，坚决服从郭司令命令，回去后做好所部工作。看在座的将军们都没有要说的了，他宣布，为了同张作霖彻底决裂，为了同奉军有本质上的切割、划分，即日起，将包括五个军在内的这支奉军第三方面军改名为东北国民军。他让幕僚饶汉祥当即宣读早就拟好了的对张作霖的声讨檄文。檄文大意是，张作霖连年内战，穷兵黩武，祸国殃民，重用奸人，祸乱中国；横征暴敛，破坏东北经济。巴结日本，不惜出卖祖国资源和主权等等。所以原奉天第三方面军——现东北国民军发动兵变，目的是，请老帅张作霖休息，请少帅张学良上台主持新政，以期东北新生。檄文获得一致通过，为慎重，郭松龄要在座的将军们在这份檄文上一一签名，以示负责。在座的将军们签了名。这份讨张（作霖）檄文，当天以东北国民军司令部名义发布。

然后，郭松龄宣布散会。将军们各自赶回部队，按计划迅速到达指定位置战斗。

郭松龄的指挥车立即挂上车头，沿着两根闪亮的铺向远方的钢轨，向着东北方向风驰电掣。

二

虽然窗上挂着窗帘，看不到从窗外一掠而去的景致，但郭松龄完全感觉得到，他正向他的目标飞快地靠近。他的部队绕开北京、天津，直扑山海关。战斗打响，也可能就在当天晚上。他的部队全部乘的是火车，用兵贵神速来形容，一点也不为过。他明白，这一打非同小可。一打就必然打得惊天动地、尸横遍野、引国内外震惊。他颀长的戎装笔挺的身上，披着一件黄呢军大衣，长久地站在那幅军用地图前，观看着、思索着、算计着。他要弁兵给他看着门，不是万分紧急的事，隔壁车厢里忙碌的作战参谋也不让进。

战前思想统一会上，他说的当然都是摆得到台面上的大道理，但这次起兵，内中也有他个人的私愤。杨宇霆就不说了，长期以来，他和杨宇霆就是一对互斗的公鸡，你恨不得跳起来啄掉我的冠子，我恨不得跳起来啄瞎你的眼睛，这在奉军中是公开的秘密。少有人知道他与姜登选的过节儿，并由此牵扯到更多的人事纠纷。

姜登选，字超六，直隶（河北）省南宫县人，毕业于日本陆军士官学校，也曾参加过孙中山领导的同盟会，与郭松龄年龄相当，经历相似。姜登选清末年间在四川副都统朱庆澜手下任职，做过四川首届陆军军校校长。郭松龄也曾入川，在朱庆澜手下任过职。他二人都受朱庆澜信任、赏识。四川大汉军政府成立，宣布脱离清廷。他二人跟着朱庆澜回东北奉天。大浪淘沙，各走各的路。之后，姜登选成了杨宇霆的亲信，这样，姜登选自然就成了郭松龄的对头、仇人。第二次直奉战争后，姜登选因为杨宇霆节节高升，先后做过东三省陆军整顿处副监、镇威军第一军军长……杨宇霆到江南摘桃子，也将姜登选带了去。姜先后任苏皖鲁剿匪司令、安徽军务督办等要职。最后，姜登选又跟着杨宇霆丧师失地、大败而回，当然也同杨宇霆一样毫发无损，不仅如此，还被大帅升级，被任命为第四方面军一个军团的军团长。

第二次直奉战争中，姜登选与郭松龄产生过剧烈冲突，较上了劲。九门口大战中，姜登选的部属陈琛，遇上了直军最能打的、有"刺彭"之称的大将彭寿莘。陈琛仗没有打好。负责这场大战的郭松龄大为生气，以陈不听调遣，违抗军令罪逮捕，欲现场正法。姜登选赶来为陈辩解、说情，他根本不听，姜登选去找张学良陈述，甚至跪在少帅面前痛哭失声，最后经少帅出面干预，陈琛逃得一命。至此，他与姜登选成了死敌。

发动兵变前夕，他将手下将领逐个找来谈话摸底，只有姜登选一人表示坚决反对。不仅反对，还对他郭松龄破口大骂。骂他忘恩负义。说是，当年他本该死，是大帅饶他一命，而且让他在军中发展，到了今天这样的高位。少帅对他恩重如山，他却趁少帅不在期间发动兵变……是个十足的小人。骂得他心头火起，于是，他趁手中有权，下令卫兵将姜登选在他的办公室立即逮捕，押赴刑场秘密处死。姜登选死时，年46岁。刽子手遵嘱，将姜登选装入一口薄薄的棺材，在地下挖个坑，草草埋了。后来，郭松龄兵败，张作霖对姜登选之死很是哀伤。要姜登选的生前好友韩麟春，一定要负责找到姜登选坟茔，将遗骸迁回原籍厚葬。韩麟春通过知情人，好容易找到姜登选的坟茔，打开薄薄的棺材，只见姜登选死得极惨，遗骸被绑双手而绳索已松，棺内木板遍布抓痕。原来，姜登选并没有被枪打死，只是重伤昏了过去，最后醒来，活活闷死在了棺材中。

让郭松龄深恨大帅的，还有大帅是非不明、赏罚不公。最让他记恨的是，二次直奉大战后，大帅要派一个能干的将军率军南下摘桃子，这是一个美差，人人都想去。他明确表示想去，而且，凭他的文治武功，他去最合适。少帅支持他这个想法，而且在大帅面前推荐了他。可是，大帅就是不肯，坚持让杨宇霆去。更是让他、让全军将士不解、生气的是，杨宇霆犯了那么大的罪，被大帅包庇下来，仅让杨回奉天坐了很短一段时间冷板凳，就重新出山，当上了东三省参议会的总参议长。而且，杨的势力权力还在看涨。天理何在？是可忍，孰不可忍！之后，他的思绪一转，转到了现实的军事行动上。

就在郭松龄兵变之时，远在千里之外的奉天大帅府内大帅张作霖正召集他一批亲信大员刚开完一个要会。与会人员之中，除了理所当然的儿子、少帅张学良，还有辅帅张作相、总参议长杨宇霆、奉天省省长兼财政部长王永江、大帅府秘书长袁金铠、电讯总监周大文。

会上，经充分议论，大家统一了认识，制定出目前积极应对时局的几项措施：

一、奉军与北伐军决战，势所难免。已将最精锐的第三方面军安放北京之前的滦县一线，准备迎敌迎战，将北伐军在那一线消灭或击溃击退。

二、经过充分研究分析，认为作为北阀军中一个野战军司令的阎锡山可以争取，拟派一能言善辩之士去找阎锡山谈判，许他足够的好处，争取阎老西对我打个"让手"。

三、如果实在不行，到了万不得已，届时只好忍痛请日本关东军出手相助。这是最后一步，是备案。

会议之后，大家散谈。时序已是 11 月。在关内，秋天虽然已经来到，但夏天的尾巴还藏在人家。尤其是在锦绣江南，这时仍是一派葱绿葱翠。而关外，虽然天天都是大太阳，映得东北的高天阔地一派澄澈、清朗，然而天气已经有了最初的寒冽。不过，大帅府是感受不到一点冬的严寒、夏的酷暑的，每间屋子都采用日本最新科学技术，安装了调节屋内温度的设备，确保每间屋子冬暖夏凉，室内温度保持在 25 摄氏度左右。会议是在大帅的书房里召开的。大帅的书房是个长方形屋子，阔大亮堂、窗明几净。面向花园的几个中式窗户，红漆雕花窗棂，不过红漆雕花窗棂上，不是裱糊的传统的素净白纸，而是安镶着代表现代意味的红绿相间玻璃。书房里，用极富古意的博古架又隔成两个小世界，在他们开会的另一边，才真正是大帅书房。用兴安岭最好的油松木材制作的书桌相当庞大，漆黑锃亮。书桌上很整洁，除桌子中间摆有一批重叠的待批、待看的文件之外，桌子左上角趴着一架日本最新产军用载波电话。在这么长时间里，电话就一直没有响过。这是因为大帅规定，除少帅的电话外，任何电话都得由大帅府机要室先接听，不是万分火急、重要、紧急的电话，机要室先记录下来，然后向大帅府秘书长饶登天报告。书桌旁靠壁，有一架顶齐天的书柜，与书桌后同样顶齐天的大书柜相连，呈现出一个 L 形。书柜里的书，大都是线装本的《三国演义》《水浒传》类。书桌对面墙上，张挂着一幅大帅写就的墨宝："王侯将相，宁有种乎。"从右至左，八个大字，魏碑变体，很是醒目。大凡是个人物，不管他练何种书体，最终都带有他个人的风格，是变相"我体"。张作霖的魏碑练得相当好。不过他这幅宝墨，除了有魏碑固有的沉雄有力外，还掺有一分诡谲、一分匪气。书桌右边一段距离，就是这个将会客室隔开来的顶齐天、极富古意的博古架的几个格上，陈放的都是些很有些古意的、很贵重的文物——瓶呀碗的。书桌对面，也就是在他们对面，透过玻窗看出去，可以看见花园中的假山、曲径，林林总总，影影绰绰，有明显的江南园林意味。只是因为东北的气候关系，没有江南园林那一派养眼的翠绿，那些假山什么的，光秃秃的，有几分萧疏、萧索。尽管室内温暖如春，特别是博古架上，一个绿色的圆钵里，养有一钵水仙，在几株修长的绿色茎秆上，水仙花开了，几朵满天星似的白色花瓣中吐出鹅黄色的花蕊，散放着淡淡的幽香。在这样温暖的屋子里，大帅仍然有些怕冷。大帅小时身体瘦弱，是出了名的"张老疙瘩"。现在的大帅，与往日的"老疙瘩"虽然不能同日而语，但是仍然清瘦，加上上了点年纪，在这样暖和的屋子里，他还是身着一件蓝绸夹袍，脚上很随意地蹬一双白底黑帮直贡呢北京布鞋。因为都是身边亲信，会议完后大帅和与会大员们离开会议桌，都显得随意。大帅背着窗户，坐在一把罗汉圈椅上，其他人都散坐在大帅对面，星星望月亮似的看着大帅。大帅用忧虑、怀疑的目光将坐在他对面风华正茂、风流倜傥的儿子少帅很看了一会。这样的眼光是少有的。少帅还以为自己的衣服上有什么地方不对，顺着老爷子的目光，低头审视自己的衣着。

"小六子！"大帅叫着少帅的小名，猛然发问，"你对'郭鬼子'真就那么放心吗？"

"哪个叫郭鬼子'？"少帅感到莫名其妙的。

"就是你的副手，你很信任的郭松龄呀。"

"他咋叫'郭鬼子'呢？"少帅说，"这个绰号怪头怪脑的。"

"他这个不雅的绰号由来，就不细说了，反正那时你还小。这个不雅的绰号，至少说明这个人很鬼。并不是说这个人长得鬼头鬼脑，而是说这个人心机很深很阴。我提醒过你多次，要你不要放大水筏子。我几次想撤换他，你也不同意。刚才我们特别说到你的第三兵团的重要性。现在我们坐在这里信誓旦旦，高谈阔论。不知为什么，我突然心惊肉跳，预感告诉我，趁我们不在，郭鬼子很可能要搞出点不利于我们的非常之举。"

"大帅过虑了。"少帅很肯定地说。大庭广众之下，他叫父亲从来都是大帅。他对大帅保证："郭松龄这人我是了解的。我保证，他决不会有任何非常之举。"

"但愿如此。"大帅牙痛似的说，"他如果趁你不在，裹胁第三方面军五个军发动兵变，那麻烦就大了。说不定这样一来，你我！"大帅用手指了指自己和儿子，"还有你们！"他又用手指了指在座的张作相、杨宇霆等与会诸人，"都很可能坏在他手上，让我们死无葬身之地。"

"大帅言重了。"被称为辅帅的张作相，赶紧劝慰大帅。看大帅少帅父子俩产生了争执，杨宇霆赶紧站起来转移父子俩的情绪，他说："大帅少帅，你们难得回奉天来一次。我专门安排了两个唱二人转的名角进来为大帅少帅唱一出，他们都等好一会儿了，怎么样，现在开始吧？"东北人都是听着二人转长大的，都喜欢听二人转，都是二人转迷。果然，杨宇霆这一说，真是冲淡了大帅的忧虑，立刻变得眉活眼笑的，他问杨宇霆人现在哪里，杨宇霆说："安排他们在大帅府后花厅等。"

"那就走吧。"大帅率先站起，带大家去后花厅时，又叮嘱儿子一句，"小心无大错。小六子，听完二人转，你立马赶回去，给我掌握好你的部队。现在是非常时期。"

"是。"少帅朗声答应。

张作霖一行来在后花厅时，二人转演员早已经准备停当，在那里等好一会了。他们赶紧站起来，向大帅少帅请安问好。这二位演员都年轻，身材很好。男的身姿颀长，俊眉亮眼，头扎白头巾，身穿无袖排扣短褂，下着裤脚呈喇叭的白裤子，宽肩细腰，腰上扎一条宽宽的红绸带。女的长相俊俏，身材高挑，脑后拖一根红头绳扎就的漆黑光亮的油松大辫子。二人手中都拿一把彩蝶似的大花伞。

座位、茶点是早就预备好了的。大帅笑着点点头，落座在当中那把椅子上，两手压压，要大家坐。一行人相继落座后，大帅府管家上前，躬身请示大帅，演出是否开始。

"开始。"大帅点了点头。

二人转演员立刻动了起来。他们迈着轻捷的步伐，开始走步穿花，借着手中的大花扇应来送往，挑逗传情。

男的对着女的唱：

一声鼓儿咚、鼓咚！
将一个小荷包丢在妹房中呀
我说妹妹呀
你要到什么时候才让我进到你闺房中？

女的将手中大花折扇将俊脸粉脸一遮一显，抛个媚眼应唱道：

一声鼓儿咚、鼓咚！
这时人多不能进
二声鼓儿咚、鼓咚！
这时爹妈还未睡
小哥哥呀你得再等等

三声鼓儿咚、鼓咚！

夜深人静狗不咬

小哥哥呀你可以翻窗进来了

春宵一刻值千金呀

多搞几家伙

莫对外人说……

就在大帅沉醉其中连声鼓掌叫好时，大帅府承启处处长赵瑕斋影子似的来到少帅身边，将一封急电交到少帅手中，并惊慌不安地俯下身来，嘴巴附在少帅耳边轻声说着什么。似乎怕坐在旁边的大帅听见，承启处长将一只手竖起，扪着自己的半边嘴。大帅注意到儿子看完电报，一副惊吓不已的样子，变脸变色，就像大白天活见鬼，心下不禁咚的一声，直往下沉，情知有事，他问承启处处长赵瑕斋："嘛事？把电报给我看。"少帅只好站起身来，上前，将北京侦询处来的急电，规风规矩交到大帅手中。杨宇霆情知不好，赶紧让二人转演员下去了。

"妈拉个巴子的，我早就觉出郭鬼子心术不正！"看完急电，大帅大怒，一阵大骂。他骂"郭鬼子"早就该死！骂"郭鬼子"是条"喂不饱的狗！"……辅帅张作相和杨宇霆等赶紧传看北京来的急电。大帅的预感没有错。"郭鬼子"趁大帅不在北京、少帅不在滦县期间，悍然发动兵变。目前，"郭鬼子"调动、指挥7万余人的精锐部队，乘势而来，一举打下山海关并过了山海关，深入到了关外，势如破竹，矛头直指奉天。

"小六子！"大帅骂完了"郭鬼子"，质问脸色惨白的儿子，"怎么样？以往我说郭鬼子不好，你说好。我要撤换他，你总护着，如今怎么样？"

"我万万没有想到郭松龄是这样的人。"少帅气得浑身发抖，当即向大帅请命，他要当即赶回前线，生擒"郭鬼子"，将功补过，甚至表示，他张学良不生擒"郭鬼子"，就不回来见大帅。

"吃一堑，长一智。少帅不要过于自责。"辅帅张作相与张家父子关系、感情不同。一是出于对晚辈的爱护，二是他知道张作霖对儿子张学良的期望之深，他便以他辅帅的地位，即奉军中第三号人物的身份讲话。说现在大敌当前，不是追究哪一个人的时候，当务之急是共同对付"郭鬼子"。他建议立即成立以大帅为主，少帅为副，以现在开会的人为班底的"戡乱大本营"。大帅立即接受了辅帅建议，接着开会，决定几项：一、辅帅张作相立刻返回前线，全权指挥山海关一线及山海关之后奉军，竭力稳住阵脚，迟滞叛军进攻步伐。同时，辅帅调动预备队，给叛军迭次打击。二、同意少帅动用空军海军，组织军力，对郭鬼子进行全方位打击……这样一来，辅帅是筑起抗击郭鬼子的坚盾，少帅张学良就是一把刺向郭鬼子的利矛。杨宇霆注意到大帅对儿子的态度和缓起来，这就给慷慨、义愤填膺的少帅发言鼓掌。

大帅问在座各位还有无补充。老谋深算的总参议长杨宇霆补充道，要特别注意为郭鬼子以声援、以侧应的西北王冯玉祥。他强调，冯部离我们很近，我们要防备这个"反戈将军""反戈专家"对我趁火打劫。另外，在郭鬼子一举拿下山海关时，我们奉军第一军军长李景林宣布中立，这个人要好生应付，以免再发生连锁反应，恶性循环。杨宇霆的发言引起大家注意，会上一时冷场，大家都在思索这个问题。

李景林又是另一类人物。他是一个不可多得的战将、悍将，而且精通武术，是个武术大师。第二次直奉大战中，李景林率领他的第一军为开路先锋，锐不可挡，势如破竹，迅速占领了直、鲁、皖、苏、浙、沪等大片土地。过后论功行赏，他除了是奉军第一军军长外，还兼任河北省省长、河北保安司令。这个人有野心也有头脑。经过讨论，大家一致认定，李景林现在是在静观待变，不会主动出击。这个人很可能与郭松龄有某种默契，只有郭鬼子打到某种程度，他才肯出手。

"这样！"熟读《三国演义》的大帅灵光一闪，说，"我找到对付李景林的好办法了。"看大家精神一振，大帅侃侃而言："李景林虽然是个武夫，却又是个大孝子。他的家小，特别是老母在我们这一边，捏在我们手中。我们何不学《三国演义》中，曹操赚刘备军师徐庶的手段……"坐下齐声叫好。大帅让杨宇霆下来依法将李景林握在手中。这样，所有问题都找到了应对办法。大帅宣布散会，大家各就各位，全力应战。

三

连山，古属幽州，地形独特，面向葫芦岛，平地兀立，特立独行，从东到西，纵横数十里。奉军在这里依势而建的连山要塞，一下子成了张作霖的救命符，成了郭松龄一道很难逾越的难关。敌对双方在这里较上了劲。郭松龄进攻受阻受挫。

连山要塞的建成，是姜登选的慧眼独具，是他对奉军独有的呈现。

1922年第一次直奉大战期间，很有战略眼光的姜登选向辅帅张作相提出，连山地势险要，易守难攻；战况不好，为预防直军乘胜追击，长驱直入，他提出在这里依势造形，打造出一道类似法国马其诺防线的防线。张作相深以为然，报经大帅批准后，辅帅张作相特别安排姜登选在这里督促打造，历时半年完成。连山要塞三道防线，层层环绕。防线前设多道铁丝网等障碍物。防线内，暗堡、地道、战壕层层相通，交相互织；防线内多方位配置先进火炮、重机枪、暗堡和足够的粮食、淡水……战时，连山要塞可容四至五万守军，坚守半年一年决无问题。

郭松龄亲率一支约3万人的精锐突击部队，一路过关斩将，所向披靡，在连山要塞受阻。

黑夜来了。伸手不见五指的黑夜掩盖了一切。白天，打得急风暴雨的两军，这时处于休战状态。就像两个重量级的拳击手，在先前搏斗中，双方打得鼻青脸肿而难分胜负。这会儿，双方都坐在一边休息、喘息，用肿起的眼睛仇恨万分地打量着对方，思量着再次较量时如何将对手一拳打倒在地，一拳致死。连山要塞很安静。表面上的安静，往往掩盖着暗中的万分凶险。

山下，夜幕憧憧中，横卧着郭松龄一路呼啸而来，权作司令部的指挥车。这列指挥车，就像睡过去似的。其实，这是一种假象。稍加注意，就会发现，这列外表普通的绿皮客车中段，有一扇窗户一直亮着灯。窗户内垂着厚厚的金丝绒窗帘，目的是让灯光尽可能不被暴露，但晕黄的灯光，还是透过窗帘的缝隙，有丝丝缕缕，流泻到了窗外。骑在断头钢轨上、蹲在黑暗中的这节列车四周，有不少游动的哨兵，可谓戒备严密。

山下，成建制的部队，手中抱着大枪，席地而睡。露水下来了，东北11月的深夜很有点冷，但这些天来，一直在战斗的郭松龄部官兵委实太累了，他们就这样天当被子地当床睡了过去，睡得很香很熟。他们大都是东北兵，睡梦中，他们也许回到了虽然破败简陋贫穷，但有一分特殊温暖的家，见到了年老的爹娘……这些天，长官反复对他们宣讲，我们不是造反，我们是要去"清君侧"；就是要把蒙蔽大帅、大帅身边的坏人杨宇霆类等清理出来，让大家过上好日子……因此，他们大都作战勇敢。

郭松龄权且作为指挥部的车厢里，当中茶几上挂一只拳头大的红蜡烛。烛光幽微，烛液不时下滴，像是在流泪。急速消瘦下来的郭将军，将披在身上的军大衣不自觉地挟紧。他紧锁一副漆黑剑眉，坐在那里，久久面对着铺在桌上的连山要塞地图沉思；有时站起来，在车厢里来回踱步，不无焦急焦虑。这时候他身边所有的参谋、警卫、弁兵以及夫人都没有睡，都在关注他。他们不出现，不等于他们不存在，他们是尽量不来打扰他的思绪。

将军渴了，走上去拿起放在茶几上的茶缸，只喝了一口，水太凉了，就放下了茶缸。这时，夫人韩淑秀适时出现在他身边，她提起旁边一只暖水瓶，给他缸子里续上滚烫的开水，表现出特殊的关切。小弁兵也趁机上来，将桌上那根快要燃尽的蜡烛拿开，换上一根小孩拳头般大小的新蜡烛。于是，车厢内陡然亮堂了些。弁兵知趣，见将军没有别的吩咐，影子似的退了下去。

"茂宸！"妻子走上前来，伸手将丈夫的大衣领子理了理，用一双大眼睛爱怜地看着丈夫，关切地说，"你是不是遇到了难题，需不需要把他们找来商量一下？集思广益嘛！"妻子口中的他们，是他的相关下属。

"那倒不必！"将军素来清亮的声音这会儿有点发哑，他走上前去，在暗淡的烛光中，弯下腰，指点着铺在小桌上的连山要塞图，对妻子说，"我们现在遇到了大麻烦。连山要塞很难啃。而且，趁我进攻受阻，张作霖调汲金纯师赶来增援，妄图打我一个前后夹击。目前，我进攻的另外四路部队，都在看着我们。时间、时间！"他指点着军用地图上的连山要塞说："时间上，我们耽误不起。又是姜登选，连山要塞就是他搞出来的，他死了都要同我作对！"说着，又在屋里踱了开来。韩淑秀知道二人的关系。毕业于日本东京士官学校的姜登选，在校时，很佩服他的老师，就是后来在中国作恶多端的派遣军总司令冈村宁次，冈村宁次也很欣赏他这个中国学生姜登选。姜登选很得了冈村宁次真传，将连山要塞真个打造成了铜墙铁壁。

"茂宸，不要急？"妻子安慰他，"你不是常说，每临大事有静气，多想出智慧吗？没有过不去的桥。"

"是。"郭松龄停下步来，点点头，若有所悟。他思索着喃喃自语："狭路相逢勇者胜。千万不可粗枝大叶。"他看了看戴在手上的瓦时针夜光表，对妻子说："别担心，你去睡一会吧，天快亮了。我自有办法。"

"那好！"妻子说，"我在这里反而会耽误你。你也抓紧时间睡一会吧！"作为妻子，也只能如此了。看丈夫点头，韩淑秀将通往权且作为卧室的车厢的门帘一掀，进去了。

新的一天来到了。这天，郭松龄并没有想出什么好办法，只能沿袭昨天的战法——猛攻。

曙光刚刚撕破夜幕，郭军就对连山要塞发起猛烈炮击。这天的炮击比前两天更为猛烈。

连山要塞约500米开外，是一片密林。密林中，隐藏着的郭军成百门大炮，打出第一个齐射急射。成千上万发炮弹，带着可怕的啸声，像道道通红的闪电，咚咚咚砸向连山要塞。一时，浓烟升腾，天地间似乎都在震动。

郭松龄在临时搭起的暗堡内，举着手中的望远镜，从瞭望孔中看出去。炮兵是战争之神！而且，郭松龄向来看重炮战、擅长炮战。他手中也有这个能力。他掌握的军团，原是奉军中的精锐，装备最好。炮兵、装车兵等一应现代战争所有的要素全都具备，是支御林军、常胜军；是大帅张作霖起家和安身立命的资本。这时，随着铺天盖地的炮击，连山要塞的第一道防线内，被炸得四处腾起浓烟烈火，惨叫声声，守军的残肢断臂随着浓烟黑火和崩裂的工事升起空中。

然而，连山要塞也不是好惹的。要塞用同样猛然的炮火还击。这倒是郭松龄希望的，他期望从中发现敌方隐藏很深的火力点。然而，他又惊又失望。从连山还击的炮声中，他惊异地发现，连山要塞添置了不少从日本引进的杀伤力很大的大口径的加农炮、野战炮……但是，让他失望的是，要塞隐藏很深火力点很少暴露。更要命更可怕的是，这样的消耗战，连山要塞消耗得起，他郭松龄消耗不起。他只能速战速胜！

没有其他好办法。在炮群开始向要塞纵深延伸射击时，他只能按原计划下达冲锋的命令。

随着三颗红色信号弹上天，成千上万的郭军开始了集团冲锋。这些穿着深灰色军服，打着绑腿，头戴钢盔，配备了奉军最好武器、训练最好的官兵，突然间，就像从地下冒出来似的。挺着上了雪亮刺刀的步枪，呐喊着，涌潮般朝前冲去。

如果遇到一般的敌人，哪怕就是遇到国内最能打的吴佩孚的精锐部队"刺彭"的部队，在这种猛烈冲击下，敌人往往也会沉不住气。然而，因为有要塞壮胆，守军显得异常沉静、沉着、节制、充裕。他们不急着开枪阻击，而是当进攻部队暴露在要塞前面开阔地时，咚咚咚、哒哒哒、砰砰砰、轰轰轰！要塞守军这才猛烈阻击。火炮、轻重机枪、步枪、手榴弹等轻重武器多角度多侧面织成的死亡的网，网住、罩住了进攻部队。那些隐藏在地堡、暗堡里的马克沁重机器、日本歪把子轻机枪一起开火。霎时，冲锋的郭军像被一把把锋利无比的镰刀成片成片割倒在地的麦草，尸横累累，进攻失败了。

郭松龄心情沉重地放下了手中的望远镜，心中痛惜，可惜了我这支部队。他不得不下达了停止进攻的命令。

这天的激战，在黄昏到来时结束了。

第二天双方保持沉寂，处于一种僵持。而僵持，对于战争的双方都是最可怕的。因为僵持中很可能孕育、蕴藏、实施着什么阴谋诡计。意味一方对另一方可能突然实施的、一剑封喉的致命打击。

这一带的居民早跑光了，空阔的旷地上无声无息，一派萧瑟，好像沉入了冰河期。在那些破房烂瓦的边缘，几棵被炮弹斩断头，硝烟熏黑了的歪脖子树上，间或有几只寒鸦栖息于上，乱噪一阵又飞走了。

郭松龄再也拖不起了，他忧心如焚。情况开始变得对他不利起来。也就是因为连山要塞打不下来，达不到战略目标，他的同盟军同盟者开始背叛他。大端有三：一是西北王冯玉祥，说好了届时出兵相助，现在收回成命。二是李景林更是邪门，突然倒了回去，重新倒向了张作霖。三是在热河一带称王道霸、在长城内外出没的大土匪阚朝玺、汤玉麟在失望之余，对他落井下石。这几个大土匪投降了张作相，为挣表现，对他的另外四路部队进行攻击。不要小看这些土匪！阚手中有一师一旅，汤有骑兵一师……虽然这些土匪队伍不能同正规部队相比，但也拖住了他的后腿……郭松龄已经到了前进一步生，后退一步死，甚至可以说不进就死的地步。

天无绝人之路，郭松龄不该死。就在兵陷连山的第三个晚上，郭松龄愁肠百结，无计可施时，情报处长皮得相突然来报告，发现连山后面的海面结冰封冻了……

"怎么会？"郭松龄闻言一惊一愣一喜。辽西常年气候他是知道的。农谚云："小雪封地，大雪封河。"现在还是小雪时节，海面这时怎么会结冰呢？

可是，长得像个猴子样的情报处长皮得相再三给他保证说，如果没有结冰，他情愿被郭司令当场枪毙。

"那好！"郭松龄把军大衣一披，手枪一插，当即带上一个警卫班，要皮得相带他去看海。连山要塞是依偎着皂篱山势打造起来的。猴子似的皮得相带着郭松龄趁夜摸到了皂篱山下的海边一看，海面果真冻得硬邦邦的。这太神奇了！郭松龄不禁以手加额，感谢苍天。

对连山要塞猛烈的突袭，是这天晚上最寒冷的子夜时分。要塞守军除了夜巡的哨兵，都已安然入睡。已经打了几天，进攻的郭军受到沉重打击，加之战场出现了一系列不利郭松龄的情况，连山要塞守军，从辅帅张作相开始从上至下都放松了警惕。在他们心中，原先活蹦乱跳，无法阻止的"郭鬼子"，已经成了一条蹿进网的大鱼，就等着他们起网抓鱼了。但他们忘了，郭松龄既然被称作"鬼子"，就有常人不能之能、之鬼。

猛烈的突袭来自来防线最薄弱的后方，这是守军完全没有想到的，守军被打了个措手不及。猛烈的枪声、猛烈的攻击，在皂篱山后突然响起、发起，是如此惊天动地，如此突如其来，如此惊心动魄！让喜欢脱光衣服睡觉的东北大兵们，从梦中惊醒，懵里懵懂中，听说郭鬼子的部队打上来来了。惊慌失措的他们赶紧穿衣服，找枪，没有了抓拿。官找不着兵，兵寻不着官……混乱、狼狈，就像一群炸了窝的马蜂，乱跑乱窜。

猛烈的枪声，在静静的下着小雪的深夜里听来格外猛烈、惊心。要塞后面到处都在燃烧，到处都在呐喊……山下腾腾的火光和声声爆炸引发的浓烟烈火冲天而起。本来组织严密的连山要塞完全混乱了。前面守军不知后面发生了什么事，只听说郭鬼子的部队打来了，前面守军赶紧掉过枪口对后面射击，而后面涌上来的丢盔弃甲的守军，昏头昏脑中对前面守军开枪还击。很快，连山要塞乱打成了一气，乱成了一锅粥。"郭鬼子"抓住机会，对要塞前后进行夹攻，将连山要塞一锅端了。

天亮了，战斗基本结束了。披着军大衣的郭松龄，从他所站的皂篱山最高处，举起手中的高倍望远镜望下去。出现在他镜头中的景象让他差点笑出声来。

被皂篱要塞切断的铁路线上，大批溃败的奉军，铺天盖地，起码有一二万人，往寥寥几辆停在铁道线上的火车争相涌去。这几辆火车的车厢里已经塞满了兵，其塞满的程度，犹如是塞满了沙丁鱼的罐头，严严实实，已经根本没有任何一点缝隙。而车厢顶上也坐满了兵。这些火车很可怜、很勉强地起动了，因为大大超载，火车走得慢极了。从山下看去，就像一条条垂死的蛇在挣扎蠕动。

呜——！

呜——！

那几列火车喘着粗气，吭哧吭哧地沿着在早晨的阳光照耀下闪闪发光的钢轨，艰难地朝前挪动。铁道线两边，大批没能挤上车的奉军官兵，一边大声谩骂着上了车的官兵，不管不顾地朝车上涌，将上了车的官兵往下拽；而上了车的官兵又一个劲地将想涌上车来的官兵往下推、搡……极度的混乱中，有些被挤到车轮下的兵，被吭哧吭哧而坚强有力的车轮辗断了手或腿，哀叫声中，血流遍地。大批无法逃生的官兵，因为愤怒，有人对车上的"兄弟"开枪了，车上的兄弟进行还击，这就又相互撂倒一些。侥幸挤上车去的奉军官兵，因为车厢内太挤，呼吸困难，你推我搡，往往上演武打。混乱中，被挤死踩死窒息而死的官兵很多。

而连山要塞主将、辅帅张作相等高级军官不在此列。看情况不对大势已去，他们昨晚上就脚板上擦清油——溜了。张作相及手下大将汲金纯、越止香、陈九锡等都有专车，他们比泥鳅还滑，溜得快极了。

四

1925年岁末，经一路征战，千辛万苦，死伤累累，郭松龄率部抵达巨流河。这是最后一道天险。如果郭军过了巨流河，奉天就指日可下了。张作霖拼了！他拉出全部家当，在河对面摆开决战架势。

在张作霖的作战室里，他像只暴跳的苍狼，用手指着壁上那幅硕大的军用地图上一个点——那是与葫芦岛隔海相望的、在他的地盘上的辽宁营口，倒抽了一口凉气，对手下大将吴俊升等一班将佐谈虎色变地说："这郭鬼子居然给我来这一出，亏他想得出！如果不是日本人及时出手，拦截了郭鬼子，让他们上岸对我们发动突袭，保不定我们就完了……"张作霖这里说的是，郭松龄一边在巨流河那边摆出决战架势，吸引奉军注意，另一边私下派出一支约5000人的精锐突击部队，在一个晚上从葫芦岛乘船出海，企望到营口登陆，从背后迂回给他一个侧击！郭部刚出海，遭到日军一批军舰截击被堵了回去，双方也没有开火。日军帮了他的大忙。事后，关东军司令部将这事并有关郭部的多个情报一并通知了他。

吴俊升点点头，他提醒大帅："日本鬼子是不会白帮忙的，他们马上就会登门要债。"大帅手下另一大将，第九军军长，有"智多星"之称的韩麟春，想得更深些。他认为，日本鬼子这一招，显然是做给我们看的。也就是说，他们可以决定我们双方的命运；他们可以帮我们，也可以帮"郭鬼子"。问题是谁出得起价！

少帅张学良却有些不以为然，他反驳韩麟春："这点，你就不了解郭松龄了。这个人向来讨厌日本人，他曾在我面前不止一次提过，要我设法说服大帅，联系关内关外所有同人、力量，把日本人赶出东北！"看大帅闻此言神色有点赧然，少帅没有把话说下去。

真是说鬼鬼到。

这时副官张章进来报告："满铁事务所所长龟田，有要事求见大帅。"

"要账的来了！"张学良、吴俊升、韩麟春都这样说。

"那你们先回避一下吧！"大帅说，"我要看这个家伙有些啥子名堂，他要对我说些什么。"

大帅从作战室移尊隔壁客厅，吩咐小张副官带龟田进来。

奉天满铁事务所，名义上是日本人设在奉天管理满洲（东北）铁路事务的专职机构，其实远不止于此，这是个神通广大、通天达地的特务机构。事务所所长龟田是一个大特务，也是一个东北通。

龟田进来了。日本人的虚礼是很多的，一进门，就将礼帽拿在手中，对大帅鞠躬问好。这是个50来岁的日本人。虚胖、矮个、眼镜、秃头，穿一身黑色西装，脚蹬一双擦得漆黑锃亮的黑皮鞋，嘴上护一绺日本招牌式的仁丹胡，右手腕上，挂一根拐棍。表面上文质彬彬，客客气气，俨然一绅士，但只要稍加注意，就会发现，他那副眼镜后小眼睛中的眼神，相当诡谲敏锐凶狠。

大帅落座在当中大沙发上，手一指，示意客人坐。龟田隔玻晶茶几坐在大帅对面的沙发上，将拐往边上一靠，摘下头上的博士帽，身边一放。谈判的架势摆起了。

弁兵上来，给客人上了茶点，又退了出去。

龟田单刀直入地问大帅："郭鬼子部精锐昨晚趁夜幕掩护，乘船出海，欲迂回侧击奉军，为我海军拦截，阴谋未逞。不然，大帅的麻烦大了。"龟田慢条斯理说时，敏锐阴鸷的目光，透过眼镜，在大帅显得清白憔悴的瘦脸上，已扫了几个来回。

"另外，关东军情报部门给大帅提供的相应几个情报，想来大帅都知道了？"

"是。"张作霖淡淡地笑笑，说，"对关东军的帮助，深表谢意。"

真个来者不善，善者不来。龟田笑扯扯地说："我可不可以冒昧地问大帅一句，此次决战，大帅有几分胜算？"龟田开始步步深入、紧逼。

张作霖略为沉吟，客观地说："胜负一半对一半。"

"大帅过于乐观了吧？"龟田阴险地一笑，掰起指头算了一笔账：郭松龄现手中有五个军，7万余人，仅人数上而言，是决战奉军的一半。但就其部队装备配置、战斗经验、战斗素养相较，大帅的部队差郭军很远。另外，郭军乘胜而来，气势很盛，且奉天已然在望，离郭军终极目标只有一步之遥。加之郭松龄给他的部下许多蛊惑、许多许愿，决战中，郭军肯定拼死相争……如此综合一算，大帅胜算不多。对日本人所说，张作霖心中承认是实。既然日本人是上门谈生意的，那就不如摊开了说。

"阁下是手眼通天的人。"张作霖直截了当问龟田，"你是受日本关东军司令部所托来的吧？"

"是，又不是。"来人傲慢地用手托了托眼镜。

"怎讲？"

"我不仅代表关东军司令部，而且代表陆军省来的。"

"好！"张作霖说，"那我们就在月亮坝下耍关刀——明砍。说吧，你们可以给我提供何等样的帮助？我需要付出什么样的代价？"

"痛快！"龟田将手一拍，随即——保证，明细开价：

一、我方可以确保郭军不从海上偷渡迂回闪击。

二、我方可以确保郭军不使用南满铁路继续北上。

另外有二：

一、给奉军每个军派出多名军事顾问。

二、给你方提供重炮200门，炮弹10万余发……

总之，我关东军可以保证大帅在巨流河大战中获胜，进而消灭郭军。如果需要，必要时，日军可以直接参战。

日方需要回报的，大端有二：

一、承认日本人有在满洲全境的土地商住权和居住权。

二、希贵方同意日方在满洲东边道、洮昌道等满洲各重要城市开设领事馆。

龟田显然是有备而来，他将这些背书似的一一说完之后，唰的一声，将带在身边的黑色三倒拐小提包拉链一拉，拿出打印好的条约，一式两份。站起身来，双手捧给张作霖，请大帅过目，签名。然后，大帅留下一份，他拿走一份。张作霖接过一看，条约是用雪白A4道林纸打印好的，中日文对照。一式两份条约上，关东军司令部已经盖好大红公章，那大红公章，很有点触目惊心，就像泼洒的一摊鲜血。

"狗日的日本鬼子！"张作霖在心中暗骂。对他而言，事情在意料之中，也在意料之外！他将这打印好的条约接过手中，细细看了看，感到沉重，他知道事情的严重性。但是，不依龟田所说，不答应日本人提出的条件，不在这个条约上签名行吗？不行，断断不行。稍微踌躇，"胡子"出身的大帅心中有了好主意，他在这两份条约上签下了自己的名字，留下一份，给了龟田一份。龟田万分珍惜地收起来，这就站起来，适时有礼地向大帅鞠躬，告辞。临别，心满意足的龟田再三向大帅保证；并对大帅的"慷慨"表示感谢。

龟田刚走，隔壁屋子里的少帅张学良、吴俊升、韩麟春以及随后赶来的王永江走了过来。大帅给他们说了他同龟田谈话内容，并将他同龟田草签的条约给他们看了。

"哎呀，大帅！"王永江很着急，满脸义愤，指着条约说，"'承认日本人有满洲全境的土地商住权和居住权'，这岂不是变相承认日本人对我东北的长期占领！"王永江对条约字斟句酌，一一念了出来；张学良、吴俊升、韩麟春面面相觑，又惊又愣。

"此一时彼一时。"不意大帅朗声大笑起来，那笑声似乎要把他对日本人的轻蔑、捉弄之意全部倾泻出来。笑够了，他将拿在手上的"条约"抖抖说："在咱老子看来，这不过就是一张纸，一张一钱不值的废纸！只要日本人帮我渡过了这道难关，以后老子统统不认。"大家一愣，随即明白了大帅的意思，大笑不止；王永江、吴俊升、韩麟春将大指拇一比，佩服万分地对张作霖说："大帅，真有你的。"

最了解郭松龄的，果然是少帅张学良。在龟田找上张作霖门之前，总想两面吃糖，总想菜刀打豆腐——两面光的日本关东军司令部就派了一个叫浦权的大佐上门找郭松龄谈判。郭松龄会说日语，但他不说，这是保持民族尊严，而是让麾下中校参谋，精通日语的盛世才当翻译。盛世才，字晋庸，原名振甲，又字德三，辽宁开原人。别看他当时是个微不足道的小人物，后来可了不得，先后做过国民政府国防部上将参议，中华民国陆军上将……特别是，当他做"新疆王"时，在国共两党之间翻来覆去，1949年解放前夕，下令杀害了毛泽东的胞弟，著名的毛泽民等共产党人——这是后话。盛世才也是毕业于日本东京士官学校。

郭将军高坐其上，戎装笔挺，很威严。盛成才坐在旁边担任翻译兼记录。浦权大佐是个典型的大和民族子孙，也是典型的日本职业军人，40来岁，矮而敦实的个子。黄憔憔的寡骨脸上戴一副黑边眼镜，唇上护一绺仁丹胡，呈X形的腿上穿一双黑皮靴，腰带上挎一把几乎着地的日本军刀。

郭将军示意来人坐，有话直说，说时一笑，很讽刺也很有火气地说："我们中国有句话叫两军相争，不斩来使。"盛世才开始翻译，其实这些日本人都是中国通，东北通，中国话他们完全听得懂。这里，郭将军话中的本意是，你这样的日本人，我真想斩了你。

"哈依！"浦权大佐机械地喊操似的点了一下头，随即弹簧地弹起，上前两步，将一封标有关东军司令部字样的大信封递给郭松龄，看郭将军接在手中，浦权大佐机械地退后两步，坐在郭将军指定的那只四四方方的矮凳上，像在受审。

郭松龄接过看了。是一份日本田中内阁就日本关东军军部月来就张作霖的奉军与郭松龄的东北国民军的交战情况及巨流河决战的展望。指出若两军决战，奉军很可能战败。而如果日本关东军出面，受帮助的一方必胜；反之，必败。内阁的批复很原则很简练很诡，意味深长，要关东军司令部"相机行事！"意思是再明确不过了。郭松龄看完后，把信函摔在桌上，掉头对盛世才说："你问他，'相机行事'是什么意思？"不等盛世才用日语翻译，浦权大佐已经急了，他将握在手中的日本军刀在地上一拄，用一口流利的中国东北话说："郭将军之所以一路所向披靡，请不要忘了，是我们日本人的南满铁路帮了你的大忙。而且，现在郭将军的指挥车也还骑在这条铁路上。"

一丝不屑的冷笑，挂在郭将军有棱有角的脸上，他对来人说："你有话直说！"

"金复海盖！"这是一句日语。也许关东军代表浦权大佐知道郭松龄不好说话，怕明说出来遭到郭松龄拒绝，这就转山转水地、遮遮掩掩用日文来表述。日本人要郭松龄将"金复海盖"给他们，这样，他们就可以帮助郭松龄。郭松龄当然懂，日语的"金复海盖"，就是指我国的辽东半岛。

"你们的意思是！"郭松龄很气愤地说，"你们日本关东军给我提供帮助，帮助我打败张作霖，来换取我用整个辽东半岛回报？"

"是的！"日本关东军全权代表直言不讳。

"休想！"郭将军将桌子一拍站起，指着矮了他半截的日本关东军全权代表浦权教训，"你们打错了算盘，看错了人！我郭松龄之所以起兵讨伐张作霖，主要就是因为他丧权辱国……我军将士，之所以跟着我郭松龄讨伐张作霖，根本的原因正在于此。"

"这是郭将军最后的意思吗？"浦权大佐，像一条被刺激了的眼镜蛇，一下昂起头，看定郭将军，龇牙咧嘴；他发出了最后通牒，"既然如此，我代表关东军司令部，首先向你郑重宣布，即日起，南满铁路禁止你的部队使用。这条铁路，是日本国满铁事务所同张作霖大帅取得谅解后修建的。"停了停，他看郭松龄没有吭声，以为打中了郭松龄要害，谈判有门，深说下去："郭将军没有骑兵，缺少汽车，在满洲大平原上作战，你依靠的完全是这条铁路。试想一下，你的部队如果离开了我们这条铁路，就完全失去了机动能力。最终会是一个什么结果，郭将军不会不清楚吧？况且，非此即彼。郭将军不需要我们帮助，难道张大帅就不需要吗？"

"我们中国人之间的事，我们东北人之间的事，是我们自己的事，我们自己解决。不要你们日本人来插手！"郭松龄说时，果断地将手一挥，他将日本关东军全权代表浦权大佐赶了出去。

巨流河决战的胜负，还没有开始，其实就决定了。

五

巨流河决战是一场实力悬殊的战争，是一场还没有开始就知道了结果的战争。对郭松龄和他众多的将士而言，这是一场为正义、为理想进行的献身之战、悲壮之战。

决战首先从炮战开始。

那些天，巨流河两岸炮声隆隆，从早到晚，经久不息，把天地都打红了。把黑夜打成了白天，把白天打成了一炉血红的融化了的炽热钢水。日本人为奉军提供的直径8英寸的大炮弹，带着可怕的啸声，从巨流河那边排山倒海般一个劲向巨流河这边的郭军阵地倾泻。这样，一边是底气十足的疯狂倾泻，一边是绵软无力的、越来越稀疏的还击。奉军的空军也出动了。那些在空中飞得慢腾腾的、老式的双翅膀黄色飞机，可以从天下往地下投弹……在实际战争中起不了多大作用。但在那个时代，飞机在中国是稀罕物儿。在地方军事集团中，不要说用飞机作战，看到过飞机的，都没有几个人。因此，奉军每天有不多几架飞机参战，大模大样、耀武扬威地在天上飞，本身就是对参战奉军的极大鼓舞，是对郭军士气极大的打击、威慑。

奉军天上地下交相配合，打的是一场优势占尽的立体化战争。在奉军绞杀式的强大炮火打击下，郭军不得不往后退缩、收缩。奉军突破了郭军防线，大批骑兵过来了，机械化部队过来了……过了河的奉军大部队骑兵，对没有骑兵，完全没有机动能力的郭军造成了致命威胁。

那些天，从早到晚，每天都能看到这样的厮杀场景重复出现，相当惨烈悲壮。东北大平原上，随着"冲啊！""杀啊！"打雷似的喊杀声从天边滚来。大队奉军骑兵出现了。蹄声嘚嘚，像擂起了千百面沉重的战鼓。千百匹战马组成的方队，像快速移动的钢铁长城，带着森然杀气，闪电般从遥远的地平线上倏忽而至。千百个粗喉咙里猛然迸发而出的喊杀声是可怕的。千百把雪亮的战刀举起、落下间，必然是经不起冲击而又坚守阵地的郭军官兵的惨叫声声，残肢断臂就像森林中被快刀猛然一阵削劈，纷纷坠地的飘飘树枝。有意志不坚定的郭军官兵，在这种冲击下溃逃、溃败，还有投降。

最后时期，宁死不屈的郭松龄，将他所剩不多的精锐部队集中到两点坚持、坚守。一是他的司令部所在地新民镇；二是白旗堡——这是郭军最后的仓库重地。

郭松龄是完全可以逃生的，只要他愿意。只要他肯后退，只要他肯退到关里去。西北王冯玉祥明确表示，欢迎他去。同样欢迎他去的，还有阎锡山，还有吴佩孚等等。然而，他一概拒绝，他决不后退，只能前进，哪怕战死，他是不成功则成仁。他曾经多次劝导妻子韩淑秀离他而去，韩淑秀坚决拒绝，要与他同生共死。

这天一早，最后惨烈的决战，从白旗堡开始。

茫茫雪原上，白旗堡一带居民早就逃光了。白旗堡人去房空，只有几十户人家的寥落的白旗堡前面，原先有一片杨树林。为了保持视野开阔，便于阻击、打击奉军，白旗堡守军团长王先命令部下将这片树林全部烧毁。王团在白旗堡之前构筑的阵地坚固，且有纵深。里面战壕纵横交错、四通八达。多个暗堡交相分布，轻重机器配置到位，整整一个加强团，足有上千名官兵做好了战斗准备。

天刚放亮。前方青灰色的地平线上，突然刮风一样，刮来了奉军大部队骑兵。王团长从暗堡里举起望远镜看出去，不由暗暗吃惊。冲来的奉军骑兵，足足有一个师。这个师的骑兵，在进到白旗堡几里远外，在王团长火力打击点外停止前进，开始整队。这是一个炮兵集中打击骑兵的最好机会。王团长立刻要通了司令部郭松龄的电话，同郭司令通了电话。听得出来，郭司令根本没有休息，他说话的声音喑哑、干涩。听完王团长的报告，郭司令说，好吧，我立刻尽可能为你提供炮火，让炮兵支援你们。现在，请你报敌人的远近，射击参数。

这些，本该是作战参谋的事，哪要一个总司令来完成，可见郭司令事无巨细，可见司令部人手很紧，已不成建制。

随后，新民镇方向的多门大炮，开始对逼近白旗堡的奉军骑兵进行炮击。

排排呼啸的炮弹，像道道红色的闪电，从白旗堡上空掠过，猛烈地在奉军骑兵部队中爆炸开来，让这些骑兵部队跳起了奇怪的舞蹈。在一阵人仰马翻中，在阵阵腾起的浓烟烈火中，多匹战马完全不听指挥、不受控制，它们扬起四蹄，驮着身上的官兵，朝四面八方疯跑而去。敌人的建制乱了。

"打得好，再来，再打！"就在王团长高兴得握起拳头呼叫时，新民镇方向泼来的炮火支援，很快被随之而起的、从反方向来的、强大的奉军炮火覆盖、泼灭。奉军的炮火太为猛烈强大了，可谓铺天盖地。朝新民镇、朝白旗堡暴风骤雨般泼洒而来的炮火，用的那些大口径、杀伤力强大的大炮、炮弹都是日本关东军的。这时，守军王团长万万没有想到，这些大炮本身就是日本关东军打的，关东军已经局部秘密参战了。排山倒海的重炮，不仅打哑了为白旗堡提供炮火支援的新民镇炮兵，而且覆盖了白旗堡。白旗堡防线被打乱了、打砸了、打残了，部队伤亡惨重。这时，恢复了建制的奉军骑兵大部队，对白旗堡开始集团冲锋。

"杀——！"蹄声阵阵中，连大地都在颤抖。雪原上，席卷而上的骑兵，个个手上都举着雪亮的马刀，喊杀连天，气势惊人。

王团长下达了全团全力阻击的命令。

这时多架参战飞机出现在白旗堡上空，不是奉军那种老式飞机，而是日军飞机。一架架标有红膏药旗的轰炸机、战斗机开始向地面上俯冲、投弹、扫射。到处都在燃烧，到处都在呐喊，到处都在喊杀，到处都在响着枪声、炮声……

这会儿不仅是白旗堡，在郭军防守的纵横百里之内，郭军在全线遭受奉军日军双重的搅杀、蹂躏。

势单力薄的王团官兵防守的白旗堡阵地被敌炸烂、撕开、撕裂了。最后时刻，王团长抓起电话机，希图向在新民镇的郭司令报告。"喂喂！"可是回答王团长的是一片死一样的沉寂。电话线断了。

王团长身边弁兵已经被打死。在冲上来的奉军喊出"缴枪不杀""弟兄们不要再给郭鬼子当炮灰"声中，王团长跳出战壕，拔出手枪，他要亲自战斗了。他与游魂似的冲来的一名敌骑迎面相撞。这名骑兵很年轻，骑在红马上，一手挽着马缰，一手将马刀高高举起，威胁王团长放下枪投降。王团长出枪要打之时，这年轻骑兵将手中马缰一放，双腿一夹，高大的红色战马一下冲过来，将王团长迎头一撞；就在王团长倒地之时，那兵将手中马刀高高举起，呼的一声劈下来，马刀像一道雪白的闪电，在王团长右肩上一点。王团长惨叫一声，身子微微一抖，雪亮的马刀，从王团长的右肩进，左肋出。团长半个身子斜飘起来，然后倒地，血溅如雨……

白旗堡丢失。

这天黄昏时分，郭松龄的司令部所在地新民镇也到了最后时分。郭军还在作最后抵抗。尚未打哑的大炮，更多的是机枪、步枪零零星星地对进攻的奉军拼命阻击。新民镇内已经在进行巷战。残垣断壁间，到处是持枪跃进射击的郭军官兵身影。到处都在呐喊，到处都在战斗，到处都在响枪炮，到处都是尸体。辎重车和炮车纠缠到了一起，加重了纠乱的程度。不知从哪里蹿出来的惊马，践踏在受伤者身上……有些司令部的文职人员吓懵了、吓昏了，没来由地乱窜乱跑。好些士兵和军官在互相寻找。更多的是一些勇敢的伤员，靠在断壁残垣上，一面流血，一面在寻找着攻进来的敌人，并向他们射击。有的郭军卧倒在雪地上，把枪放在马车或车轮上向敌人射击。眼前是不断升起的浓烟烈火。大炮的轰轰声和间杂其间的轻重机枪发出的咯咯的或阴沉或清脆的枭叫声淹没了一切。肉搏战已经在镇上展开，刺刀和刺刀交刺对杀发出可怕的吭嚓吭嚓锐响……

夜来了。郭松龄最后把他的警卫团也用出去了。已经到了最后时刻，郭松龄要妻子韩淑秀通知司令部里所有人，马上要撤离。愿意跟他郭松龄走的人走，不愿意跟的随意。最后时刻，在残破的司令部里，郭松龄给他几个尚在指挥部队、坚持战斗的军长分别打去电话。电话中，他说，为了尽可能保全弟兄们的生命，他即刻宣布下野；为了不再作无谓牺牲，他让几个军长不再抵抗；要他们事后，把所有责任推到他郭松龄身上……

几个军长表示遵命，唯有魏益三不从。魏军长说他要率部队连夜寻求突围，把部队拉到关内去，去寻求冯玉祥的支持，待机东山再起，为郭司令报仇，完成郭司令遗愿。他要郭司令放心。电话中，他们互道珍重。从不流泪的郭松龄流泪了。"保重，益三兄，来生再见！"郭松龄说完这句话，轰的一声，电话线被炸断了。

魏益三果然说到做到。过后，他先是倒向冯玉祥，最后倒向国民革命军，任过国民革命军第三十军军长，参加过抗日战争……1949年12月在昆明起义，站到人民阵营，1964年1月26日在北京病逝，享年80岁。

妻子韩淑秀一脚跨了进来，她已经换了装。她窄衣箭袖，一头短发，一身精干。她腰上扎根宽宽的军用皮带，红扑扑的脸上，有一双寒星似的眼睛，英姿飒爽。她身上没有半点沮丧、胆怯，有的是有幸能跟着丈夫赴汤蹈火，舍身取义的一腔豪情豪壮。

"茂宸！"韩淑秀对丈夫说，"坚持跟我们走的人，除了卫队中的兄弟，还有一些别的兄弟，共200多人。还有饶汉祥、林汉民两位老人，你看怎么办？"

郭松龄似乎犹豫了一下。韩淑秀知道丈夫的担心，两位老人都骑不了马，纵然他们留下，奉军也不会把他们怎么的。而带上两位老人，势必增加突围的难度。

郭松龄不忍心丢下两个坚持跟他们走的老人，让他们留下这话，他说不出口。

韩淑秀建议丈夫，把200来人的突击队，再分为两个小队，他们夫妻各带一队趁夜突围。这样目标小一些，也让敌人分不清虚实。为了增加丈夫突围成功的可能性，她坚持，她带两位老人突围。看丈夫似有不忍，韩淑秀坚毅地把手一挥，对丈夫下了命令："就这样定了。茂宸！我们赶快分头行动吧！"郭松龄、韩淑秀各自带着自己的小队，融入了黑夜。郭松龄带的大都是精干战斗人员，韩淑秀带的大都是老弱病残。很明显，韩淑秀将突围的希望留给了丈夫。郭松龄给妻子约定的会面地点是，百里地外的高台子。

坚持抵抗、坚强抵抗的新民镇，第二天天亮时分才被奉军最后攻克。

郭松龄、韩淑秀的突围，双双失败。韩淑秀这一路，走了不远就被奉军发现、拦截了下来。还算精干的郭松龄一路100余人，过了奉军布下的三层封锁网中的一层、二层，过第三层时，天亮了，他们被发现了、包围了。经过一场短兵相接的激战，郭松龄的卫士全部牺牲，郭松龄被俘。

不是冤家不聚头。拿获他们夫妇的是杨宇霆。杨宇霆担心夜长梦多，竟假传大帅张作霖指示，将郭松龄、韩淑秀夫妇就地枪决。

天边刚刚露出一抹血红的朝霞。刑场上，大块头杨宇霆喝令五花大绑的郭松龄、韩淑秀夫妇跪倒。他们岂能下跪！他们对杨宇霆怒目而视，大骂不止，骂杨宇霆是个奸臣、小人，骂杨宇霆不得好死。

杨宇霆对郭松龄冷笑道："你郭松龄英雄了一辈子，同我杨宇霆斗争了一辈子。怎么样，最后还是落到了我杨宇霆手里。不过，你只要说几句软话，我可以放过你妻子。"

"呸！"怒不可遏的韩淑秀冲上去，吐了杨宇霆一泡咬破了嘴唇带血的口水。她大骂杨宇霆是天下少有的无耻小人。她扬起一副剑眉，星眼圆睁，骄傲地说："我能跟茂宸去死，是我的光荣、我的幸福。我死而无憾。我敢肯定你这个小人不得好死！"

"那我就成全你们夫妻吧！"杨宇霆转过身去，从军大衣口袋里掏出手绢，将韩淑秀吐在他那张方脸上带血的唾沫擦去，然后手一挥，生气地对行刑队长说："还不动手，等待何时！"

行刑队的枪声响了。郭松龄、韩淑秀夫妇双双扑倒在东北的大地上。他们坚持不跪，是站住死的。他们的朝向和扑倒的方向，都是北方，那是向着他们的老家、东北方向。刽子手用的枪，是日本人提供的三八大盖枪。"嘎——砰！"枪声响起，前抑后扬，枪声响得残忍而嚣张。这一天是1925年12月24日，是天亮前最黑暗的时分，距郭松龄11月23日在河北滦县起兵一个月多一天。

张作霖对郭松龄恨之入骨。因此，他对杨宇霆先斩后奏并未追究。张作霖下令，将郭松龄、韩淑秀夫妇暴尸三日。三天后，才有人来收殓他们的尸骨下葬。对于被郭松龄杀害的奉军大将姜登选，张作霖拨专款，派杨宇霆经办，在奉天南门外风雨台选址，为姜登选修建了一座很堂皇的姜公祠。姜公祠建成后，张作霖又率一帮大员前去祭祠。两相对比，张作霖的爱恨情仇，何等鲜明。

郭松龄、韩淑秀夫妇一语成谶。仅仅四年后，不可一世的杨宇霆就被少帅张学良枪毙。

第七章 | **最后的晚宴** |

一

好不容易平息了郭松龄发动的大规模兵变，回到北京，住进中南海居仁堂的大帅张作霖，在 3 月的这个早晨，在他的书房里，背着手，目光透过窗往外看去，怀着别样的心情，久久打量着他的江山。在他心目中，能住进这个地方，以君临天下的眼光，去看中南海中的一切，就是住了江山。

中南海的粼粼碧波；碧波上逶迤而去造型典雅的红柱绿瓦的回廊曲榭；远处浓荫掩映中慈禧太后曾经囚禁过光绪皇帝的瀛台；岸边的垂柳……全都在初升的金色朝阳中熠熠发光，散发着一种初春的醉人气息。这些，都是他在奉天的大帅府不能比拟的。奉天也有座与北京故宫类似的故宫，不过小气得多，完全不能同北京的故宫相提并论。奉天的故宫，是清以前叫金入关前，作为一个欣欣向荣、初露帝王气的东北地方政权，确切地说，应该叫作东北王国时，雄心勃勃者，如努尔哈赤者的皇宫。那个故宫，不过是他们对大一统中国皇权的向往而已。

这一切来得多么不容易。而且，在他看来，能进帝都——北京、能住进中南海的人都是伟人。而江山，无论过去还是现在，都是伟人凭武力、凭战争打出来的，争来的。

江山在我张作霖手中。然而，我还能住多久的江山？他问自己。他算计着。"郭鬼子"兵变，让他原先布下的好好一盘棋顿时被搅得稀烂、稀乱。滦县一线，本是北京的坚强屏障，因"郭鬼子"来了个釜底抽薪，让固若金汤地成了不设防地，北伐军可以从那里长驱直入。目前的北伐军，信心满满，不疾不徐，在扫除沿路军阀、扫除吴佩孚残余势力的同时，大步朝北京挺进。在他的观想中，强大的北伐军，像一个身躯高大健壮、拳术高超的拳击手，脚步咚咚地朝他迎面走来，欲将身材瘦弱的他，一拳打倒在地。而在他的右边，还有一个大汉在摩拳擦掌，不时窥觑他，随时趁他不备、不防，出拳打他，这就是"西北王"冯玉祥。除此，还有"郭鬼子"的余党、余孽魏益三，日前倒向冯玉祥，被冯玉祥封为国民军第四军军长。魏益三甘当冯玉祥的马前卒、为冯玉祥打头阵，在山海关下叫阵、挑战辅帅张作相，也就是挑战他张作霖。

魏益三虽然势力不大，不足以摇动大局，但也不可小视。魏益三从军多年，身为军长，在奉军中的各种关系盘根错节，有相当的影响，弄不好，后果也是严重的，说不定会产生连锁反应，恶性循环。因此，他忍气吞声，采取怀柔政策，先来软的一手，给魏益三去电，谓：造反罪在郭松龄一人；跟郭造反者，都是受蒙蔽者；过往不咎；欢迎魏益三回归，魏回，不仅不予追究，还要升官。可是，魏益三吃了秤砣铁了心，坚决对抗到底。恼羞成怒的他，这就来硬的，让辅帅张作相率部进攻。魏不支，退到了冯玉祥的地盘上。魏益三成不了气候，可以暂时不管。冯玉祥对他也没有直接的威胁，要全力应对的还是以打倒军阀、打倒列强为斗争对象，缔造一个新中国为目的的国共联合组建的北伐军。而今之计有三：一、继续做阎老西的工作，尽量减少北伐军对我的压力。二、立足自身。他已授权少帅，亡羊补牢，重新构建北京防务。三、他直接同日本人谈判，希望再次借日本人一把力。

计已定。为了转移情绪，他走到书桌前，开始练字。因为好些时候他不喜欢被打扰，所以弁兵将他的纸笔是准备好的。在大庭广众之外，总是喜欢穿便服的他，这天还是素常的穿着：蓝袍黑马褂，脚蹬白底黑帮直贡呢北京布鞋，舒舒爽爽。他从山字形的笔架上，取下一支中号狼毫毛笔，在端砚中饱蘸又黑又亮的墨汁，他用的是香饵墨，笔在砚盘中一蘸，散发出一种浓郁的幽香，有提神醒脑作用。他将弁兵裁成条状的宣纸摊开，注意看了一下宣纸下的垫纸是否垫好，确定无疑后，凝神思索。

有了。他点点头，随即在纸上笔走龙蛇，他写下了"马上得天下，马下失天下"八个大字。写毕，就在他打量自己刚写就的这幅字时，门上珠帘一动，他最宠爱的六夫人马晶晶进来了。她一进来，就为他带进一股清新青春的、健康的气息，让他心下一喜。这种时候，只有她才可以不经通报进来。大帅一生娶6位夫人：分别是原配赵氏、二夫人卢氏、三夫人戴氏、四夫人许氏、五夫人寿氏、六夫人马氏。六夫人马晶晶与他年龄悬殊很大。当年，她在奉天女子教会中学读书时是有名的校花。学校有个女子合唱团，每到周末合练一次。教会女中要求严格，事无巨细，可以说是呆板，特别注重细节。合唱团哪怕是每周一次的合练，都有统一的着装标准：身穿月白色圆领侧扣衫，下着喇叭形黑裙，脚穿白底黑帮布鞋，浅色袜子拉至大腿。剪一头短短的黑发，脑后扎两条小辫，光洁的额头上，留两绺刘海，个个都是小清新。她们有时也正式演唱，但不对外，观众就是学校中200来人的女生。学校中有个可容纳二三百人的小礼堂，礼堂的顶端，有个离地三尺椭圆形的讲台。讲台在学生表演时，就成了舞台。合唱团平时合练，也在这个台上。指导老师玛丽，是个英国人，50来岁，终生未婚。她喜欢人家叫她玛丽小姐（在西方，无论女人年纪有多大，只要没有结婚，都可以称为小姐）。玛丽小姐是教会大学毕业的，过后去维也纳音乐学院进修过一段时间，钢琴弹得很好。每次合练，玛丽小姐都要求她们像正式演出的样子，站好队，面向台下的观众——纵然大都时候是没有观众的。她们演唱的大都是《圣经》类歌曲。真可谓"桃李不言，下自成蹊"。马晶晶所在的这个教会女子中学演唱团的名气，不知怎么传了出去。被一个无孔不入、神通广大的某报记者"钻"进来观看了一次、听了一次。下来写了篇绘声绘色，饶有兴味的文章，在《奉天晚报》发表，引起轰动。于是，很多单位、很多人要求进来听。奉天市教育局与学校协商，达成如下规定：只有市及市以上长官可以来听。但每次来的人，不能超过10个。听完就完。任何人不得找任何借口，单独找某个女生谈话，更不能在学校里随意观光、走动。

那是一个暮春时节的周末。从早晨起，就下起淅淅沥沥的小雨。这在奉天，是很难得的。奉天女子教会中学的主建筑，是一幢西洋味很浓的哥特式楼房，只有三层，高顶阔窗，窗上安镶的是拼成几何图案的红绿玻璃。一天淅淅沥沥的小雨，让不大而备极精致的校园，就像打翻了绿水瓶，一派浓绿葱翠。学校进门通向大楼的那条由细碎小石铺成的小道两侧，修剪排列整齐的十来株雪松，亭亭玉立。蓬蓬松松的油绿的雪松顶上，点点晶莹的水珠滚来滚去，就像镶嵌其间的华丽钻戒。楼房两边一砌到顶青砖墙上，爬满爬壁虎之类的长青藤。不时有几声鸟鸣，却又看不见这些鸟儿隐身在哪里。这天，女子教会中学显得格外幽静，还有几分神秘。下午，幽静的校园中形成蒙蒙雨雾，让这所女子教会中学，似乎在朝什么地方，神秘地潜行。

例行的女子合唱团的合练开始了。合唱团站好队。身穿一身黑礼服的指导老师玛丽在琴凳上坐好，翻开琴盖，示意报幕兼领唱的马晶晶开始。马晶晶款款走到台前，根本就没有看台下，只是例行地报幕："奉天市女子教会中学歌唱团，演唱现在开始。第一首歌：《上帝与我们同在》。"然后退了回去入列。

同往常一样，礼堂没有开灯，光线很有些暗淡。也是同往常一样，台下坐了几个客人。至于是几个什么样的客人，马晶晶根本就不看、不管、不在意。她家虽然说不上富裕，但生活绝无问题。她家开有一绸缎铺，生意还行。她父母就她一个独女，而且父母生她时，已经算不上年轻，加上她模样俊俏，从小聪明伶俐，父母将她视若珍宝。她父亲是有见识的，对她并不溺爱。为人、处事、女红、家务，从小父母对她也是有要求的。在她父亲看来，哪个时代的女孩子，长大后要嫁个好丈夫，就得成为哪个时代的淑女，因此她小学毕业，父亲就出高价，把她送进了这所教会女中。

音乐响起。玛丽小姐那10根修长白皙的手指，在钢琴黑白相间的琴键上灵活地上下跳跃。一串串神奇的音符，像一群报春的小鸟，亮开它们美妙的歌喉，开始婉转地歌唱。在美妙的钢琴伴奏中，马晶晶出列一步，用她音域宽广、富有磁性的声音领唱——

主啊，我的上帝。（她和姑娘们在她们丰满的胸部前划了一个十字）。
姑娘们同声合唱——
你带给我们光明
你给我们指明方向
我们跟着你
走向荣光……

少女的本能让马晶晶意识到，台下有人在注意她。有人注意就让他注意吧，她也不在意。可是，让她万万没有想到，注意她的人居然是"东北王"张作霖张大帅。大帅的大名在东北，无人不知，无人不晓。以往她看到的大帅，都是在报刊上、在画报上。特别是，在画报上出现的大帅，穿笔挺的将军服，佩上将军衔，头戴一顶筒子似的将军高帽，护八字胡，相当威风。而当晚坐在台下第三排中间位置，注意他的是一个绅士模样、瘦不拉几的中年男人。她没有想到，也想不到，这个她根本没有打上眼的男子，是张作霖张大帅。她以为，唱诗会完了就完了。不意，第二天，大帅让辅帅张作相上她家提亲来了。那还有什么说的！就这样，她成了大帅的第六位夫人，也是大帅最后一位夫人。那是8年前，她刚17岁。人们常说"老夫少妻"，这话中似乎带有贬意。其实不然。就马晶晶的实践体会来看，"老夫少妻"，是男女间最好的搭配、是最好的婚姻组合。她嫁给大帅后，大帅疼她、让她、宠她。在大帅身上，她既感受到了父爱，又能享受丈夫才能给予她的一切。她感到满足、感到幸福。8年来，经过最初的生涩、磨合，现在他们这对"老夫少妻"各方面都达到了最佳境界，让她体会到了中国古代汉语"琴瑟和谐"这个成语的真正含义。

年轻貌美的六夫人一进来，就依偎在大帅身上，用一双明如秋水的大眼睛，细细欣赏大帅刚刚写就的墨宝。她在欣赏大帅的墨宝，大帅在欣赏她。

她身高160厘米，体重60公斤，身穿一件裁剪合身得体的鹅黄绲边旗袍，越发显得丰满合度，体态匀称。她眉若黛描，目如秋水，丰茂漆黑的头发，梳在脑后绾成一个发髻，除耳朵上戴一副翡翠耳环外，她的身上没有多余装饰。

"你看你写的字呀！"马晶晶娇柔地对注意她的大帅说，"我有什么好看的？"

"好看，好看。"大帅眉活眼笑，刚才脸上的愁云雾锁，一扫而光。大帅说："我看我的'马儿'，'马儿'你今天真是漂亮极了。""马儿"是大帅对六夫人的昵称。

看六夫人端详着他刚写的这幅字，他问六夫人："你看我今天这幅字写得如何？"六夫人将他这这幅字左端详右端详，上打量下打量，点点头，深有体会地说："除一以贯之的沉雄有力外，有一种少见的郁愤之情。"

"知我者，马儿也。"大帅感叹一声，"那你看我这幅字的意思呢？"

"马上得天下，马下失天下。"六夫人偏着头，一字一句地念着，"大帅这幅字满含哲理。'马上得天下'意思是说，江山都是用枪杆子打出来的。'马下失天下'，意思是，同样，如果失去了枪杆子，得到的天下也会失去。"

"解得好、解得好，我的马儿聪明。是不同、不同！"大帅连连赞叹之时，情不自禁，伸手将年轻貌美的六夫人一抱，搂在了怀里，深怕丢失了似的。

善解人意的她，一下瘫软在大帅怀里。大帅的心猛烈跳动起来，血往上涌……这是多么温馨的时分，多么享受的时刻。可是，就在这时，摆在桌上的电话响了，响得惊抓抓的。大帅不由得叹了口气，将抱在怀中，温香软玉的六夫人一放，无可奈何地说："你先去吧，我的麻烦事来了。"已经调整好了情绪的六夫人，就像喝了酒似的，满面通红，她用微醺的美目看了看大帅，用手理了理整乱的头发，转身去了。

大帅皱了一下眉，很不情愿地上前拿起了电话："喂，嘛事？"大帅拖长声音问。

电话是机要室打来的，说是日本国驻华大使芳泽声称有要事、急事，请求大帅尽快安排接见他……

要债的找上门来了，大帅心中感叹。也好，我正要找他们。大帅当即要机要室通知芳泽大使，要他明天上午10时到新华宫见。这一刻，大帅变得刀切斧砍，很有斩杀。

二

张作霖可能没有想到，明天他要接见的日本国驻华大使芳泽，昨天才从东京回来。这次芳泽回国，可不是例行的向外务省长官述职，而是破例地受到首相田中义一传见并由首相口授机宜。日本人对他张作霖的忍耐已到极点。明天，日本人要给他摊牌，给他最后一个机会、最后一个选择。非此即彼。这回，他在日本人那里，再也休想"滑"过去了，再也没有退路了。他如果再不给日本人点好处；再不将在平息"郭鬼子"兵变时，他给日本人的承诺兑现，恼羞成怒的日本人，很可能对他就是图穷匕首现了。

芳泽奉召赶回东京当晚，鹰派代表人物，日本内阁首相田中义一，在他东京郊外家中，为解决张作霖问题，作最后的斟酌、权衡。明亮的灯光下，在首相一尘不染的、简洁明快的书房中，身穿和服，年过花甲的首相，盘腿坐在榻榻米上，聚精会神地，用审视的目光，再一次细看外务省送呈上来的，由亚洲局局长木村综合亚洲局统一了的意见、看法、执笔撰写的《有关支那时局的对策考察报告》。《报告》摊放在他面前的髹漆小长条桌上。首相年过花甲，无论是他的年龄、外貌都显示出，这是个标准的老人了。但他坐姿笔挺，显示出他是职业军人出身。首相满头白发，体形消瘦，戴老光眼镜。他是一个老资格的军人，陆军大将，由军转政，日本第26任首相。作为军人政治家，行间称他有超群的策划能力和良好的视野，长期在日本军政两界呼风唤雨，在国内实行高压政策，摧残议会政治；在国外推行满蒙分离政策，阻挠中国统一。

报告详尽地分析了张作霖当前的处境，认为北阀军必胜，张作霖必败；并提出了对张策略。"……为保持该地区的安定，总是以张作霖作为唯一支持的目标，是极为短见的，而且是颇不策略的。"首相用手中那支粗大的红蓝铅笔，在木村这段话下画了一道粗粗的红线。是的，无论就目前张作霖的情况来看，还是从长远展望，张作霖不仅在中国国内各政治家、政治团体、军人中间都没有了任何威信；而且致命的是，在蒋介石指挥的代表新生力量的几十万北阀军凌厉的攻势面前，张作霖的实力正在迅速消失。让首相更为失望甚至愤慨的是，张作霖本是日本一手喂大的，然而，这个人一贯背信弃义，比如，他与郭松龄决战前夜答应关东军的那个"条约"，根本就没有兑现。特别是，当他入主北京，组织起安国军政府，当上安国军大元帅之后，做出一副尾大不掉之势。张作霖想绕过日本，在背后同西方列强，如美、英等国勾搭；月前公然邀请美、英派人去东三省考察修铁路、开矿山、搞建设事。这岂不是要借西方列强之手将我日本挤出满洲吗？这完全是一种恩将仇报的行为！一腔怒火在田中义一胸中幽幽升起。

是的，我们既然能够将你张作霖扶植起来，就能将你打倒在地。

木村的报告接着说："及早把张作霖的一身沉浮和帝国在满蒙特殊地位

维护，加以截然区别考虑，并付诸实行的时机已经到来。即鉴于现在张之苦境，我们只要不予援助，他的自我消亡已是时间问题……必须抛弃和他生死与共的想法。为此，对他不但要绝对不予援助，必要时对他施以相当压力，也在所不惜……"木村在报告中，还对张作霖的几种下场作了相当有说服力的预测，提出以杨宇霆代替张作霖，作为日本在东三省代理人的设想。

"好。"看完木村的报告，田中义一在鬃漆矮几上猛击一掌。他觉得，忘恩负义的张作霖就站在眼前，接受他的审判。事实上，帝国一开始就防着张作霖，安置在张作霖身边的军事顾问都是间谍，负有监视他的责任。在张作霖身边当高级顾问的土肥原贤二在一份秘密报告中称：张作霖主政北京，建立起一个具有全国意味的安国军政府后，暴露出他其实是真心厌恶日本的；企图抛开日本，寄希望于美、英，聘请美国人当顾问，"向美国提议建筑热河至洮南、齐齐哈尔至黑河的铁路和葫芦岛港；并告美方，一旦从苏联夺取过来中东铁路，即吸收美国银行投资，欢迎美国资本进入满洲……"

面对越来越不听话的东北王张作霖，年前，作为日本帝国首相的他，专门派人给张作霖带去人型一具，暗示："汝为小孩，须从吾命。若不从我者，我可玩汝于股掌之上。"然而，张作霖还是我行我素，对他的警告置之不理。接着，他派山犁大将代表他去到北京，找张作霖谈判，希望张作霖兑现当初的许诺。然而，张作霖仍然软拖硬抗，让山犁大将空手而回……

这时，门外走廊上响起一阵熟悉的细碎、急促的木屐走动声。

"首相。"当木屐声一路响到门前时，门外响起官邸侍女轻柔的声音。首相轻轻地然而威严地咳嗽一声，示意侍女可以推门进来。推拉门轻轻开了，身着和服，云髻高缩，脸上涂了白粉，打扮得像个绢人似的侍女给首相鞠了一个90度的大躬，轻声报告："首相，芳泽大使奉命来到。"

首相缓声道："那就让芳泽大使进来吧。"

芳泽大使向首相再次行了一个90度鞠躬礼，坐榻榻米上，面向首相。侍女给客人送上茶点，轻步而退，无声地拉上推拉门。

首相端起茶杯举举，对大使做了一个请茶的姿势。

"真是对不起！"首相言在此而意在彼地对客人说，"因为目前帝国经济上遇到严重困难。大使远道而回，也只有这样简慢了。"首相话中的含义，芳泽一下就听出来了。

"满洲的事我没有办好。"芳泽低下头，做了一个请罪的姿势，"劳首相担忧了！"说着，双手伏在榻榻米上，一副诚惶诚恐的样子。

首相这就看了看芳泽大使，脸上神情变得凛然了，有棱有角的方下巴，刀削似的。

"我要你专程回国，"首相字斟句酌，"就是要告诉你，内阁已经决定了对张作霖新的方针。对张作霖不能再等待、观望，处理他不能再有丝毫的迟疑。满洲是帝国的生命线。满洲的问题处理得好不好，直接关系着帝国的命运。"首相说到这里，却并不将内阁的决定告诉洗耳静听的芳泽，而是像老师考学生一样问帝国驻中国大使："不知大使在对张作霖的问题上，有何见解、看法？"

成竹在胸的芳泽抬起头来看着首相，以请示的口吻，用习惯的外交辞令回答："首相！"他说："是否可以趁张作霖目前危急之机，明确告诉他，帝国可以用武力阻止北伐军挺进，但交换条件是，一、他必须履行与帝国所有签订的条约。二、让他补签两个条约——这就是帝国急望他签订的《满蒙新五路密约》和《解决满蒙悬案》？！"

"能这样，当然好！"听了这话，首相略作沉吟，宽边眼镜后一副像是爬满了黑蚂蚁的扫帚眉抖抖，"不过，现在的张作霖可不是过去那个张作霖了。内阁估计，他向帝国屈服的可能性微乎其微。"

"如果这样，那我们只好用武力解决他！"芳泽的话一下变得有了血腥味。他请求首相："为了帝国的利益，职下愿作最后努力！"

"也好。"首相脸上露出一丝不易察觉的欣慰的笑，点点头道，"那么，我们就来研究如何最后解决张作霖的办法吧！"……

按照指定的时间、地点，安国军大元帅张作霖在礼宾官、翻译官陪同下，从新华宫屏风后大步走出来，踏着大红地毯，脚步轻捷地来在宫中站定，神态不无骄矜。三番五次坚决要求大帅单独接见的日本国驻华大使芳泽，已在休息室等候多时。

芳泽来了。素常西装革履的日本国大使，今天一反以往，身上的衣服料子用的是日本军官服的狗屎黄呢——这是别有用心。芳泽是想用这种具有威慑意味的面料，一开始就给大帅以某种暗示。

再三强调代表帝国内阁来晋见大帅的日本国大使芳泽，快步走上前来，在大帅面前站定。在距大帅约有两尺远的距离内，他双手捧着一封《觉书》，一边说着一些外交上常用的向元首问好、致敬的套话；一边强调，他手上这封《觉书》，是日本帝国首相托他交大帅的。这就将挺得很直的腰深深地弯下去，向张作霖行了一个90度鞠躬礼。

张作霖并不接过《觉书》，而是让站在身后的礼宾官去接过来。

一般而言，国家元首接受某些个国家新任驻华大使递交国书，并非一个国家驻华大使就可以随便见到国家元首，需经礼宾司组织起多个新任驻华大使递交国书时，国家元首才会出来接受国书、接见大使。这是一种礼节性的程序。元首出来接受了国书，同新大使握握手，说上两句也就完了，各走各的路。然而，今天相当特殊。大帅先是接受了芳泽代表日本内阁递交的《觉书》，然后是单独同芳泽谈判。

日本国大使芳泽同安国军大元帅张作霖隔几对坐。一场谈判架势摆起了。他们身后，都坐了一位翻译兼记录，翻译摊开了泊纸簿。其实，芳泽是个中国通，同任何中国人谈话，都无须翻译，芳泽之所以摆出这个架势，这表明郑重。

谈判开始是程序性的。芳泽首先代表田中义一首相向大帅致意，然后，复述了他刚交到大帅手上，大帅还没有来得及看的《觉书》内容。强调，《觉书》的内容代表了帝国的声音，因为这是内阁决定，天皇批准的。芳泽声明，《觉书》同时递交了南京国民政府。大使代表内阁，要求大帅履行以往与帝国签订的所有条约；并希望签订两个新条约……如果这样，大帅得到的回报是，他这里引用了《觉书》原文："华北倘乃动荡不安，日本政府将不得不采取适当有效步骤以维持满洲的和平与秩序……"大使强调，帝国的声音，对南京也是明确的，强有力的。

"不成！"不意大帅当即表态，毫不犹豫，他的"不成"两个字说得斩钉截铁。

看芳泽一愣，大帅放缓了些语气解释："以往，我同你们日本人签订的那些条约，东北三省闹得天红，都骂我张作霖是汉奸、卖国贼。如果这样骂下去，叫我张作霖怎样做人！？"说着，从宽袍大袖中抖出一只铮铮瘦手，在头发日渐稀疏的头上叩了叩；接着，他搬起指头一一举例，大叹苦经。他举了沈阳、吉林、黑龙江的广大民众如何举行反日示威大会，成立后援会，要求抗日救国，废除不平等条约好多事例。大帅最后一句话归总："我张作霖深感压力之大，日甚一日。现在，东北都要爆了，反日情绪高涨。在这种情况下，我就是想答应你们日本人、想同你们签约，根本不行！"

张作霖上面举的例，芳泽当然是清楚的，也是实情。

第一次世界大战结束，在 1919 年西方列强分赃的巴黎和会上，参加了同盟国作为胜利者的中国一方，不仅没有分享到任何一点胜利果实，没有得到任何好处，"和会"反而要将原先战败国——德国占领的我国的青岛割让给日本。如此丧权辱国的条约，和会上，代表北洋军阀段祺瑞政府与会的曹汝霖、陆宗舆、章宗祥竟然在上面签了字。消息传回国内，全国哗然，引发了轰轰烈烈的"五四运动"——这年 5 月 4 日，以北京大学为首的多所高校，会同广大愤怒的民众示威游行。他们沿途高呼口号："誓死争回青岛！""严惩卖国贼曹汝霖、陆宗舆、章宗祥"……大学生们火烧赵家楼，痛打了章宗祥。张作霖将曹汝霖、陆宗舆、章宗祥这三个过街老鼠接到奉天保护起来。受"五四运动"影响，东北三省随即掀起了一浪高过一浪的反日大游行；甚至有的地方焚烧日本货，痛打驱逐日本人。比如，延边地区暴发了"珲春事件"——

当地朝鲜族同汉族爱国者联合反抗日本侵略，要求关东军滚出东北，废除日本人在东北种种特权；他们焚烧了珲春日本领事馆……张作霖毫不留情地用枪杆子镇压了东三省的反日民主运动，保护并维护了日本在东三省的既得利益。

芳泽大使是个博学的人、是个东北通，也是个滑头。当大帅列举历史上他对日本人如何好这些事实时，他立刻看出来了，张作霖在对他耍花枪、推诿，又想蒙混过关。他的阴森的目光透过镜片，在张作霖清癯的脸上久久萦绕。坐在他面前这个不听招呼了的、过去的"张老疙瘩"，现在不可一世的张作霖张大帅，在人生之路上的多节跳跃，清晰地浮现眼前。

当年，日俄战争前夕，日本陆军满洲军司令官翻译黑泽兼次郎，在新民府一带进行间谍活动时，曾在张作霖家住过一段时间。张作霖当时不过是清军中一个微不足道的小军官而已。张作霖很会投机。最初，他认为战争胜利的一方是俄国，因此，对黑泽做脸做色。黑泽领导的特别任务班中人，个个痛恨张作霖，主张干掉帮俄国人办事的张作霖。可是，黑泽将除掉张作霖的意思报告上去后，立刻被他们的上司——总司令部参谋福岛安正制止。福岛认为，张作霖是个有相当活动能力的人，是一个可以争取利用的人。为了笼络张作霖，福岛要黑泽以满洲军司令部的名义，赠送张作霖1000元银币，另外对他还有许多许诺，希望张作霖弃俄投日，帮助日本人。

随着战争胜利的天平开始向日本倾斜，张作霖对日本的态度变得热乎起来。当日本特务井士之近少佐潜入锦州活动时，向上级这样报告："我在新民府设法设置情报据点时，当地一个日本翻译中町香桔给我带来了一个身材矮小，其貌不扬的清军营官。营官说他对日本军队抱非常之好感，可以帮助日本人，这个人就是张作霖……"以后，井士之近就隐藏在张作霖家里，并在张作霖的帮助下设立了电台，建起情报站，出色地完成了任务。

从日俄战争开始，张作霖就像一条极滑的游蛇，在历史的夹缝中，不断巧妙地向上游动。其间，张作霖借日本人之力很多。张作霖不惜卖身投靠，甚至在"愿为日本军效命"的誓约上签了字……也就是因为日本人明里暗里对他的支持，张作霖在东北的地位日渐飙升。1912年6月，张作霖在拜会日本驻奉天总领事落合谦太郎时，主动对总领事表示："我深知日本在满洲有许多特权，而且同满洲有特殊关系。日本如果对我有何吩咐，我一定尽力而为。"1915年10月，中国爆发了反对袁世凯同日本私下签订"二十一条"的全民斗争运动，张作霖压下了东北的反日浪潮。作为鼓励，日本满洲军总司令让他去到朝鲜，参观日本人办的"始政纪念博览会"。其间，张作霖在汉城拜会了日本驻朝鲜总督寺内正毅，表明自己的亲日态度。文载，张"说明中日亲善大义，论述满洲和日本关系，表明自己的亲日意见，和寺内肝胆相照"。这次拜会，张作霖给寺内留下了极好极深刻的印象，从而引起了日本内阁对他的重视。尤其是，当寺内担任日本内阁首相后，因与张作霖有过一段私交，从而让日本与张作霖关系更为密切，对张作霖的支持也更为有力。当时，日本政府外务大臣后藤新平这样评价张作霖："张作霖在满洲有一种特别的地位……且张认为日本在满洲有绝大的权力，知背日之不利，而顺日本之有益。"张作霖在东三省掌权后，采取每项重大的行动，都要先通知日本，并要获得日本明确答复后才实行。

因为如此，以后日本历届内阁，在讨论日本在东三省是否应该全力支持张作霖，还是寻找新的代理人时，张作霖总是否极泰来，得到支持。1923年3月，日本关东厅长官玉秀雄向张表示："希张专心致力东三省内治安之维持，以谋逐渐巩固其根基，是为最贤明之政策，我国朝野，将不惜予以同情支援。"1924年5月，日本政府制定了《对支那政策纲要》，特别强调"目前对东三省实权者张作霖，依据既定的方针，继续给予善意的援助以巩固其地位"。张作霖心领神会，对日本给予厚报。他不惜出卖国家主权，让日本取得了在满洲30年的租借权，以换取日本在财政和军火方面的援助。日本政府派出许多军事顾问，帮助张作霖整训军队，给张作霖提供了源源不断的支持。1922年10月19日上海《申报》披露：日本向张作霖提供了不下100万元的军械子弹（内有步枪 2 万支）。1932 年 2 月，日本将从意大利进口的军械，其中包括步枪 13000 支、炸弹 800 颗、大炮 12 门转卖给了张作霖。8 月，又把价值 368 万元的军械运入奉天，给了张作霖。在第一次直奉战争中，日本军方向张作霖派出了强有力的军事顾问团，日本谍报机构，不断向奉军提供有关直军吴佩孚方面的军事情报。当山海关奉直两军激战正鏖，奉军子弹突然告急之时，日军及时向山海关奉军提供了步、机枪子弹 4000 万发、炮弹 10 万余发。得到这些弹药补充后，奉军总指挥张学良要郭松龄率领四个精锐旅出击，一举突破了直军阵地。

在直接导致直系关键人物曹锟、吴佩孚下台，张作霖入主北京的第二次直奉大战中，是日本策动直系大将冯玉祥发动北京政变。北京政变的成功，对直奉的倒台至关重要。第二次直奉大战前夕，寺西秀武代表日本军部劝导张作霖向冯玉祥发起"糖弹"攻击，因为冯玉祥驻军的西北一带非常贫瘠。如果冯玉祥不在吴佩孚背后反戈一击，奉军毫无胜算可言。寺西秀武希望张作霖打 100 万元给冯玉祥。见张作霖一时有些肉痛，寺西秀武和张的军事顾问松井七夫和坂东开导他说："用 100 万元能战胜直军，比这更便宜的是没有的。即使是徒劳，白扔 100 万就是啦。"结果张作霖答应下来，收到了奇效……

既然你张作霖是我们日本人养大的，你就得听我们日本人的。现在这个节骨眼儿上，不能退！非逼着张作霖签字不可！因此，当张作霖用他那口浓郁的东北话，陈述完他为什么不能答应日本大使提出的要求时，芳泽唰的一声拉开了他带在身边的大黑皮包，从中拿出一份协约，摊在桌上说："大帅的困难处境，帝国给予充分的理解同情。但是，帝国现在也处于经济困难时期，请大帅给予理解。这《满蒙新五路密约》和《解决满蒙悬案》牵涉到帝国在远东的重大利益，请大帅务必签署同意！"

张作霖拿起看看，说："前方战事正急，外交问题应该推迟。"芳泽当然清楚，张作霖又开始打太极拳了，想一推了事。他寸步不让，步步紧逼，话也说得直截了当起来："正因为前方战事紧急，帝国才要求大帅签署这两个条约。不然，大帅一旦被打下了台，帝国在满洲的利益岂不是毁于一旦？再说，当前能挽狂澜于既倒，挽救大帅的也只有我们日本！"

芳泽这番话，说的倒是实情，但他语气咄咄逼人，也伤人。长期养尊处优，说一不二的安国军大元帅张作霖听了这话，心中火起，对芳泽恨得咬牙切齿，但忍住没有发作。他想了想，对芳泽说："这样吧，你带来的《满蒙新五路密约》和《解决满蒙悬案》，我签《满蒙新五路密约》，至于《解决满蒙悬案》嘛缓议。"张作霖把话说得刀切斧砍，不留任何讨价还价的余地。

芳泽没有办法了，只好让张作霖在他带来的那份附有草图的《满蒙新五路密约》上签字，并拿出签字笔，不无殷勤、迫切地旋开签字笔的笔帽，将笔递到大帅手中。张作霖执笔在手，又仔细地看了看《满蒙新五路密约》和附上的草图，这才弯下腰去，拿起笔，先在画着五条铁路线的草图上小心翼翼地勾出四条。

芳泽急了，说："五条、五条！"

大帅耍赖："另外一条，我完全不熟悉，叫我怎么签？"

芳泽涎脸道："贵国有句古话说得好……这其实不过就是 50 步与 100 步的区别。我们要求在满蒙修筑的五条铁路，大帅四条都签了，何必留下一条，让我不好向内阁交代！"

"那么！"张作霖像个老练的商人，把手一摊，"贵国出兵阻止北伐军北上的条约签不签呢？"张作霖适时讨价还价了。

芳泽这才从大黑皮包中取出一份内阁已经通过，一旦张作霖满足帝国政府要求，帝国出兵助张，阻止北伐军继续北上的备忘录给张作霖看。张作霖在这份备忘录上签了字。然后将那条没有勾的铁路线勾出来，郑重其事地在《满蒙新五路密约》上签了字。

一场交易看来就这样达成了。芳泽知道张作霖诡，怕他有变，要求加盖有关方面公章。

张作霖显得不胜其烦，手一挥："那你明天到交通部去，让他们给你加盖公章。"说着站起身来，拂袖而去。

芳泽第二天一早就到交通部去盖公章，却碰了个软钉子，交通部的人说，没有接到大帅府任何通知，他们对此事全然不知；芳泽没有盖到安国军政府交通部那枚大红公章，手中的《密约》无异于一纸空文。不用说，张作霖根本没有诚意，完全是搪塞他，完全是拿大日本帝国驻华大使开涮，拿堂堂的日本帝国开涮！他又上当了。芳泽怒不可遏，当着交通部官员的面，将张作霖签了字的那份《满蒙新五路密约》撕得粉碎！

张作霖死到临头了

三

1928年6月2日，薄暮时分。

安国军政府大元帅张作霖孤身一人，站在中南海边一棵依依垂柳下，怀着一种惨淡的别离心情，凭栏眺望海子中那座孤岛和孤岛上那座孤独的帝宫——瀛台，在蓊郁的树木掩映中，这个时分显得特别的凄恻和阴森。看着困在海子中的瀛台，张作霖倍觉自己现在是多么孤苦无助，一颗心直往下沉。同已经逼近北京城下的北伐军打，他肯定打不赢，那就退一步吧？考虑到北伐军总司令蒋介石也是反共的，日前他向蒋介石伸出了试探性的橄榄枝——发出《息争议和》电，提出："凡属讨赤者，虽敌为友"的呼吁，这正中蒋介石下怀，但张作霖这个老牌的北洋军阀太旧了、太臭了；因为革命力量钳制，老蒋不敢也不愿冒天下之大不韪，同他和解。

按照他定下的时间，今天上午，他在中南海怀仁堂新华宫召集各国驻华使节时宣布，他要回关外一段时间。其实，他是要回去镇"窝子"，后院不能起火！他已经做好了奉军撤回关外的准备。会上宣布，他不在京期间，有关安国军政府的种种大事，由国务总理潘复全权处理……想起会上日本国驻华大使芳泽的讪笑和不怀好意的提问，愤怒混合着沮丧不由涌上心来，像是根根芒刺扎心。

芳泽恍若就在眼前。

怀仁堂新华宫里，当他对各国驻华使节将有关事宜刚刚宣布完毕，芳泽发难。

"请问大帅！"芳泽霍地站起身来，脸上流露出明显的幸灾乐祸意味："据我所知，几十万北伐大军已过黄河，阎锡山指挥的第二集团军正向北京逼近，安国军全线溃退。不知大帅有何扭转局面的对策？"

他没有搭理芳泽的挑衅性提问，只是不置可否地，很有派头地看了一眼旁边的军政部何丰林，手一挥，示意这个简单的问题由何丰林回答。堂堂安国军大元帅，不屑于降低身份，回答一个普通大使，尽管是日本大使的提问。今天，他在中南海怀仁堂接见各国驻华使节，本身就是一个破例。

听从他的命令，一手策划、逮捕、杀害了著名共产党人李大钊和著名报人邵飘萍的军政部长何丰林，身材高大，戎装笔挺，面目狰厉，佩陆军上将衔。表面上看来，还像那么回事情，其实是个庸才，这些场面他根本应付不过来。但大帅点到了，又不得不说，何林丰只得硬着头皮说下去，说得疙疙瘩瘩的，一句一个顿号，全然不得要领。更丢人的是，军政部长不知是紧张还是怎么的，说不下去就喝水，让他把安国军政府的脸丢尽了。

在场的各国外交使节们，有的交头接耳，窃窃私语；更有的，脸上流露出明显的不满甚至鄙屑神情。新华宫里，一时嗡嗡嘤嘤，不太安静。大帅的脸面挂不住了，气得面红耳赤，坐也不是，走也不是，想当场发作，又有顾虑。幸好外交部长王荫泰圆滑，有学问。待军政部长全然不得要领的长篇废话刚告一段落，王荫泰立刻截住，正色声明：大帅今天接见各国驻华使节，是日理万机的大帅纡尊降贵，本着对各国政府的友好，本着对各国使节特别的关怀。大帅此举，一是看望大家，二是同各国政府驻华使节作短暂的告别云云。外交部长说完这些，宣布散会……

暮色朦胧地走近，眼前粉妆玉琢的中南海有些模糊了。

能有什么办法阻止北伐军前进的步伐呢？看来是不行了！身着民国大礼服——蓝袍黑马褂，身材瘦小，长相精致，有一双炯炯发光棕色眼睛的张作霖苦笑着摇摇头，将宽袍大袖中的双手抄在身后，在海子边踱起步来。他迈出的步子很轻，可以说是无声无息。那副机警、狐疑的样子，很像是东北大森林中寻找猎物的苍狼——苍狼在寻找或是逼近猎物时，步子总是迈得轻了又轻，恍然间，他又像一个穷愁潦倒，泽畔苦吟的诗人。

这天下午，很少接受记者采访的他，在纯一斋破例接受了美联社记者约克专访。

约克注意到，在大帅这间会客室里，已经收拾得简洁如同水洗，令人惊异的是，即如现在，在大帅那张临窗的硕大锃亮的办公桌上，这时，还摆着一本翻开来的毛边纸的《三国演义》。显然，这书，大帅须臾不离；是大帅的思想武器和精神武器。

采访的时间长达一个半小时。这是大帅生平接受记者的唯一一次专访，也是最后一次。

张作霖回答了约克的诸多提问。回答中，他毫不隐讳自己的寒微出身，他甚至这样说："英雄不问出身。当年陈胜、吴广在大泽乡揭竿而起，反对秦始皇暴政时，陈胜就有这样一句留传千古的名句：'燕雀安知鸿鹄之志'？'王侯将相，宁有种乎'？"

谈话中，张作霖不承认他的失败，他认为他的退却是暂时的。他认为，如果国共联合组建的北伐军一旦得天下，那就将陷中国于万劫不复之地，会带来赤祸漫延。他承认，他是靠日本人起家的，但他也给了日本人许多好处，招来许多骂名。与日本人的关系，这并非出自他的真心，而是逼不得已。而当他一旦羽翼丰满之时，他是要把日本人彻底驱逐出东三省，驱逐出全中国的。

"从地图上看，我们中国像是一只雄鸡，我们东北就是雄鸡头上通红的冠子。俄国人、日本人就像两只争相爬上鸡冠吸血的吸血虫。我作为东北王，作为安国军政府大元帅，就是一心要将这两只吸血虫从鸡冠上打下来、拍死。就像当年蜀国刘皇叔刘备，为恢复汉室竭尽努力。然而，刘备最终落死四川白帝城，壮志未酬，长使英雄泪满襟。"说到这里，张作霖的脸上明显呈现出一种凄然惨然。

"等等。"美联社记者记到这里，要他解释"恢复汉室"这话所指。

"就是恢复儒家礼仪。而要恢复儒家礼议，匡正礼崩乐坏，首要的就是要坚决讨赤，反对、防止赤祸漫延。"说到这里，大帅再三强调，"要恢复、捍卫中国传统的三纲五义，君君臣臣……"他希望上苍保佑他不要落到刘备那样的下场。

谈到东北，张作霖认为他对东北的贡献颇多：民国伊始，全国大乱，各地军阀割据，狼烟四起，人民生灵涂炭，经济凋零。而因为他的关系，唯东北三省安定，人民基本上安居乐业。10多年间，东三省经济得到很大发展。为了加强说这些话的分量，他列举了好些数字，作为他这些话的论据、根据。

看得出来，"胡子"出身的大帅，思维并不很严密，但可以从他的谈话中清晰地理出一条脉络，这就是大帅采取、信奉实用主义和功利主义。为了达到目的，他可以认贼作父，可以不择手段。他的最高目的，就是当大元帅，统治全中国。而一旦最终、确切地达到了目的，他将不遗余力地将他不喜欢的帝国主义势力，确切地说，就是将日本和苏俄势力干净、彻底地从东三省、从全国驱逐出去。在本质上，他无论对苏俄，还是日本，都是深恶痛绝的。他的治国纲领就是维护中国传统的三纲五常，坚决反对革命。大帅本质上、骨子里是个强烈的民族主义者。

约克先生走笔沙沙，他把时间掌握得很好，当他将张作霖的全部谈话记录完毕之时，刚好一个半小时。于是，美联社记者这就抬腕看表，站起身来，向大帅告辞，并感谢大帅接受了他的独家采访。

当陪侍在侧的大元帅府侍从武官长过来，准备将美联社记者送出时，为人素来傲慢，时年55岁，精干瘦小的安国军政府大元帅张作霖，竟亲自送美联社记者出门。送到高高的大红门槛边，张作霖这才止步，对出了门槛，已经融入外面黑夜的约克挥挥手，不无幽默地说了一句时髦语言："希望在不久的将来，我能在奉天我的大元帅府再次接受你的采访！"

北京初夏的天亮得早。

北地的天像北地的人一样，干脆。黑夜的逝去与白天的来到，似乎之间没有任何过渡、交接、缠绵。当黑绒似的夜幕一卷，风姿绰约的中南海就显现在清新亮丽的晨曦中。时间还早，大帅却已经准备动身去火车站了。当身着民国大礼服，神态凝重的张作霖大帅带着六夫人马晶晶，在卫士们的簇拥下，步出住了一年多的丰泽园时，候在门外的少帅——小六子张学良、国务总理潘复和三公子张学曾、何丰林等都上前问大帅安、给大帅送行。

车队起动了。大帅的轿车居中，侍卫车负责开道、押后。车队一行首尾衔接，浩浩荡荡沿着中南海花木扶疏的道路向前开去。中南海幽深清静，车轮辗过时发出阵阵好听的蚕吃桑叶似的沙沙声。

张作霖大帅昨夜没有睡好，不知是考虑问题，还是难舍故都，昨夜他在牙床上辗转反侧，几近通宵未眠。这会儿，他被穿在身上的崭新的软质黑色缎面的苏绣长袍马褂一衬，越发显出神情的萎顿、憔悴。大帅瘫了似的，将身子斜斜地倚靠在车座上，当轿车离开丰泽园那一刻起，他就撩开浅网窗帘，神情专注地打量从眼前掠过的中南海景致，流露出一种很深的惆怅和缠绵悱恻的情绪。这在"胡子"出身的大帅身上，是从来没有过的。

哲人有言：大丈夫做事凭理智，女人做事凭感觉。这个时候，在旁一直关注着大帅的六夫人马晶晶心中掠过一丝不祥的阴影。不过，她没有细想下去；她现在一心想的是，如何克尽妻子的责任，照顾安慰大帅；以及回到奉天大帅府后，面对为"大"的卢夫人等，她该如何同她们相处，如何过日子……

"马儿！"大帅一声亲昵的呼唤，将沉思默想中的她唤醒。抬起头来，这才发现车队已经在过天安门。

"你看这白玉华表，你看这金水桥，你看这紫禁城……"大帅将身子前倾，忘情地指着从车窗外一掠而过的故都景致。一轮朝阳正在升起，故都的清晨瑰丽、明净而又大气。也许是大帅事先吩咐过，车队经过这一段时，减缓了车速，而大帅一直目不转睛注视着外面的景致。六夫人这才明白，大帅之所以这么早走，是想抓紧时间好好再看看北京。善解人意的她，依偎在大帅身边，没有说话，只是伸出一只温润的纤纤玉手，轻轻握住大帅的手。

大帅没有转身，只是用他一只瘦骨嶙峋却有力的大手，将六夫人的手握得紧紧的。

北京车站到了。车站戒备森严。月台下停放着大帅的专列，专列共22节车厢。大帅乘住的那节车厢挂在中间，非常醒目——专列是前清慈禧太后出外乘坐的花车，是一节蓝钢车，备极考究。专列前面有压道车，饭车在后面。由电讯总监周大文亲自率领的20名电讯人员，已经早到了。在站台上列队恭迎大帅的，还有一连旗帜衣服鲜亮的官兵，他们是大帅府侍卫长许兰洲少将过挑过选出来，最后又经少帅——审察过的。这一连官兵，是要随车一直护送大帅回奉天的；他们训练有素，仪表端庄，身材高大匀称，武器装备先进，军容严整。因为大帅离京回奉是绝对保密的，因此，当大帅从轿车上缓步而下，走向月台时，簇拥在大帅身边的只有少帅张学良、三公子张学曾、国务总理潘复和军政部长何林丰等寥寥几人。得到消息特意赶来送行的，除了上京有事，还需留京一些时日的总参议长杨宇霆外，只有孙传芳——这个原先的一路诸侯，占据南方数省，也曾不可一世的军阀，现在被北伐军打得丢盔弃甲，从福建逃到北京，寄身于张作霖、张学良父子门下，挂了一个安国军政府副总司令的虚名。

当大帅携六夫人、三公子学曾和一干大员何林丰、刘哲、莫德惠、靳云鹏、于国翰、阎泽溥、日籍顾问町野、小六子少帅张学良、国务总理潘复等上车后，大帅让少帅回去，忙自己的事情。少帅这就向父亲告辞。小六子有些诧异，性格向来坚毅的父亲，挥手向自己作别时，一双棕色的、与常人不同的眼睛里竟有泪花闪烁。

9时整，专列准时驶离了北京。

陪同大帅坐在花车里的除六夫人、三公子学曾外，还有国务总理潘复、段祺瑞执政时期当过国务总理，后来倒向张作霖，现为安国军大元帅府高级幕僚靳云鹏、杨毓珣和日籍顾问町野。大帅同他们谈了一阵时局。在谈话中，大帅大骂冯玉祥；骂冯玉祥是倒戈将军，直系主帅吴佩孚就是吃了冯玉祥的亏，他张作霖又何尝没有吃冯玉祥的亏？他说，早先冯亲苏亲共，而在1927年的"四一二"事变以后，冯玉祥又来了一个180度大转弯，在他的部队中清除共产党人，不过话说得很好听，做得也好看，说是"礼送共产党人出境"。其中被他"礼送出境"的就有后来在共产党内崭露头角的著名共产党人邓小平。冯玉祥就此宣布同共产党人断绝一切关系，同蒋介石通力合作，当了更大的官……

不过，他说，目前看来，倒戈将军冯玉祥也是可以争取利用的。说到这里，大帅思绪一转，他说，现在北伐军第二路总指挥，山西土皇帝阎锡山或者是可以利用的——"死马当成活马医"。车到天津后，他让谈判专家杨毓珣同日籍顾问町野下车，转道去山西去同与冯玉祥一样，见风使舵，见利忘义和阎锡山谈判。大帅说，只要他张作霖舍得出价，大局也不是没有转寰的余地……况且，小六子正在积极备战。

大帅谈的这些，日籍顾问町野频频点头，杨毓珣更是极力赞同。其实，他们是不想、不愿跟张作霖回奉天，巴不得快点下车。

专列近午时到天津，作短暂停留。陪同大帅坐在花车里，听大帅半天高论的国务总理潘复以及靳云鹏、杨毓珣、町野等人按事先计划，起身向大帅告辞。他们很恭敬地向大帅鞠躬、致礼，并说了些祝大帅一路顺风，政躬安泰，早日返回故都北京类套话后下了车。

车离天津后，三公子陪父亲和六夫人吃了饭，回隔壁自己的车厢休息去了。这样，大帅的蓝钢车厢——当年慈禧太后独享的花车里，没有了多余的人，剩下的是大帅夫妇，流露出来的自然是一番别样的家庭氛围。

"雨亭！"六夫人马晶晶关切地看着大帅说，"你昨晚根本就没有睡，这一上车又给他们讲军国大事，太累了，你看你眼睛都是红的。好好睡一觉吧。车到山海关时我叫你。"

"你呢？"大帅打了个哈欠，神情像孩子似的。

"我给你把门呀！"六夫人说时，站起身来，扭动细腰向里间走去——这节蓝钢花车，不仅坚固无比，而且华丽舒适；分里外间，外间布置成一个中西合璧的客厅；里面是一间卧室，除一架靠壁的席梦思大床外，小巧精致的西式壁柜、梳妆台等一应俱全。卧室里面，还有一间盥洗室，24小时都有热水供应。大帅喜欢吃的水果点心，比如富有关外特点的萨琪玛、锦州苹果等等应有尽有。而且里外间都有暗铃，有什么事，唤什么人，只需按一下暗铃。

六夫人虽年轻，却很贤惠，在卧室里先是给大帅理好了铺，再给大帅宽衣解带。当大帅睡在柔软宽大的席梦思床上，六夫人给大帅盖上一床比棉花还松软的鸭绒薄被，她要走时，手却被大帅拉得紧紧的。六夫人只好返过身来，用那双点漆似的黑眼睛看着大帅。

"我要你陪我睡。"大帅说。

六夫人一笑，露出一口珠贝般的牙齿。她被大帅拉来斜偎在床上，这就更突出了她美妙的身姿——细腰丰乳肥臀——年轻漂亮成熟女性的特点，这会儿在她身上展露无遗。

"雨亭，你好好睡。"她像哄孩子一样，哄着张作霖，"我在你身边，你睡不好的……"

"你不在我身边，我才睡不好！"张作霖说时用双手抱紧六夫人的细腰，用劲往里一提一拉。"胡子"出身的张作霖毕竟有劲，他用劲一带，就将六夫人旱地拔葱般拉离了地，她趁势将脚上的半高跟软底皮靴一褪。嗒、嗒两声，她脚上那双牛乳色的半高跟皮鞋掉在地上，人已经进了被窝。

山海关车站到了，在车站迎候大帅的吴俊升将军上了专列。

已是黄昏。东北大管家吴俊升在大帅面前正襟危坐，不待大帅发问，他向大帅汇报起山海关防务来——他知道大帅这会儿最关心山海关防务。什么步炮结合，纵深防御，火力配备，海陆空协同作战……吴俊升一一道来，如数家珍。随着吴俊升的描述，展现在张作霖思想上的"天下第一关"山海关，真个是让北伐军有来无回的兵山一座，一座兵山。

愉快的谈话不觉时间流逝。似乎刚一会儿，黑绒似的夜幕就涌进了花车。车厢内电灯亮了。车轮叩击出的铿铿锵锵声中，专列进入了夜间行驶。晚饭时，大帅坚持盛邀吴俊升相陪。

饭后，吴将军起身告辞，要大帅早些休息。

大帅临睡时已是深夜。这时，专列在一个大站稍作停留。上来的是奉天宪兵司令齐恩铭。齐恩铭来到花车，向大帅报告沿途警备情况。大帅素来不喜欢齐恩铭。齐恩铭毕恭毕敬地站在大帅面前报告时，大帅却将头掉到了一边去。窗外，在沿线若明若暗的灯光映照下，每隔十来步就有步哨警戒。步哨面向外立，持枪作预备放姿势，保持着相当的警惕。

奉天宪兵司令齐恩铭本来说话就不很利索，再看大帅一副厌烦他的样子，不由心中紧张。这一紧张，词不达意处就更多。大帅不无厌烦地将手一挥，中止了齐恩铭的报告。本来奉天宪兵司令还要将心中多日来对日本人的疑窦和盘托出：两天前，日本人封锁了离奉天很近的要道——老道口，日本人在里面鬼鬼祟祟鼓捣了两天，他总觉得有什么阴谋，会不会对大帅回奉构成危险！但是，大帅不让他再说下去。

大帅头也不回，只是淡淡地问了齐恩铭一句："专列到奉天是什么时候？"

"报告大帅，专列如果保持这个速度，到奉天大概是明天早晨7时。"

张作霖挥了挥手说："就这样吧，你走吧！"奉天宪兵司令这就只好给大帅敬了个军礼，退出去了。就这样，大帅性格上的武断、轻率和对人的偏见，让最后一线生机与他失之交臂。

专列上各个车厢里的灯光开始相继熄灭；只有一前一尾共计三个车厢里始终亮着灯——那是高度保持警惕的卫士们和24小时轮流值勤的电讯处的电

讯员们。

东北大平原6月的晨曦瑰丽而又舒适宜人。最初，在黑绒似的天幕上，透出一块淡青。很快，这淡青扩散开来，幻化成一片粉红；粉红之后又迅速派生出无数道胭脂色。无数道的胭脂渐渐变红变亮，就像一颗饱满的石榴就要爆裂开来。于是，黑绒似的夜幕上仿佛起了一阵响声，黑夜受到惊吓，海水退潮似的快速隐退下去，而光明，则像涨潮似的，迅速填补了之间的缝隙。

天地间，辽阔的东北大平原渐渐显现出她青葱无垠的倩影。在专列两边展现开无边无际的青纱帐，成排成林的钻天白杨；还有那些被浓荫掩映的点点农舍、河渠芦苇……全都在巨大的苍穹下渐渐显露出来，呈现出一种博大、清新而又带有一种黎明时分乡间慵懒、甜蜜的气息。地平线的远处，流露出了奉天城的轮廓。

张作霖大帅乘坐的专列，迎着6月4日的第一线曙光，在天穹尽头风驰电掣地钻了出来，沿着两条从远方伸来，向奉天城伸去的闪亮钢轨，箭一般射来。在逼近老道口时，只听天崩地裂一声巨响，总共有22节车厢的专列，像是一条突然在肚子下受到猛然打击的巨龙，痛苦地在铁路上缓缓耸起身来；在一声更比一声响亮，一阵更比一阵猛烈的爆炸中，在它的中段——那是张作霖夫妇乘坐的蓝钢车厢，当年慈禧太后的花车，突然爆裂开来。随即，这条巨龙被炸得四分五裂。现场惨不忍睹。

刚出老道口的专列被彻底炸坍炸翻了。火光、硝烟，还有人被烧焦了的臭味在黎明的空气中弥漫；一地都是鲜血和碎玻璃。受了伤而又被什么夹着、压着了的伤员发出阵阵惨叫。在断裂的专列周围，到处都有人捂着流血的伤口在奔跑、呼唤……脚步杂沓声中，大帅那些还没有死的卫士们，以及少帅为防不测，加派到车上来的一连京师卫戍部队官兵，他们训练有素，马上在炸坍的专列两边站成一排，做好战斗准备。有一小队官兵直奔蓝钢车厢寻找大帅夫妇和三公子张学曾，兼管其他大员；其他官兵拼命开枪向两边野地射击。他们手中的新式捷克机枪、连射步枪喷吐出狂风骤雨般密集的火舌，他们是盲目射击、防止性扫射。

　　猛烈的、无目的的爆豆般的扫射持续了五分钟，直到军政部长何林丰气急败坏地赶来喝令停止。何林丰留下一部分部队警戒，让更多的官兵迅速投入到抢救中去。天已大亮。现场的一派惨状看得更清楚，触目惊心：扭麻花似的瘫在地上的专列，数大帅乘坐的那节蓝钢车厢炸得最惨，整个车厢全部坍下，已不成形。紧跟在花车后边的几节车厢，都在冒烟起火……南满铁桥东侧，桥栏被炸得朝天耸立起来，水泥墩被炸掉1/3。奇怪的是，就在离它不远处的那座孤零零的，像支笔插在原野上的高高哨楼却完好无损，像是有人精心计算过似的——就是这座日本人的哨楼，在这场惨祸中起了关键作用。日本人为了炸死张作霖，在老道口内埋设了足足500公斤的炸药；起动爆炸装置就安装在这高高的哨楼上。当张作霖大帅乘坐的专列进入老道口后，预先守候在哨楼上的一个名叫黑田的日本关东军大佐亲自按动了触发电钮。

　　吴俊升将军的尸体被最先寻到。他死得很惨，头顶上被一根炸飞的大铁钉插了进去，穿了个对穿角。一道汩汩流淌的鲜血，像一道弯弯的蚯蚓，爬过他宽宽的额头，再爬过他那道浓浓的剑眉，最终在脸颊上停留下来，结成一个暗黑色的痂；像是打了一个大大的问号。在战场上摸爬滚打了大半生没有死，却死在大帅这列很舒适，看来也很安全的回奉天的专车上的吴俊升将军，死得很痛苦、很不甘心；他大睁着一双眼睛，漠然地望着近在咫尺的奉天城下青灰色的黎明。

　　被炸死的六夫人马晶晶是两个卫兵用担架抬出来的。他们用一条临时从专列车窗上扯下来的大红金丝绒窗帘遮盖住她的全身。另一个留在大帅身边回奉天，叫仪我的日籍顾问满身是血，捂着头向车站方向跑去。奉天省省长兼东北大学校校长莫德惠受了伤，满身是血，他是被两个兵用担架从车上抬下来的。安国军政府教育总长兼京师大学校长刘哲也受了伤，不过他是自己走下来的……大帅不待见的奉天宪兵司令齐恩铭却是命大福大，居然秋毫无损，而且他不知从哪里去找来了一辆破旧的小轿车，要人将受了重伤的张作霖大帅小心翼翼地抬进轿车；一溜烟向着奉天城开去，破旧的小轿车两边是一队提着枪跟着跑的护卫官兵。

奉天大元帅府救援人马，闻讯赶来了。所幸三公子张学曾没有受伤，只是受了惊，被拥着上了救护车。列车上的人都相继走了，而大帅府电讯总监周大文有心，总觉得现场可疑，他带着勤务兵，用一架德国蔡斯相机对现场进行拍摄时，勤务兵郭万元忽然惊叫一声："处长，不好，你看！"

周大文抬头一看，铁路上，不知从哪里钻出一队日军，正持枪向这边跃进。情知不好，周大文赶紧带着勤务兵郭万元钻进车，让早已将车发动的司机驾车飞快逃离了危险区。

这个早晨，当老道口发生天大的惨案时，大帅府中的人全然不知。素来早睡早起，吃斋念佛的卢夫人，收拾齐整，在佛堂里打坐念经。她双目微闭，挺直身肢，眼观鼻，鼻观心。她是一个没有文化的老式妇人，不懂军国大事。这会儿她手中笃、笃地敲着木鱼，口中虽念着南无阿弥陀佛，心中却计算着丈夫回来的时辰。不久，差官忽来惊报"大帅在老道口被炸，受了重伤；载着受了重伤大帅的车已到帅府门口"时，听到噩耗的卢夫人一惊而起，继而和一家大小慌作一团，乱作一团。卢夫人跑出门去时，那辆载着大帅的破旧小轿车已经直接开进内院，停在了小灰楼下。大家说，小心，小心。府中的卫士们帮着王宪武将大帅从车上抬下来，直接进了楼下佛堂边的小屋子，让大帅躺在雕花大床上。

大帅满脸满身都是血，大家一时不知大帅伤在哪里，也不知伤得如何，侍候在侧的大夫人——也就是卢夫人只是哭。所幸大帅神智尚清醒。这时，闻讯而至、医术高明的杜医官给大帅施行紧急救治，他用剪刀嘶的一声将大帅血古叮当的衣服剪开，发现大帅的伤极重，已断一臂，失血很多，身上还有多处致命伤……

张作霖自知生命已到最后关头，不过还能说话。他对候在身边痛哭流涕的大夫人卢夫人，还有众多妻妾吃力地嘱咐："我，我受伤太重。恐怕不……

行啦。"说着，闭上眼睛喘息一阵，又睁开眼睛，着意叮嘱卢夫人："告、告诉小六子（张学良），让他，快，快回奉天，掌握局势。让他好好干吧，以国事为重。"说着声音越渐低微："我，我这副臭皮囊，算不了什么！"张作霖说完不久瞑目长逝，时间定格在1928年6月4日上午9时，东北大帅张作霖时年55岁。

四

丁零零——！

奉天交涉处处长高清和刚上班，急促的电话铃声就响了起来。高处长拿起电话，电话是日本驻奉天领事馆领事龟田打来的。

"高先生！"这个日本人一口东北话说得溜溜的，"老道口事件是怎么回事？"这个日本领事已经将老道口定性为一个事件，而且语气中有故作的惊讶，夸张；明显地是猪八戒过河——倒打一耙。高处长虽然暂时不完全明白大帅惨死的一切，但他知道，"老道口事件"肯定是日本关东军精心策划的。龟田这时心急火燎打来这个电话，很可能是从一个侧面进行试探，他沉着应对。

"现在的情况还不十分清楚。"高处长说，"但一定会很快水落石出，缉拿真凶。"

"我之所以急着给你打这个电话来，"心虚的龟田，不经意露出了狐狸尾巴，他通知高处长，"我刚从关东军司令部参谋长斋藤将军处得知，这事是南方（国民党）政府派来的便衣特务所为。"

"恐怕要调查了才能下结论，现在首要的是到现场调查。"

"我就是约请你们交际处派员同我们会同去现场调查，完了好统一口径。"龟田强调，"事发后关东军严密保卫了现场。"略为沉吟，他像煞有介事地说："你最好派两个有经验的工程技术人员去到现场！"

强盗、霸道！高处长愤愤地想，我们家里发生的事，你关东军凭什么封锁我们的现场？又凭什么对我们指手画脚！当然，高清和没有在电话里同龟田硬顶。同龟田说定了双方到场的时间后，高处长就此事在电话上请示了军署参谋长臧士毅获准，带相关科长关庚泽和在奉天兵工厂工作的两个白俄工程师去到现场。

这是事发后第二天上午 10 时。

到了现场看得出，日本关东军对现场明显地动了手脚、作了好些修整；但爆炸太过猛烈、事件太过惨烈，好些地方是遮掩不了的。在现场，科长关庚泽作了爆炸现场记录：桥帮被炸变形。桥上两边的铁栅栏被炸飞很远。桥下的桥墩被整个削去一大半。坚固无比的蓝钢火车，被炸得像一条开膛破肚的长龙。张作霖家人以及亲信大员所乘的两节车厢完全被炸裂、炸飞，只剩下两节车厢下面的底盘……

面对现场的惨烈，高处长对西装革履，团脸厚背，一副圆圆的眼镜后转动着蛤蟆眼，一脸络腮胡子，东瞅西看，贼眉贼眼的龟田说："龟田先生，怎么样，你对此作何判断、评价？白俄工程师经现场勘察，可以判定，昨天早晨的爆炸起码用了 500 公斤炸药，这个量得一个大卡车才装得下。你说，那几个南方特务能做下这么大案子吗？"

龟田不能自圆其说，用手托了托眼镜，现说现编："高处长不要小看这几个南方特务，他们可是受过专门专业训练的。"

"我就不懂了！"高处长不给龟田一点儿喘息、躲闪之机，跟踪追击，"你说这事是南方特务干的？领事先生不要忘了，老道口可是贵方关东军严密守卫的。零零星星的几个南方特务怎么进得去？而且道旁还有一个高高的瞭望楼。楼上每天 24 小时都有关东军在严密监视。白天，嫌疑人不可能进去。晚上，瞭望楼上的探照灯，从晚上一直亮到第二天早上，连老鼠爬过都要显形，何况那几个南方特务。他们是怎么进去的？是飞进去的，还是驾了地遁去的？即便是飞或是驾地遁，也逃脱不了守军的眼睛，对吧？"

"这个、这个！"龟田有些抖不圆泛了，有些招架不住了，不过这家伙确实鬼、打得滑。只见他那双蛤蟆眼在圆圆厚厚的眼镜片后转了一转，又找到了理由，他搪塞道："你们中国不是有句话叫'百密一疏'吗？当班的兵们疏忽大意也是有的，让训练有素的南方特务钻了空子也是有可能的。"说时明显地不耐烦，他横蛮地把手一挥，说："我们的联合调查到此为止。回去后，我搞一个调查报告出来，明天一早派人给你送去，你签名盖章。此报告作为我们共同对外宣传的统一口径。"

高处长毫不退让，柔中有刚，他软顶一句："那我得看了阁下所写的调查报告再说。"然后，他们各上各的车，离开现场。

奉天（现沈阳）是东北的一座名城。它与同样是名城的哈尔滨和长春，有明显区别。靠我国最北边，与苏联相隔不远的哈尔滨，被称为东方巴黎。这座城市中，西方哥特式建筑、俄式建筑、日式建筑比比皆是，相互媲美。这座北国名城，总体上显得幽静、庄重、大气、洋气。处于哈尔滨和奉天之间的长春，则以绿色幽静闻名，有"春城"之称。而奉天，是关外最大最繁华的城市。是东三省的经济、文化、军事等方方面面的中心。历史上，好些朝代在这里建过都，比较有名的是金、清两代。它是关内关外重要的交通通衢地和南北货物交流、交融、运输的重要集散地。

"老道口"事发的第二天晚上。最能展示奉天风情风景，也是奉天最热闹的中央大街上，在 10 点钟左右，坐落在大街中段那座有名的奉天电影院的一场电影散场了。从里面踢踏踏走出一群身穿和服，脚登木屐的日本男女。他们大都兴高采烈，用日语沙沙拉拉地边走边谈，因为他们刚刚看了一部大肆宣扬日军武力的电影《啊，日本》。这部影片展示的是日俄战争中，日军在中国东北的土地上大胜俄军的故事。

这些日本人的兴奋、自豪，是从电影上得来的，多少隔了一层。而现实中，他们皇军的威风、皇军的战斗，马上就会让他们过眼瘾。

奉天广场离奉天电影院很近。这是在市中心。平时就热闹，晚上更热闹。

广场上，耍杂要的、各种卖艺的；还有在广场四周，点上一星如豆的煤油灯、电石灯，随便摆个地摊卖书的、卖字画的、卖小吃的、卖小玩意儿的……林林总总，人来熙攘，热热闹闹，构成了 20 世纪 20 年代中期，奉天一道畸形斑斓的特定场景、风景。这群看完电影，走到奉天广场的日本人，就要相互扬手，道一声"撒哟那啦"（再见），各自回家的时候，一溜四辆日本军车组成的车队，首尾衔接，押着犯人，缓缓而来，杀气腾腾。这就马上吸引了这些日本人和广场上所有人的目光。有不少人跑上去围观。一前一后开道押后的军车，每辆车上有十来个全副武装的日本兵，一副马上就要投入战斗的样子。每辆车的车棚上，架两挺歪把子机枪。枪手将一半身子伏在车棚上，手搭扳机，歪着头贴着枪柄，觑起眼睛不知在朝哪里瞄准，似乎一有风吹草动，他们马上就会开枪扫射。他们身后，站在车厢两边的士兵，一边四个，端着比他们人还高的三八大盖枪，朝车下观看的人群虎视眈眈。

押送犯人的军车是第二辆、第三辆。这两辆车上总共十来个犯人，全被五花大绑，个个蓬头垢面，低肩耸背。他们被身后全副武装的日本大兵要么是扯着头发，将头扯起来望天；要么就是扯着头发，按得大幅度弯腰低头。这些犯人都不能说话，看他们的难受劲就知道，他们的嘴里被塞进去了烂毛巾、烂袜子之类堵塞物（这样的缺德事，鬼子是干得出来的），而且塞得很深。犯人胸前一律吊着一块沉重的大木牌子。牌子上，用大黑字写着他们的名字某某，还用红笔打了勾，表明他们是要被处决的。在他们的名字下，都标有"老道口爆炸犯，南方特务"字样。四周灯光黯淡。黯淡的灯光在日军头上的钢盔、他们的歪把子机枪、上着刺刀的三八大盖枪上游移、闪烁、跳荡。日军的残暴、凶煞，"南方特务"的惨状……会同起来，特别的阴森恐怖。就像阎王爷忘了上锁，从地狱中跑出来的一批恶鬼，要当众表现将人五马分尸、下油锅等种种惨不忍睹的酷刑似的，让人看得毛骨悚然。

车队在缓缓前进。就在围观的人们惊悚、紧张得透不过气来时，人群中，突然有人讶然有声。他用手指着第二辆车上，一个被按着头的犯人说："呀！

这不是在老道口做工的、住在我们那个大杂院中的二愣子嘛！他咋成了南方便衣特务？"

就在众人闻言大惊，围上来向他打听详细时，人群中突然钻出两个歪戴帽子斜穿衣的便衣特务，掏出手铐，"咔！"的一声，将这个讲真话的人铐起来，又手脚麻利地往他嘴里塞了条帕子，也不管在场的群众如何抗议指责，他们生拉活扯地将这个人拉到他们停在暗处的三轮摩托车前，扔死鱼似的往拖斗里一扔。随即，摩托车突突地、一阵风似的向日本奉天宪兵司令部方向扬长而去。都知道，那是一座阎王殿，这人进了奉天宪兵司令部，就不要想活着出来了。这就有人用仇恨的目光盯着也在这里看的日本男女，他们心虚，赶紧呱嗒、呱嗒地踩着脚下木屐，逃似的回家了。

夜深人静。从奉天西郊乱坟岗方向传来一阵叭勾、叭勾，前抑后扬，日本三八大盖枪发出的特殊枪声。静夜中听来，特别惊心。奉天西郊乱坟岗是日本关东军的杀人场。这个晚上，日本关东军将刚才游街示众的10个"南方便衣特务"都杀了。其实，他们哪是什么"南方便衣特务"？他们都是些穷苦劳工，他们都是替罪羊。

又是早晨。奉天交涉处处长高清和刚上班，日本驻奉天领事馆领事龟田居然赶了过来。见到高处长，这个日本人从皮包里拿出一张打印好的中日文对照的《关于老道口爆炸现场调查报告》拍在桌上，要高处长签字。

高处长拿来看了。《报告》牵强附会地认定老道口爆炸是"南方便衣特务所为"。

"龟田先生，这个字我不能签！"高处长将报告还给这个日本人，义正词严地说，"从爆炸现场来看，没有任何证据证明是南方便衣特务所为。"

"那你认为是何人干的呢？"龟田咄咄逼人，言在此而意在彼地说，"昨晚上那十来个南方便衣特务在游街示众后，都枪毙了，这，你知道吧？"这就是明显的无耻威胁了。

"老道口事件是何人干的，不好说。要调查清楚才知道。我相信，只要认真调查就会有水落石出的时候。"高处长说时，一声冷笑。

"高处长，你就签了吧！"龟田换了副面容，缓了缓语气，对高清和说，"这事，昨晚那些被枪毙的南方特务都供认了，你这又是何必！希望高处长能和我们合作，这对高处长有好处。这事久拖不决，对你我都没有好处。"高清和知道，如果他一签，日本人就会登报大肆渲染，逃脱干系；而他不签，日本人对他可是什么事都干得出来的。

但是，高清和是个有良知、有民族气节的人，坚决不签。他掷地有声地对这个日本人说："大帅生死不明，事情并未弄清，这个字我不能签！"

"不签？这对你没有一点儿好处。你可要想清楚了！"龟田快快地收起他炮制的假报告。他看着高处长，就像响尾蛇发作，瞪大眼镜后的蛤蟆眼，怀着最后一丝希望，逼视着高处长，如此威胁道。

"不签！无论如何现在我不签、不能签！"咦，龟田心中暗暗惊讶。他没有想到这个平时蔫不叽叽的半老头子竟有这样的胆量，有这样的民族气节！这会儿，龟田急得就要上火了。关东军司令武藤信义元帅要他办成这事，而且要快办、办好。其实，关东军司令武藤信义元帅的意思，也是日本内阁的意思。张之霖之死，在国际上引起轩然大波。美、英、法、苏等大国，甚至与日本友善的德国都纷纷向日本提出照会，要求日本立即对张作霖之死作出合理解释。这个时期的日本，可以在中国东北兴风作浪，可以欺负积贫积弱的中国，但是对世界上美、英、法、苏、德等有影响的大国列强不能不有所顾忌。日本关东军司令部就像捞稻草一样，要这个日本奉天领事出面捡顺这事。希图龟田从平时与他打交道、也比较好打交道的奉天交涉处处长高清和处找到一个突破口、找到一个挡箭牌，龟田却没有想到会这样出师不利，行不通！这个平时蔫不叽叽，好说话的半老头子简直反天了！

"那好，你敢于同大日本皇军作对！"色厉内荏的龟田还不死心，他对高处长公然威胁，"那我就借你们中国的一句话——骑驴看唱本——咱们走着瞧！"

"请便！"高清和明显地在赶龟田了，他针锋相对地对这个日本人说，"你知道，我们中国还有句话叫，'民不畏死，奈何以死惧之'。你不要威胁我，也不要利诱我。我们中国人是有骨气的。我们大帅就是一个有骨气的中国人。我们大帅都不怕死，我是大帅的一个小兵，有什么可怕的！"

龟田无计可施，只好耗子似的灰溜溜去了。高清和在电话上将此事向军署参谋长臧士毅作了报告。臧参谋长命令他："为预防不测，你立刻转移……一切，等少帅从北京回来再说。"

第八章 | 少帅与红颜 |

一

　　老道口事件发生后，回到大帅府中的张作霖，究竟是活、是死、是伤？日本人完全不知其详。而这是日本关东军司令部急于知道的，也是日本内阁急于知悉的。关东军司令部派人去拜访大帅，没有达到目的。还有日本奉天领事馆，方方面面的日本株式会社，官方的、民间的都派了人去，目的是摸清虚实，也不成。大帅府中平时让日本人根本没有放在眼睛中的那几个张作霖的夫人居然处变不惊，根本不给日本人一知究竟，浑水摸鱼的机会。这让那些无孔不入的日本大牌特务们不能不瞪大惊讶不已的眼睛，本该大乱特乱的大帅府，居然能如此应付裕如。难道张作霖众多的妻子中，出了个诸葛亮似的女智多星！

　　张作霖平生娶了六位夫人。挨次数过来是：原配赵夫人、继配卢夫人、戴夫人、许夫人、寿夫人和六夫人——大帅爱叫"马儿"的马晶晶。这些夫人给大帅生了六女八子，共14个孩子。男孩中，张学良为长。张学良11岁时，生母赵氏早亡，因为继配卢夫人贤惠，赵氏信得过，临终时，她特意叮嘱守在旁边的丈夫、大帅张作霖："我死后，小六子（张学良）交由西屋妈（卢夫人）抚养。"卢夫人因住大帅府西屋，所以以"西屋"这个名称代称。

果然赵夫人有眼力。大帅将小六子交由卢夫人抚养，卢夫人视小六子为己出，疼爱有加。卢夫人虽然没有读过几天书，属于旧式传统女子范畴，但她生性宽厚，也有相当眼光眼力。她比大帅小不了几岁，理家可以，但绝对没有大帅去世后表现出来的、应对裕如的才能。大帅府表面上出头露面的是卢夫人，其实卢夫人背后有个智囊人物、主脑——这个人就是她的儿媳妇，少帅张学良的结发妻子于凤至。

时穷节乃见，偶尔露峥嵘，才貌双全，清丽可人的于凤至，是大帅府真正的灵魂人物。不仅出头露面的婆婆卢夫人时时向她问计，就连拿大主意的军署参谋长臧士毅有事向卢夫人请示，其实也就是要于凤至拿大主意。

于凤至1897年6月7日出生于吉林省怀德县石泉眼屯的一个商贾世家。她父亲于文斗是县商会会长，在当地很有资财、声望，很受地方推崇。在当地，于凤至可谓出身名门，她长相俊俏，又受到了很好的教育。在当时"女子无才便是德"，重男轻女的世风下，于文斗却是眼界不同，很开通，女儿5岁，他就将当地最好的私塾老师请上门教她；凤至10岁时，与时俱进的父亲将好学上进的女儿送到郑家屯（今吉林省双辽市）最好的学校，也是男女同校的学校读书。校中，于凤至既是学习上的佼佼者，又是校花。就在凤至中学毕业，顺利考上省里唯一一所女子师范学校时，那个暑假回家，14岁的少女已经出落成一个大美人。她容貌清丽、柳眉樱唇、明眸皓齿，上门提亲的人纷至沓来，踏破了于家大门。可是，于文斗是个有新思想有见识的人，对于前来提亲者，他一概拒绝，理由是女儿还小，正是读书长知识的好时期，婚娶之事就免谈了。

1908年，身为清朝毅军统领的张作霖驻军在吉林省怀德县，与县商会会长于文斗交上了朋友。不久，俩人换帖歃血，结为兄弟。斗转月移。张作霖当上了师长，他虽不住怀德了，但不时去怀德看望盟兄于文斗。有一次，他带着弁兵来到于家，翻身下马，将马缰一抛，弁兵接过。他不经通报，直接进入于家大院。那是暑假，进门就看见一位身穿月白短褂、玄色裙子、剪短发、身姿窈窕、面目清丽的姑娘伫立于一棵大树下，望着随风飘荡的树枝，似有无限的心思、处于憧憬中。张作霖虽是胡子出身，应算粗人，但他粗中有细，况且他正在为儿子张学良暗暗留心合适的姑娘做儿媳。这姑娘很出众，让他不由得略微驻步，细细看了看。只见这姑娘亭亭玉立、妩媚俊俏温存。他心中有数了。

"大哥！"见到于文斗，双方坐定，张作霖劈头就问，"站在院子中那棵树下的姑娘，可是你的千金？"

"是。"于文斗很得意地捋了捋颔下的黑胡子，"那正是我的小女，名叫凤至。"接下来，怀德县商会会长于文斗盛情招待前来看望他的把兄弟，俩人把盏饮酒，说了些别的事。

几天后，张师长又是单独一人带上弁兵，骑马去了于家。

俩兄弟又是对坐把盏时，张作霖看见旁边茶几上有封算命先生给把兄的几个儿女算的卦帖，这就问："大哥，你给凤至姑娘算命了？"

于文斗点头说是。

"我敢肯定，凤至姑娘是个富贵命。"

于文斗最爱他这个姑娘，听把兄弟这样一说，格外高兴，将卦给张作霖看。张作霖见卦上有"凤命"二字，大喜说："大哥，不瞒你说，这算命卜卦，我还真懂些。"说时指着这卦解释："凤至这姑娘是'凤命千金'，我家长子学良是'将门虎子'，他们二人是天作之合。大哥，我在这里向你正式提亲。"

"我得给你说清楚。"于文斗当然高兴，不过他说，"凤至可是要比学良大三岁。"

"那就更好，女大三抱金砖嘛！"张作霖为儿子正式提亲，让于文斗又惊又喜。张作霖当时不仅是东三省总督赵尔巽看重的红人，而且同大总统袁世凯也拉上了关系，地位会不断上升。而主要的是，于文斗更看重张作霖的儿子张学良。学良的人品学问才华都令他满意，学良小小年纪，才16岁，已经从奉天讲武堂炮科第一期毕业，官授东三省巡阅使署卫队旅第二团团长。这时的凤至，马上要从奉天女子师范学校毕业，时年19岁。这个婚姻天作之合，很美好，是做父亲的于文斗满意、期待的。

"那好！"怀德县商会会长于文斗亲切亲热地叫着张作霖的字，"雨亭，这事我没有说的，还有什么说的！一切你看着办好了。"

张作霖和于文斗俩兄弟为此事欢天喜地，不意他们的儿女听说后却都不满意。张学良少年得志，他一身本领之外，还会开汽车、开飞机，会说英语，思想新潮；他追求的是自由恋爱，厌恶父母之命，媒妁之言。"隔口袋买猫"式的旧式婚姻令他厌恶。因此他坚决反对父亲给他提的这门婚事。

"小六子！"张作霖很生气。平时他事事时时依着儿子，而在这件事上他却很是坚持，甚至显得霸道蛮横。他又生气又动情地对儿子说："你11岁就死了亲娘。你娘死时放心不下你，再三叮嘱我，她去后让我不要亏待你，我答应了她，她才落气。你从小到大，我什么事情没有依着你，逼过你？我什么事情都依着你，就差把天上的月亮摘下来给你了。凤至是个难寻的好姑娘。你要相信爹的眼力，我这是为你好。"

"凤至娶过来，是你的原配正房夫人。之后，你如果不满意，叫她跟着你妈（卢夫人）好了，你可以另外在外面找你满意的女人……"爹把话说到这个分儿上，张学良才答应下来。

而于凤至之所以也不答应这门婚事，一是她从没有见过张学良。她是一个心高气傲的姑娘。在她看来，张学良之所以少年得志，是因为借他老子的势力，这样的人没有什么了不起。二是在她看来，张学良这样的人大都是些金玉其外，败絮其中的纨绔子弟。还有，张学良小她三岁，她也不乐意。她是个独立意识很强，有新思想的新时代女性。对这桩婚事，她坚决不同意。

凤至看起来温柔贤淑，实则很是刚烈。于文斗不敢逼女儿就范，无计可施，向张作霖问计。平时很有办法的张师长一时也没有了主意，幸好他手下吴俊升是个智多星。吴俊升这样给主官出主意："俗话说得好，'郎才女貌'。'哪个少男不思春，哪个少女不多情'？只要给他们创造条件，让他们见见面。两个人都优秀！"说时打了一个比喻："他们一个是铁，一个是磁。我敢保证，他们一见面，就会相互吸引，吸引得紧紧的，拉都拉不开。"说时做了个相互吸引的手势。

这让愁眉紧锁的张作霖一反往日，笑得哈哈的，他说："俊升，你这个主意好，你板眼多。这事就托你办了。"

吴俊升经过精心筹划，不日让俩人在奉天天益堂书画店见面了。

那天，张学良扮作天益堂的少掌柜，早早立于堂中。当于凤至由吴俊升带进来时，张学良的眼睛一下就亮了。他这时的心情真个如古诗说："众里寻她千百度，蓦然回首，那人却在灯火阑珊处。"张学良没有想到，怀德县商会会长于文斗的这个千金小姐原来是如此出众，她白衫黑裙、面容清丽、明眸樱唇、身段窈窕、高矮合度、气质高雅；如新月如春笋。身穿玄色长衫的假扮少掌柜的张学良按吴俊升的嘱咐，上前同吴俊升说了几句，引客人去介绍堂中书画。

于凤至是何等样聪明人物！这样的场合岂能瞒过她的慧眼？她进来就看出来，这个眉清目秀，仪表堂堂的少掌柜不是别人，正是张学良。看他那挺拔的身姿和步伐，一下就能看出，他是一个受过严格训练的职业军人。她的脸唰的一下红了，心动了，一时，手脚有些无端的慌乱。然而，她并不说破，且看他张学良如何表演表现，且可以考考他。

"这是宁可食无肉，不可居无竹的宋代大文豪、蜀人苏东坡大学士画的《竹兰图》！"冒充少掌柜的张学良将客人带近一个书画柜，从柜中取出《竹兰图》给他们看。很懂行的于凤至细细看去，发现这丛墨竹，表面看来也还潇洒有致，几叶幽兰点缀在浓墨泼洒的丛丛翠竹中，浓淡相宜，相映成趣，但总是笔墨神韵不到、不够。对书画很有真知灼见的于凤至，看出其中破绽，认定这是幅赝品。

毕竟是纯情男女。19岁的于凤至掩着心跳，假意低头看画，借以掩饰紧张心情。吴俊升已经看出其中端倪，将俩人丢在一边，自顾自到旁边去了。

于凤至用手指着这幅《竹兰图》问少掌柜，价值多少？

"大洋3000块。"张学良随口就来。

于凤至不禁扑哧一笑。

"小姐笑什么？"

"我笑这画。若是苏轼真品，3000块大洋真不贵；若是赝品，那就30块也不值。"

"小姐的意思是——？"

"这幅苏轼的《竹兰图》是赝品。"

"何以见得？"

"你看！"凤至指点着铺在玻柜上的《竹兰图》评论道，"苏东坡画竹画兰，历来挥洒自如，寥寥数笔，枝枝笔挺，尽出神韵，无一点闲笔，尽传精神；而这幅画却是形似而缺少神韵。"说时指出了画中几处败笔。

"小姐请这边看。"张学良心中暗暗叫着厉害，移步来在另一玻柜，从中取出一幅苏轼当年贬谪海南时的真迹，是一幅书法七绝，文曰：

规摹简古争人看
簪导轻安发不知
更著短担高屋帽
东坡何事不违时

凤至一眼看出，这是苏东坡真迹。苏东坡的字写得流利奔放，沉雄有力，很有特点、特色。凤至知道张学良是外行，并不点破，问这幅字价值多少？

天益堂少掌柜本身就是"赝品"，他哪知价钱？回了一个价："大洋800块。"

"我给你大洋1000块。"于凤至笑着掏钱。

张家有的是钱。"少掌柜"不在乎这几个钱,他已经对眼前这个于家小姐有了好感,指着堂中书画,大大咧咧地说:"于小姐看着中意的书画,挑就是。"这就露了馅。于凤至仍不点破,幽默地说:"天益堂是奉天有名的书画店,没有想到少掌柜却不懂书画。如此一来,恐怕不几天就会亏了老本,这生意怎么做呀?"一席话说得张学良面红耳赤,在一旁观察火候的吴俊升看时机到了,这就上前正式说明了双方身份,并给双方作了介绍。一旦挑破,作为女儿家的于凤至有点不好意思,双颊飞红,低下头,不知该怎么办才好了。

于家小姐的一言一行,一颦一笑,如清风拂面、春波乍起,十分可爱,张学良已经完全爱上了才貌双全的于凤至。为了表示自己的爱慕,为了表示自己的情意,也为了在所爱的人面前不输才气,他摊开素笺,笔走龙蛇,填了一阕《临江仙》送给所爱的人:

古镇相亲结奇缘

秋波一转销魂

千花百卉不是春

厌倦粉黛群

无意见佳人

芳幽兰挺独一枝

见面方知是真

平生难得一知音

愿从今日始

与姊结秦晋

凤至见到张学良这阕词作,大为惊喜,芳心大动,对少帅张学良有了全新的认识,爱慕之情同样油然而生。如《诗经》所言"投我以木瓜,报之以琼琚",她立刻回赠张学良词牌一阕,细微地传达出她对张学良的认识认知,还有一丝担心：

古镇亲赴为联姻

难怪满腹惊魂

千枝百朵处处春

卑亢怎成群

目中无丽人

山盟海誓心轻许

谁知此言伪真

门第悬殊难知音

劝君休孟浪

三思订秦晋

　　浸润其间绵绵的情绵绵的意，还有一丝隐忧、担心，让张学良加深了对于凤至的认识。这些年来，作为指日东升的张作霖的大公子张学良，他年轻有为，前程远大，簇拥在他身边等他采撷的佳丽如云。但像于凤至这样有貌有才，有见有识的佳人，张学良是第一次遇到见到。他认定，于凤至是他终生的最佳伴侣。于是，他不再犹豫。事后，他将自己的决定告诉了父亲。张作霖自然是喜不自禁，同于文斗商定了张学良、于凤至的婚期。

　　1916 年的这一天，张家浩浩荡荡的迎亲大队敲锣打鼓来到怀德县石泉屯于文斗家，一辆披红挂彩的汽车将于凤至接到了奉天张家。张学良、于凤至拜了天地，经过一系列当时结婚的繁缛礼节后，正式结为伉俪。婚后于凤至在家相夫教子。他们家庭生活和美，张学良不断在事业上飞升，张学良晋升为陆军少将时，年仅 20 岁。

　　随着张作霖势力的飙升，张作霖成了东北王，他们在奉天的家，变成了大帅府。大帅府中诸多事务自然而然落到能干的、长房媳妇于凤至身上。而她，从某种意义上讲，有点像《红楼梦》中的王熙凤，将大事小事打理得井井有条，得到上至公婆、下至一般佣人的交口称赞。她对家乡怀有深厚感情，年前，她将自己多年积累的私房钱捐出，在老家修建了一所小学，所有学生入学全部免费；她希望为家乡培养一批有用可造之才。

这个晚上，她照例去西屋向婆婆卢夫人请安，表面上出头露面的卢夫人问凤至："你公公遇难的消息，你让电讯总监周大文发给你丈夫了吧？"

"发了。"凤至思索着说，"不过，我看汉卿回来恐怕没有那么容易。日本人什么事都干得出来，他们是不会轻易让汉卿回奉天的。汉卿不回来，日本人就好趁浑水摸鱼。"

"那怎么办呀？"卢夫人露出深重的忧虑，"小六子不回来哪行？不要说日本人，就是家里也要翻天了！你没有看到这些天，常荫槐常大麻子，看大帅一去，他就像成了大帅府的主子一样。在我面前大摇大摆，指手画脚。这还是开头，杨宇霆这些人还在后面看火色……"

"妈，你老人家不要急。"凤至安慰婆婆，"我自有办法。我马上就去安排布置……"

"好好好！"卢夫人把手一挥，"具体的我就不问不管了，我信得过你，你快去办吧。"

于凤至回到了她的"家"。这是偌大的大院套小院中的大帅府一个相对独立的清幽小院。进月亮门，首先映入眼帘的是当中一座玲珑剔透的假山，转过假山，花木扶疏的小道尽头，是一座一楼一底的中西合璧的小楼。

"太太回来了？"于凤至刚进去，贴身女佣冬妹迎了上来，一边随着凤至往楼上走，一边问主人有何吩咐。

"没有。"对下人总是宽厚的凤至对冬妹说，"你早点休息吧，我有事会按铃。"

于凤至上了楼，进了自己那间连着卧室的书房，没有开灯，凭窗眺望，托腮凝思。窗外，月光如银。她是一个热爱大自然的人，然而眼前熟悉的景物这晚于她视而不见，她的思绪飞向了北京，飞到了丈夫身边。时年刚刚27岁的她，已是一子一女的母亲。月前，北京战事逼近，她带着两个年幼的孩子回到东北，并回吉林省怀德县老家住了一段时期。孩子的外公外婆非常爱两个孩子，当她回奉天时，二老让她将两个孩子留下，给他们带一段时间。现在，公公遇难，家事国事汇聚一心，要她挑重担。对于目前非常时期的内忧外患，她在家中沉着应对。老道口事件后，公公去世，日本人不断找借口上门来探望、探听、慰问，都被她巧妙地"打"了回去。但纸包不住火，公公去世的消息，日本人很快就会知道。而今之时，得尽快让汉卿知道详情，让汉卿赶紧回来坐镇！

　　事发后，她让电讯总监周大文将老道口事件的由来等等，用密电发给远在北京的丈夫同时，尽可能做了相应准备。她以大帅府名义，对关内关外所有能控制的关隘打了招呼，要他们相机策应少帅回奉天……此刻，想象着丈夫秘密潜回奉天一路上可能遇到的风险，眼前清寒的月光，让她不寒而栗。

　　"汉卿，一切只能靠你自己了！"不久前信奉了基督教的她，用手在胸前连连划着十字，闭上泪眼祈祷，"主啊，我万能的上帝！请保佑我的夫君汉卿一路逢凶化吉回到奉天，除暴安良、惩办穷凶极恶的日本人！抓出炸死老帅的凶手，以牙还牙，以血还血……"

二

　　1928年6月5日黄昏，中南海沉浸在沉沉暮霭里。

　　时年24岁的少帅张学良在老帅丰泽园临海的书房兼办公室里凭窗远眺。看得出来，他的思绪陷得很深。屋里没有开灯，借着苍茫的暮色可以看清，少帅英姿昂藏、戎装笔挺。他没有戴军帽，头微微仰起，似在观察西天上那变幻莫测的火烧云，长久地保持着一种不屈不挠、泰山崩于前而不瞬的固定姿势；那张清秀的脸上，流溢着深重的悲哀和愤懑。

他是今天下午得到大帅惨死的消息的。当时，他正和辅帅张作相研究军情。如果是大帅在，这样的场合，必定会让杨宇霆参加，而他很不喜欢这个人、讨厌这个人，认为这个人骄横跋扈、类似《三国演义》中挟天子令诸侯的奸相董卓、曹操类人物。现在才发现，杨宇霆的问题比想象中的严重得多，杨宇霆不仅结党营私，而且有暗中通敌——通日本人，对他张学良有取而代之的嫌疑。大帅不在了，对杨宇霆，他拟采取先"冻结"起来的办法，以后再说。

北伐军兵临城下，大局无可挽回。大帅在京时，他们就研究过争取北伐军第二集团军总司令阎锡山的问题，以缓解压力。阎老西是个算盘打得再精不过的人，虽然他们功夫用尽，愿也许得不少，但要想将阎老西彻底分化出来简直就是与虎谋皮。好在阎老西的部队在北伐军打前站，阎锡山有相当的自主权和弹性余地，最终他张学良几经努力，双方这才私下说定，为了故都不被战火毁损，攻防战就不打了，奉军在指定的时间内撤回关外。据说，阎锡山这个决定，得到了北伐军总司令蒋介石首肯。如此一来，阎老西一箭三雕，既卖了人情给他张学良，奉军撤退后，他又可以占京畿之地，自己的部队也不受任何损失；便宜占尽。

这天下午，就在他与辅帅张作相制订好了撤军计划之时，接到大帅府发来的密电。看完密电，得知家中发生了天大噩耗，老帅惨死。极度的愤慨中，他只觉得一阵悲伤和着怒气攻心，让他咬破了嘴唇出了血。向来有儒帅之称的他，忍无可忍，霍地站起，将桌上那只纯金制作的、用来镇纸的扬鬃奔腾的金马举起来，狠劲砸下去，随着一声沉闷的暗响，办公桌被他砸出了一个沉坑。

"日本人！"他怒吼道，"这血海深仇，我张学良不报誓不为人！"辅帅张作相先是老泪纵横，继而痛哭失声，大骂日本人忘恩负义，毒如蛇蝎。张学良当即铺纸走笔，写下了"牢记国恨家仇"六个大字……

而就在他们压抑着满腔悲愤，商量如何应对家事国事之时，负责在门外值守的副官隔帘报告，说杨（宇霆）总参议长到，拦都拦不住，总参议长说有要事要找少帅相商。

"让他进来好了。"张学良吩咐副官，看张作相欲回避，他说："辅帅你不要走，看他又有啥子板眼！把他对付走了，我们接着议事。"

"杨总参议长到！"随着副官这一声，门帘一掀，杨宇霆不请自进。

"啊，作相也在这里。"杨宇霆不像一般下属那样，见到少帅毕恭毕敬，而是做出一副长辈的样子，目光平视，胸脯挺直，大摇大摆走进来，见到少帅就这样一句，算是打了招呼，不请自坐。

表面上少帅不计较，让弁兵给总参议长上了茶点，屋里三人隔一张玻晶茶几，在沙发坐定，都没有说话，一时气氛有些僵冷、凝滞。

像戏台上的奸臣曹操类人，杨宇霆方面大耳，看人时，清水脸上抖着眉翅，眯起一双诡诈的眼睛。这会儿，他将茶碗端起，假装喝茶，其实觑起眼睛看了看对他持警惕状的少帅和张作相。

"少帅！"杨宇霆很不情愿地喊了张学良一声少帅，说，"你们在商量什么呢？"意思是，我是大帅红人，你们有要事也不找我相商？

绵里藏针的少帅当即回应："是，我找辅帅在商量要事。"

"啊，是这样！"杨宇霆翻了翻眼睛，一副大为不满，大为失望的样子。杨宇霆根本没有把小六子张学良放在眼里。在他看来，这个小六子是他看着长大的，是个办不成什么事，也没有见过什么事的纨绔子弟。小六子之所以坐上今天这样的位置，完全是他老子张作霖的原因。但毕竟大权在小六子手上，小六子对他有生杀予夺的权力，他不能不忍住气，小心应对。

"我今天之所以来打扰你们，不请自到。"杨宇霆话说得酸酸的，"是想在少帅这里，问问大帅的消息，大帅想来已经平安回家，不知大帅身体如何？出于关切，我特地来问问。"

张学良知道，杨宇霆这时候来，可不是他所说的那样简单。这个人在奉天耳目众多，关系盘根错节。老道口出了那样大的事，他不可能不知道，但肯定不知道大帅已经去世……凤至保密工作做得极好。大帅在老道口受了伤，是抬回去的，这点瞒不住。但大帅回到家中去世这一点，只有凤至和"西屋妈"知道。在保密守密上，凤至很有天赋。

"大帅很好，没有什么不平安、不好。"少帅回答得很好很艺术，一句话封门。

杨宇霆一无所获，面对少帅的明显不欢迎，他这个不速之客，只好又端起茶碗喝茶，借以掩饰尴尬。茶总不能老喝下去吧，杨宇霆放下茶碗，看了看对面坐着的张作相，意思是要与自己平辈的张作相打打圆场，可辅帅也不理他，让多年来作威作福惯了的杨总参议长气得打抖，可又不能表露出来。他这是第一次与小六子正面交锋，没有想到这个他平时看不起、看着长大的小六子还有两下子。这才知道锅儿是铁打的。一朝天子一朝臣。要知道，这会儿失去了大帅的庇护，他如果惹恼了大权在握的少帅，那就是大马拴在槽头上，要杀要剐任随了。

惹不知，躲得起。杨宇霆对少帅说："得知大帅平安到家、一切都好，我作为一个跟着大帅转战多年的老臣，也就放心了。少帅，你们接着议事吧，我告辞了。"

少帅将手一比，站起来，做了个送客的姿势。

"少帅请留步！"杨宇霆自作多情，其实张学良没有半点送他的意思，他对张学良弯腰、鞠躬，与刚才来时那副傲慢劲判若两人。

杨宇霆一走，接少帅班、着手北京防务的辅帅张作相，接着刚才的话说："北京方面的事请少帅放心，应该不会出什么大问题。阎锡山与我们已经商定，我们即日开始撤军，他保证不向我军追击。奉天事是大事情！少帅你得赶快回奉天去坐镇，那是我们的窝子！大帅去世前也是这样一再嘱咐的！"张学良点点头，接着他们商量出走具体事宜。

这当儿，忽听外面少帅镖师武七一声断喝："刺客，哪里走！"辅帅张作相手疾眼快，啪的一声拉熄了屋里的电灯。与此同时，只听呼的一声，一把锋利的匕首当的一声插在窗棂上直抖。匕首所来方向，直对着少帅刚才所坐位置。如果不是外面镖师武七发现、制止及时，少帅还真是凶多吉少。

"少帅，你没事吧？"窗外一阵急促的脚步声由远而近，卫队长马宝带着几个卫士冲了进来。

"没事。"张学良相当沉着，他和张作相都抽出了身上的手枪，问外边出了什么事。

"请少帅出来观战！"马宝兴奋地说，"这下，一向找不到对手的武七今天终于找到对手了。"马宝等卫士簇拥少帅、辅帅来在室外，只见天光曦微的天幕背景下，大院中那株虬枝盘杂的百年古松上，武七正与一个日本刺客激烈交手。镖师武七是跟了大帅多年的一个功夫了得的武士，深得少林武功、峨眉武功、青城武功诸家武功之精髓并融会贯通，尤擅轻功，保护大帅很多次克险克难，深受大帅信任，多年来从不离身。日前大帅与日本人搞翻时，大帅那句"老子大不了就不要这身臭皮囊了"可不是随便说的。大帅很可能意识到此次回去凶多吉少。临行前，大帅将跟了自己多年的镖师武七交于少帅，并再三叮嘱武七要好好保护少帅。这也是作为一个父亲的大帅，对儿子最后所能做的。可以看作大帅是宁愿舍弃自己的生命，让自己的血脉、事业、理想在儿子身上延续。不想镖师武七，还真是救了少帅一命。

院子中那棵大树上，枝条乱颤，落叶沙沙。武七与刺客在其间腾、挪、跌、跃，拳来脚往近身肉搏。曦微的天光映照下，可见蒙面刺客个子不高，身着一袭黑色窄衣箭袖服，出手招招式式都是杀着。看得出来，这是一个东瀛武士。武七个子也不高，武功明显在刺客之上。他出手千钧，招招式式简直就是电闪雷鸣、黑虎掏心。俩人在大树上你来我往，打得这棵需俩人合抱的大树瑟瑟发抖。

卫士长马宝是神枪手，举枪要打时，被少帅喝住。少帅已经看出来，武七之所以没有对刺客使出最后一手，是在玩刺客，供少帅欣赏。就像一只善捕的猫，好容易捕到一只巨鼠、凶鼠、奸鼠、猾鼠，先不忙将鼠弄死，而是放在嘴边、爪下细细把玩、拨弄。俩人交手大概有 50 个回合，东洋杀手招架不住，武七也没有心思再玩下去。他嗨的一声跳起，右手往上一扬、再往下狠劲一劈，像把关大刀，猛地砍在刺客颈上。

东洋刺客惨叫一声，像一只沉重的麻袋，倏地从高高的树上落到地上。

"绑起来。"卫队长马宝一声命令，卫士们正要上前，少帅一声"慢！"上前将刺客一把提起，这家伙颈项已不能转动，只是用一双仇恨的眼睛盯着近在咫尺的少帅。

"能说中国话吗？"少帅一声喝问。

"张学良！"不意这个东洋武士能说一口流利的中国东北话，他看着张学良横撒撒地说，"我疏忽了，我没有想到你身边竟有如此了得的武士护卫。哼！纵然我今天没能杀你，你迟早也逃不过我们日本人的手掌。"

张学良幽默地一笑："那好，我等着，我愿意奉陪。你今天没有杀得了我，落到了我手里，那就该你死。人死不能复生。如果你不愿意死，我可以饶你，不过你要如实坦白，你叫什么名字？是什么人派你来的？你进来已经多时？"

"名字我就不告诉了。什么人派我来，你也休想得知。"日本刺客大大咧咧地说，"不过我可以告诉你，我是下午运起轻功进来的，上到这棵大树上，找机会对你下手。我的注意力太专注了，我一直在注意你，不意被你的镖师发现了。"

"我不怕死。死，对于帝国的武士而言，犹如樱花之飘零。"辅帅张作相气极了，他打断了这个嚣张的东洋武士的长篇大论，要马宝将这个冥顽不化的家伙绑起来、细细审问。不意马宝带一个卫士上前动手时，这东洋武士来了个旱地拔葱，运起轻功，上了大树。眼看东洋武士再一跃，就要越墙逃跑……看镖师武七也要运起轻功去追，少帅挥手制止，一声"看刀！"少帅眼疾手快地从刀带上拔出匕首，手一挥，白光一闪间，只听噗的一声，东洋武士跌下树来。马宝上前用手电筒一照，匕首从刺客后脑进、前额出。仰面倒在地上的东洋武士大睁着一双木愣愣的眼睛望天，已经断气。

少帅吩咐马宝带人将这东洋刺客连夜处理掉，不留一点儿痕迹。

这天半夜时分，中南海临街的两扇古色古香的大门洞开，三辆漆黑锃亮的小轿车从中首尾衔接鱼贯而出。门前站岗的卫兵认得出，中间那辆防弹轿车，是少帅的车，赶紧将胸一挺，对少帅行持枪礼。就在三辆轿车首尾衔接融入黑夜，风驰电掣往北京火车站方向而去时，隐藏在一边黑暗中的一溜几辆三轮摩托车，鬼魅般不声不响跟了上去。

与此同时，在另一方向，偌大的中南海后门先是悄悄打开一条缝。黑夜中，一个窄衣箭袖，动作非常敏捷的人一闪而出。他先是隐身于一棵大树后朝四方观察。这是最黑暗的子夜时分。树梢风动，偌大的中南海和远近的街市全都沉浸在梦中。确信四周无人，确信安全后，影子似的人这才朝里招了招手。很快，里间跳出三个身穿便服的汉子。中间一个是化了装的少帅，旁边一个是镖师武七，一个是少帅的卫队长马宝。他们确信没有人发现、跟踪后，很快融入黑夜，像鱼儿进了河、入了水。

因为经过精心策划，张学良沿途都有人接应。他们一行在出门不远处上了等在那里的汽车。汽车在后半夜到了丰台火车站，接应的人将他们连夜送上了去关外的火车。

三

真个是"心有灵犀一点通"！就在张学良冒险潜离北京，回奉天的这个晚上，远在天津的北洋政府交通部前次长赵庆华最小的女儿赵一荻，睡在闺房中的床上，心神不定，有一种特别的感应。

年方二八的赵一荻，又名赵绮霞，佳人好年华。她父亲赵庆华字燧山，原籍浙江兰溪，在北洋政府中先后做过津浦铁路局局长、交通部次长。因政局动荡，政客们你方唱罢我登场，正是盛年的赵庆华失望之余归隐林泉，在天津海河边买地若干亩造一豪宅，人称赵家花园。赵庆华膝下有六男四女，一荻排行第四，人称赵四小姐。赵四小姐从小聪明伶俐、学习好长相好，是赵庆华的最爱，视同掌上明珠。

这个夏天，16岁的赵四刚刚在天津很有名气的学校——中西女中毕业考了大学，考的是很有名气的南开大学。虽还未放榜，但知情人透露，一荻已经如愿以偿考上，只等一个形式上的通知。这个暑期，赵四小姐以前所未有的放松心情愉悦度假。

作为北京门户的天津卫，是那个时候我国沿海不多的几个具有现代化象征性的大城市。尽管如此，自古流传下来的打更仍在沿袭。

一更二更又三更，始终无法入睡的赵四小姐清晰地听到高墙外传来的打更声。

当——当——当！"各家各户——小心火烛！"袅袅打更声中，金属铜波纹似的颤音，混合着更夫苍老的声音，还有远远海河隐约的涛声、火车的汽笛声、窗外树梢风动声，声声在耳，让赵四小姐在暗夜中大睁着眼睛，思维走得很远，陷得很深。她总是觉得，她想念中的少帅张学良就站在离自己不远处，用一双睿智、清亮的眼睛深情地看着自己，"小妹小妹"地呼唤自己……于是，刚刚过去的那些甜蜜，汩汩流淌而至，将她的思绪填得满满的，猛烈地撞击她的心扉。

天津卫历来是达官显贵的居住或居停地。东北大帅张作霖在天津有幢别墅名叫蔡家花园。那是张作霖从一个祖上当过大官的姓蔡的人手上买来，经过经心培整的花园洋房，相当豪华气派阔大。张作霖虽是"胡子"出身，但很会享受。他生性豪爽、好客、大方。对于新式娱乐方式、生活方式，诸如跳舞，在家中开舞会，设游泳池、打高尔夫球等等，有些他虽然不一定一概喜欢、接纳。但对子女们，尤其是长子学良这样的喜好，他不管不问更不反对。因此，蔡家花园夜夜笙歌、周周舞会，花钱如流水，成了天津名媛、公子们时相聚会交际的好地方。

年前暑假，年方15岁的她，跟哥哥姐姐在一个周末的晚上去蔡家花园跳舞。她先是坐在一边看。舞池里旋转的彩灯下，身穿燕尾服的公子哥儿搂着名媛，随着舞曲的节拍跳舞：他们搂腰、挽手、穿花……看得她眼花缭乱。很快，下场跳舞的哥哥姐姐，在翩跹起舞中一闪不见了。她的舞跳得好，脚痒痒，很想下场去跳，但一个人她都不认识，也没有人邀请她，她只好落寞地坐在一边欣赏，口中衔一根麦管喝冷饮。其实，这时她在寻找一个人，这就是这场舞会的主人，也是蔡家花园的小主人——少帅张学良。

　　少帅张学良的大名，如雷贯耳，久已闻名。张学良是民国四大公子之一，文武全才，思潮先进，舞跳得好不说，还会开汽车、开飞机……她姐夫冯武越做过张学良的法文秘书、同时也是张学良亲近的密友和幕僚。她从姐夫口中听到过张学良许多事，包括他同于凤至那段带有传奇色彩的爱情婚姻故事……她就是带着这种极大的好奇来参加舞会的，与其说是来参加舞会，不如说，主要是来看少帅张学良的。

　　这时，她眼睛一亮。姐姐绛雪和一个年轻军官跳着舞旋到了她眼前。呀，这不就是少帅张学良吗！张学良她见过。他是这么与众不同。不仅因为在这么多人中，他一人穿着笔挺的军装，军装上标有中将衔的金星闪闪发光，更在于少帅的英姿，一头漆黑的头发梳得溜光，皮肤白白，眉毛黑黑，个子适中。他的舞姿刚健、高贵、潇洒。姐姐不知在少帅耳边说了几句什么，少帅掉过头来，对她友好地笑了笑，老朋友似的对她点了点头。

　　这时，留声机里，一个著名女歌手的歌声如泣如诉："只是一颗红豆，带来浓情似酒……"做梦似的，少帅竟然站在了她身边，请她跳舞。"请！"少帅用一双黑亮的眼睛看着她，比了个优雅的手势。

　　这是她万万没有想到的，不由一愣。坐到她身边的哥哥姐姐笑着说，"少帅在请你跳舞呢！"她受到鼓舞，同少帅下了场，将手怯怯地搭在少帅肩上跳了起来。少帅带得很好。很快，她心中最初的一丝紧张不安消失了。她是天津中西女中的校花，舞跳得好是出了名的。他们配合默契，全场的人都在看他们了。可是他们都浑然不知不觉，他们都沉浸在对对方的欣赏愉悦中，跳了一曲又一曲，有一种相见恨晚之感。

他们就是这样相互爱上了，而且一经爱上就像着了魔。就此以后，她成了蔡家花园的常客。那个暑假，有多少个深夜，不忍分别的少帅开车送她回家，少帅要一直看到她进家门，才转去。她却不忍心进去，而是让少帅开车先走。少帅不依。就这样，我送你，你送我，最后都是她先让步。少帅一直看着她进了门，这才开车回去。

他们的恋爱，很快被思想正统很有些守旧的父亲知道了。父亲坚决不让她同已有家室的少帅来往，更不要说恋爱了。父亲还骂了带她去蔡家花园的哥哥姐姐。也就是这个时候，北京战事吃紧，少帅被他父亲三令五申，急如星火地叫到北京去了。北伐军节节逼近北京，安国军节节败退，少帅这一去就没有了消息。然而，炽热的爱情之火一旦燃烧起来，是没有什么力量可以熄灭的。为此，她天天思念少帅。特别是今夜，她像有预感似的，朦胧中总觉得少帅在向她走来；他们之间一定会有什么事情发生……就这样，似睡非睡中，她一直到四更才睡了过去。

新的一天来了。富贵人家小姐的生活，舒适温馨，与外间乱纷纷的世界完全脱节。起床后，显得有些慵懒的她，先吃早点后看报。原先没有看报习惯的她，之所以这段时间喜欢看报、特别是关注北京方面，是因为她一直念着惦着心上人。她先看《天津日报》上报道的一则消息：北伐军第二集团军总司令阎锡山，近日同安国军副总司令张学良达成协议，为避免故都北京受战争毁损，安国军将于近期有序撤离北京，退回关外，由阎军进驻云云……

这么说，少帅就要回东北了？赵四小姐看到这里，心里一震，心驰万里。这么说，他回东北会路过天津，他会来找我吗？会的，一定会……

有了这个消息，别的报她就不看了。放下报纸，她怅怅地站起身来，手中握着一把团花纸扇，走到一只站在黄铜铁环上的红嘴绿羽鹦鹉跟前。乖巧的鹦鹉还未容她走近，头一扬，怪声怪气地叫道："丫鬟，给小姐倒茶。"

她忍不住笑了。

就在她逗鹦鹉玩时，客厅中电话响了。她注意到，女佣张妈接了电话，过来对她说："四小姐，你的电话。"

她的电话多。有些公子哥儿不知到哪里去弄到她的电话，随时打来，但不接又不行，怕漏了有用的电话。她懒洋洋地走过去，拿起电话，刚刚问了一声"喂！"

"是小妹吧！"电话中是一口熟悉的东北话，让她一下子惊喜莫名，这不是她朝思暮想的少帅张学良吗！少帅总是亲热地叫她小妹。

"我是。学良！"泪水一下涌出，她压低声音说话，用手扪着话机，不无警惕地掉头去看张妈。知趣的张妈已经走开了。她知道，自从父亲知道她同少帅好后，特意让张妈来服侍她，其实主要是监视她。

"小妹！"电话中，少帅的语气显出惊讶，问她，"出了什么事吗？"

"没有什么。"她竭力沉着气，说，"我就是想见你，你现在哪里？"

"我就住在你家附近的天津海河大饭店。"少帅把他住的房间号告诉了她。

"好，我立刻赶来看你。"

放下电话，她简单地化了一下妆，着一袭素洁旗袍，拎着小包出门时，张妈跟上来，问四小姐要去哪里，要不要派车？

"不要！"她知道她前脚走，张妈马上就会去报告父亲。她是要去海河饭店，却故意对张妈说，她要去建国饭店，会一个才从国外回来的闺密。

赵四小姐出门打车，急匆匆来到海河饭店，乘电梯上到三楼，到了张学良的房间，未及敲门，门就开了。她一进去，就被早就等在那里的少帅一下搂在怀里。他们紧紧地搂抱在一起。她抬起头来，深情地看着化了装，着一袭青布长袍的少帅，头一低伏在少帅怀里，泣诉有声地说："学良，我再也不能离开你，你带我走吧！"

张学良惊喜地问："小妹，你这话当真？"

"当真！"赵一荻看着张学良，坚定地点头。

"小妹，你可要想清楚，你跟了我，是没有夫人名分的。"

"我不要名分，我只要跟你在一起就行了。"她用一双大大的清澈纯净的黑眼睛看着她深爱的人，喃喃地说，"我可以给你当秘书。我不会成为你的拖累的……"这些话她早想好了。年方二八漂亮的赵四小姐虽然出身名门，但她身上完全没有富贵人家小姐的怪毛病。她学业优秀，能文，英语也好，能写一手漂亮娟秀的字，思维敏捷，文笔很通顺。

"这是我求之不得的，小妹，只要你愿意。"年轻的张学良感动至极，他将至爱的人紧紧搂在怀中，对她轻轻说，"谢谢你小妹，谢谢你为我付出的一切，谢谢你为我作出的牺牲。回到奉天，如果你愿意，我送你进奉天大学读书。"

"你放心。你凤至姐姐是个贤惠、大度、宽厚、知书识礼的知识女性，她会善待你的。"说到这里，少帅略为沉吟，说："不过一开始可能要委屈你，我想安排你住在北陵我家的别墅，不住家中。我们住北陵好吗？因为家人得有一个接受的过程。"

"好！"赵一荻毫不犹豫地点头，"我能接受，我能理解。"

张学良这就不再犹豫，带着赵一荻上了当晚回奉天的火车。

由于张学良做事谨慎、考虑周密，于凤至及辅帅张作相沿途精心安排人保护、策应少帅，完全打破了日本人的预想。两天后，张学良带着赵一荻不声不响地回到了奉天。

赵家四小姐"失踪"了。不过，"失踪"之谜很快为消息灵通的《天津日报》《奉天日报》等关内关外多家媒体、大报小报揭开谜底，他们对赵四小姐"失踪"的前前后后，大肆报道。特别是一些着重以花边新闻、名人逸事为卖点，吸引广大读者的生活类报刊，对"民国四公子"之一的张学良的风流逸事，极感兴趣，他们添油加醋、连篇累牍、大登特登、极尽渲染，让这事成了轰动一时的大新闻。赵庆华起初不信，就在他准备在报上辟谣时，收到小女儿赵一荻从关外奉天北陵写给他的信，告诉他事之原委，这就无异于给他当头一棒。信中，女儿的话，完全证明了报上所登是实。女儿同张学良走到了一起，她自觉自愿在沈阳（奉天）北陵同张学良秘密同居……

赵庆华异常震怒，立即登报申明：从即日起，与小女赵一荻（赵绮霞）脱离父女关系；并禁止她同家中所有哥姐有任何来往；他以沉痛的心情申明，因为小女将他老脸丢尽，从此他不再为官，羞于见人。

被父亲放弃了的赵一荻，在被张学良改名为赵缇之后，以崭新的面貌出现。她说到做到，全然不顾家庭反对、社会压力，在以后的几十年间，她不要夫人名分，与贤惠的姐姐于凤至一起，与张学良相濡以沫、患难相共、风里雨里、相伴相随终生。

第九章 | 东北易帜 |

一

1928 年 6 月 21 日，在张作霖被炸死 17 天后，回到奉天的少帅张学良正式向全国发出父帅丧事，并举行隆重沉痛的吊唁仪式。

这天一早，大帅府偌大灵堂上，花圈簇簇、白絮飘飘、哀乐低回。前来志哀的人排着长队进入灵堂。大帅麾下要员张作相、张景惠、杨宇霆、常荫槐、臧士毅等等，加上专门赶来的五省联军总司令孙传芳、张宗昌，尽在其间，面容哀戚。

吊唁仪式由身披重孝的少帅、继任东北保安总司令张学良主持。

先是由大帅健在的四位夫人率大帅多个子女徐徐而上，向安卧在苍松翠柏簇拥中灵床上整了容的大帅告别。然后，张作相、张景惠、杨宇霆等要员鱼贯而入，挨次上前，与大帅告别。之后，他们按官级品位依次去对侧立一边的大帅遗孀卢夫人等及大帅的多个子女表示深切慰问，低声说些务必节哀之类的话。

吊唁仪式从早晨持续到下午。薄暮时分，关东军司令长官武藤信义元帅吊唁大帅来了。世上就有这样厚颜无耻的人！他站在大帅灵前，表现得沉痛至极：揭帽，对安卧在苍松翠柏簇拥中灵床上的大帅深深弯下腰去，三鞠躬。当这位在日本国内被尊为"满洲保护神"的关东军司令长官抬起头来时，与挂在灵堂上方的大帅遗像猛然打了个照面。大帅的遗像尽传精神！大帅好像在逼视着拷问他，因为作贼心虚，纵然这样杀人如麻、久经沙场、官至元帅的武藤信义，也有点稳不起，不禁一惊一愣，往后退了一步。

　　遗像上的大帅栩栩如生。那是一幅硕大的框起来的黑白照，是张作霖入主北京时，请一个著名的美国摄影师在中南海内拍摄的。照片的黑白光线对比很好。身着三军大元帅服的张作霖军服笔挺，头戴鸡毛掸帚似的军帽，挎武装带，佩短剑，护一绺小胡子。头微微有点侧，因而轮廓特别分明。总体看，他五官清楚、面目清癯、鼻梁棱棱。一副剑眉下，是一双闪烁着希望、也有点诡的眼睛。光明恰好在他的鼻梁处一分为二。光明面上的脸，露出的是一分得意、一分骄横、一分狡黠、一分霸气；阴影部分的脸面，有点鬼魅。照片上的大帅，好像怒视着这个站在面前虚伪至极的日本军人，并从心里发出愤懑的呼号：还我命来！

　　然而，关东军司令长官很会节制，他很快恢复了镇静。公式化、程式化地完成吊唁仪式后，迈着军人的步武，来在张学良面前，弯下腰去，深鞠一躬，说是，希望总司令节哀顺变。说时，弹簧似的将胸一挺，喊操似的说："我代表关东军司令部并日本陆军省，对张作霖大帅被南方便衣杀害深表哀痛。"无疑，他是在为张作霖之死定性。

　　"请少帅节哀。期望总司令能同大帅一样，一如既往地同我精诚合作，为实现大东亚共荣圈迈出更快、更坚实的步子！"张学良铁青着脸，什么话也没有说。说完这些话中有话的话，关东军司令长官要告辞了，他脱下戴在手上的白手套，毫不知耻地伸过手去，要同张学良握手。张学良望着眼前这个人面兽心的家伙，努力克制自己愤怒得开了锅的心情、情绪。这会儿，他连血溅五步，杀了这个罪魁祸首的心都有。可是不行、不是时候，他也杀不了这个元凶。这个元凶身边有一个穿西服打领带、亦步亦趋、身材高大、手脚矫健的青年随从如影随形。表面上看，这青年随从是给关东司令长官打下手的，接送个花什么的，但他那副鹞鹰般闪烁的眼睛，就清楚表明这家伙不是善类，功夫了得，是关东军司令长官的贴身保镖。张学良压抑着自己、告诫自己：君子报仇，十年不迟！小不忍则乱大谋。他克制得很好，机械地伸出手去，同伸给他的日本关东军司令长官的手握了握，其实是轻轻碰了碰而已。

之后，关东厅长官林权助接踵而至。这个穿一身黑色西服，矮小精瘦，像个幽灵似的政客，比僵硬刻板的职业军人关东军司令长官武藤信义元帅高明得多、油滑得多，他面面俱到，极善言辞。在走了过场之后，他极虚伪地对少帅说了一番很带感情的话。

"真是不幸！"林权助吁叹道，"我和令尊张作霖大帅是多年的至尊好友。我还记得当年我同令尊大人在林中漫步的情景。"说时叹了一口气："你们中国有句话说得好，'天有不测风云，人有旦夕祸福'。斯人已去不可追。满洲的未来、满洲的辉煌、日满提携，就看总司令你的了，拜托了！"林权助对张学良少帅深鞠一躬，抬起头来，阴深的目光透过眼镜、投射在张学良精致的脸上，他在观察少帅对他这番话的反应。这于这个年轻的奉军掌门人、少帅张学良，他未来的对手，关东厅长官林权助其实并不了解。他只是听说了很多这个"民国四公子"的传闻轶事。他小看了张学良。他说这番话，如同往一个表面平静的湖里投进一块小石子，试试水深。可是，他投下了这块小石子，连响声都没有一个。少帅只是板着脸，手朝外一指，大喊一声："送客。"这是在对他下逐客令。自有管事颠颠上来，一手拎起袍裾，一边将手朝外一指，说一声"请！"

关东厅长官林权助，走在大帅府那条用红绿卵石砌成的花径上，他很有派头地用手中的拐杖笃笃地拄着花径，往门外走去，心中闪过一丝不祥的阴影：看来，这个张作霖的"小六子"，并非传说中的纨绔子弟，是个厉害角色，比他老子厉害，喜怒不露于形，不是犬子，是虎子！

这个晚上，少帅同一段时间来好得如胶似漆分不开的赵一荻破天荒地"分居"了。这是因为，明天蒋介石的全权代表张群就要来了。他现在面临着一个重大的选择、抉择。人的一生，都面临着选择。哪怕就是一个看似微不足道的选择，如果选择错了，也会南辕北辙，差之毫厘、谬以千里。他现在接过了大帅的职务，也接过了大帅的重担。他现在是东北保安军总司令，手上握有一支在全国地方部队中装备最好，陆海空俱备的20多万人的军队——原先叫奉军，现在叫东北军。虽然他的空军力量很小、海军是象征性的，但毕竟有。这在全国地方军阀也叫地方部队中是唯一有空军海军的地方部队。不要说像阎锡山、冯玉祥和桂系李宗仁、白崇禧这样的地方军界大佬对他艳羡不已，纵然连动辄将自己的部队称为中央军的北伐军总司令蒋介石也自叹不如，在大帅留给他的东北王国内铁路畅通，公路更可谓四方八达。这就像一个人，血脉是通的。除此，他还有一个有相当规模的东北兵工厂。这家离奉天很近的兵工厂，能生产机重机枪、步枪，子弹就更不用说了。一般的大炮、榴弹炮……总之，一般常规战争需要的常规武器，这个兵工厂都能生产制造。此外，他还有造船厂，那是要造军舰的。飞机制造厂，他也在百般筹措，处于拟建阶段。毫无疑问，这样一来，他张学良因为手上有这样的力量，他就成了各方竭力争取、拉拢的对象。

看南方。北伐军取得名义上的胜利后，1927年，蒋介石在上海发动四一二政变，镇压共产党人，国共决裂。随后，南京国民党中央政府成立，蒋任国民政府主席、中央政治会议主席、军事委员会委员长，蒋介石把党政军一把抓、一手抓。一朝权在手，便把令来行。蒋为了实现他一个国家、一个政党、一个领袖、一支军队的目标，要求他原来的盟友、形式上的下属，北伐军第二、三、四集团军司令阎锡山、冯玉祥及桂系李宗仁、白崇禧裁军。这怎么行？军队是他们这些人的命根子。一边坚决要裁，一边坚决不裁，针尖对麦芒。这样，以蒋介石为一方，以阎锡山、冯玉祥及桂系李宗仁、白崇禧为一方，在中原拉开战场，大有一触即发之势。双方的实力相当，双方都派代表来奉天拉他张学良，当然，还有日本人。蒋介石和他的对立面，这时，就像一架本来持平的天平，他张学良倒向何方，胜利的天平就倾向何方。

明天，张群就是代表蒋介石来拉他。倒向何方，他心中有数。他是一个有民族观念、民族气节的人。为了祖国的统一、民族的尊严，他决定选择代表正统的南京国民政府。东北易帜，倒向南京国民政府，这是一个总方向、总目的、是一个宏观。然而，任何一个宏观、一个总方向、总目的，都是由若干细节构成的。就像一根项链或铁链或自行车的链条或坦克车上的履带，都得由若干的环节咬合而成。这中间，如果有一个环没有咬合好、没有咬紧，非散架不可。东北易帜，说起来容易，就是一句话，可是做起来难上加难，还要冒很大的风险，面临很大的威胁。现在看来，这个最大的风险、最大的威胁，不是来自外部，而是来自内部，来自大帅的老臣重臣杨宇霆、常荫槐这些人。好在大权都握在他手中，好在他有一帮可用之人，比如辅帅张作相，还有张景惠、孙烈臣、臧士毅、莫德惠等等。他用手下这帮足堪信任的干员已经并正在逐步把杨宇霆、常荫槐等人架空、挤干，并对这些人进行严密的秘密监视。

最近这段时间，他的态度是积极的，先后派亲信密使王树翰、邢士廉等到南京对蒋介石输诚。好些问题，南京有关方面也同他们谈了。但有些定不下来。张群这次来，所有的未决事情，都可以同他最后敲定。

思绪悠悠中，隔壁书房内的那架青岛造中国式座钟当当地敲响了四下。钟声落尽，更显万籁俱寂，天地都睡着了。这晚，他独自睡在书房旁边供平时办公累了午睡的一间小卧室里。

他似乎睡了过去，又远远没有睡踏实，明天就要同他作最后谈判，决定他最后命运的蒋介石全权代表张群，似乎就在眼前。

张群，字岳军，四川华阳（现成都市）人，1889 年生，小蒋介石两岁，与蒋是中国保定军校、日本东京士官学校的同学、密友。

张群终生依附蒋介石，是蒋介石最信任、最倚重的大员、"智多星"。他先后做过上海市长，关键时刻的湖北省、四川省政主席，国民政府外交部长，行政院院长。张群给人的印象始终是一副外交家的装束、外交家的派头和风度。他爱穿一套藏青色西装、打桃红领带、头戴一顶棕黄色博士帽，缓行鸭步，风度不凡，身体微胖，面带微笑，妙语连珠，个子不高，宽面大耳，鼻正口方，左眉内隐隐有颗朱砂痣。据说，蒋介石之所以对他言听计从，有个原因，就是认定他很有福相。

在蒋介石当政的数十年中，国民党高层人士，私下送给张群两个绰号，一是"华阳相国"，二是"高级泥水匠"。"华阳相国"中的"华阳"代表他的出生地，"相国"指他权高位重，类同古时的宰相。"高级泥水匠"则带有些调侃，带有些不以为然，指他会调和稀泥。这两个绰号都很准确，相当精当地概括了张群的一生。张学良没有想到，就在这次张群来奉天拉他成功之后，两年后，又是张群代表蒋介石来拉他。

两年后的 1930 年，蒋介石与阎锡山、冯玉祥、李宗仁、白崇禧之间的矛盾发展到顶点，爆发了中原大战，又叫蒋冯阎大战。这是一场中国历史上规模最大、最为惨烈、带有现代化特点的战争。这年 4 月 1 日，阎锡山、冯玉祥、李宗仁分别在太原、潼关和广西通电反蒋，阎锡山宣誓就任反蒋联军总司令，冯玉祥、李宗仁为副总司令；刘骥为参谋长。反蒋联军有八个军。蒋介石把他的军队编为四个集团军应战，双方陈兵百万，主力决战于豫东、鲁南陇海线以南之三角地区，5 月 11 日全面开战。其间，资格比蒋介石还老、与蒋介石长期面和心不和的汪精卫去到阎锡山控制的北京，导演了一出史称"九九短命小朝廷"的滑稽戏。他们推定阎锡山为国民政府主席；以阎锡山、唐绍仪、汪精卫、冯玉祥、李宗仁、张学良（没有到会，也没有答应）、谢持组成国民政府委员会，下设 11 个部，6 个委员会。为了取"久久"吉祥这个谐音，阎锡山在 1930 年（民国 19 年）9 月 9 日 9 时 9 分，在北京中南海怀仁堂宣誓就任。

初战，蒋介石靠前指挥，在河北一个叫柳河的地方，把他的指挥部设在一辆火车车厢上。冯玉祥得知蒋介石就在这一带，派郑大章率一支骑兵突袭队突到这里寻找。很险！如果不是蒋孝先带队设法将郑大章诱开，蒋介石就被抓了俘虏。

　　双方旗鼓相当，打成胶着状态，谁也赢不了谁，双方又都把希望的目光瞄准关外的张学良，期望张学良为他们出兵助战。

　　蒋介石派去说服、争张学良的还是"华阳相国"张群。最终，出于民族大义，出于维护祖国领土完整的考虑，少帅张学良挥兵进关助蒋。战争胜利的天平一下子倒向了蒋介石。汪精卫煞费苦心搭建起来的"九九小朝廷"轰然坍塌，这个小朝廷只存在了99天。在蒋介石的通缉中，汪精卫、阎锡山、冯玉祥、李宗仁等人出国的出国、下野的下野。

　　但是，成也张群，败也张群。1949年那个冬天，输掉了辽沈、平津、淮海三大战役后，看大势已去，为最后一逞，蒋介石把胡宗南三个兵团组成的20多万一色美式装备的所有精锐部队集中到四川，欲借"云傍马头起""黄鹤之飞尚不得过，猿猱欲度愁攀缘"的天险秦岭和四川境内纵横的大江大河，层层阻拦解放大军进川，最后与解放军进行成都决战（又叫川西决战）。当时的整个国际形势对蒋介石不利，他长期依靠的美国，在美国总统罗斯福死后，副总统杜鲁门继任总统。杜鲁门一上台，立刻调整了对华战略，杜鲁门认为蒋介石是"扶不起来的阿斗"，全面停止了对蒋介石的援助。1949年4月，解放军发起渡（长）江战役时，隔江抗衡的蒋军尚有相当实力，而且还有解放军没有的空军和少量海军。蒋介石不敢奢望美国杜鲁门政府对他有实质上的帮助，仅仅希望美国政府发表一个对他道义上的支援，也被美国政府断然拒绝。这对国民党政府、军队都是一个很大的打击。这时，国民党军队尚可一战，但经济已经崩溃。战争没有经济的支撑，犹如战车失去了动力。得不到美国军援的蒋介石只得派儿子蒋经国去上海"打老虎"。蒋经国带着由他点将组建的"经济戡建大队"，浩浩荡荡开进大上海。在两天的时间内，他雷厉风行，出动上海市 6 个军警单位，在全市检查监督，让所有持黄金白银者去银行兑换金圆券，昭告上海市民："凡违背法令及触犯财政紧急措施条文者，商店吊销执照，负责人送到法庭法办，货物没收……"他选拔了 12339 个热血青年组成了一个"打虎队"，在 10 天之内，到大街上游行，带着武器到工厂、商店等地，翻箱倒柜、掘地挖墙、搜查黄金白银，强迫人民拿硬通货去兑换软质的金圆券。蒋介石每天在电话上询问儿子进展情况，成绩可喜。一个月中，上海中央银行收兑黄金、白银、外币共合计美元 37300 万元。蒋经国动用铁的手腕，打击奸商污吏、严惩腐恶势力毫不留情。财政部秘书陶启明因泄露机密被判刑；上海警备司令部科长张尼亚、大队长戚再玉因犯囤积罪被拉到大街上当众枪毙；犯事入狱大户 64 人，之中，甚至有大名鼎鼎的青帮头目，在国民政府中兼有要职的杜月笙的儿子杜维屏……外国人称蒋经国为"新经济沙皇"，中国好些商人则骂他是"不近人情的雍正皇帝"。一帆风顺的蒋经国最终因触碰、伤及大姨爹孔祥熙大姨妈宋霭龄家利益铩羽而归，"打虎运动"戛然而止。

蒋经国步步深入，顺藤摸瓜，查封了有问题的"扬子公司"，毫不留情地逮捕了该公司法人代表、大姨妈的大儿子孔令侃，宋美龄得知后大发雷霆，立即把电话打给蒋介石。那是 1948 年 9 月 30 日，蒋介石正在北平视察战备情况。电话中，夫人宋美龄不依不饶，逼着蒋介石下令放人。拗不过夫人情面，蒋介石只好让儿子放人。10 月 1 日，放不下心的宋美龄，亲自坐她的"美龄"号专机，飞去上海将外甥接回南京，而孔令侃的资产也未伤一根毫毛，"扬子公司"全部资产转移到美国经营去了。蒋经国由此连连败北，奸商们对他进行反击。囤积居奇、低价买进、高价卖出、金圆券贬值、物价飞涨，老百姓叫苦连天，生活简直过不下去。蒋经国伤心之致，在多家媒体上发表《告上海人民书》，向上海人民道歉。对儿子之所以如此，心知肚明的蒋介石，怕儿子过于伤心，对儿子百般劝慰的同时，1948 年 11 月 6 日，蒋介石特意安排儿子离开喧嚣的是非地上海，回山明水秀的老家奉化溪口去休养了一段时间。纵然是蒋经国搞得不成功的、时间很短的"打虎运动"而累积的资财，居然支撑了蒋介石政权一年的财政开支，堪称奇迹。

1949 年退到成都的蒋介石，他打的如意算盘是：在四川特别是在成都打一场"成都决战"，打是打不赢的，无非是打给以美国为首的西方国家看看，表明我蒋某人还在为保卫民主自由而战，为反击、抵制苏俄的"赤祸"漫延而战，希望以此换取以美国为首的西方国家对他的财政军事支援。打了"成都决战"，他就把他的成建制的以胡宗南部队为主力的中央军精锐部队，撤离成都，沿川藏线，经双流、新津、邛崃、雅安徐徐退入康藏，并借沿线的山高谷深天险，给跟进的解放军以有效的迭次打击，以空间换取时间，静观国际形势变化。蒋介石这个如意算盘如果打成了还真难办。中共高层估计在四川最少要打四年，而最终在几个月之间，蒋介石的如意算盘就被砸碎，慌忙中于 1949 年 12 月 10 日，带着儿子蒋经国乘坐"中美"号专机离开成都去台湾，四个小时后，飞过茫茫的中国大陆和波涛汹涌的台湾海峡到了台湾，从此后，蒋介石父子至死没有回到过祖国。之间，很大一个原因是蒋介石自己造成的。他刚到成都会见巴蜀父老时称："四川自古以来就是人文荟萃、物殷民丰之宝地。现在，四川更是政府赖以反共戡乱之最好基地、最后堡垒。值此多难时节，切望巴蜀父老和政府精诚团结，抱有匪无我，有我无匪之决心，共赴国难，则胜利有期。"寥寥数语，信心满满。而当时，任何人都看得出来，蒋介石要打成、打好他的如意算盘，他最大的威胁来自蒋介石名义上的部属——西康省政府主席兼二十四军军长刘文辉。刘文辉，四川大邑安仁镇人，多谋善断，对人对事极有主见，江湖上落下"多宝道人"绰号，历史上从未与蒋和谐过、合作过。抗战期间，所有的四川军人，上至刘文辉的侄儿（大刘文辉四岁）、绰号"四川王"的四川省政府主席兼川康绥靖公署主任刘湘，下至一般四川军人，甚至黎民百姓争相出川抗战。抗战八年，四川先后出兵共计 350 万，伤亡 65 万。四川出兵之多，伤亡之重，都是全国之最，一时全国抗日战场"无川不成军"。当时，全川每十四五个川人中，就有一个在前线抗战。在抗战最艰苦的 1941 年，四川以单独一省的财赋，支撑了全国开销的 1/3。为了筹措军饷，在百姓中叫作"范傻儿"的国民党军八十八军军长范绍增卖掉了自己的"范庄"。所有四川军人中，只有刘文辉不去。因为有这些历史原因，曾经在留学苏联时参加共产党，而且表现得很激进，过后又从共产党中反出来的蒋经国加上屡次同解放军交手都吃了大亏的胡宗南联合给蒋介石建议：为解除后顾之忧，武力解决刘文辉和他的部队。为此，胡宗南把他战斗力最强的李文兵团摆在了新津。只要一声令下，李部保证做到朝发夕至，一举彻底剪除刘文辉。可是，蒋介石犹豫了，基本上不同意。在他看来，刘文辉虽不听话，但不至于投了过去。因为刘文辉是共产党革命的对象，况且历史上打过红军，手上沾有红军、共产党人的鲜血。再者，刘文辉在四川树大根深，很有声望，他蒋某到四川，就要努力团结、笼络四川各党各派，争取人心，哪能在无凭无据，仅仅是怀疑人家的情况下，就动用精锐部队去自己人打自己人？！他把自己的想法、顾虑都说给了张群听，征求张群意见。张群也不多说，只说委员长的想法是对的，全面得多。后来形势一天比一天紧，蒋经国、胡宗南天天逼着蒋介石解决刘文辉。而自以为聪明绝顶的他，征求张群意见后，想了个高招，要刘文辉只身上成都，参加由西南军政公署主任顾祝同领导的、将指挥部设在成都将军衙门内的"成都决战指挥部"，与胡宗南，还有四川另一个实力派人物，抗战时期率大军支援山西的二十二集团军总司令，过后做过一段时间四川省主席，当时仍是九十五军实际掌权人，绰号"水晶猴"的邓锡侯，一并作为顾祝同的副手。他以为这样就可以把"多宝道人"限制起来、看管起来。而刘文辉这次听说听教，如野鹤闲云，独自离开雅安到成都。到了成都，就把自己关在成都文庙后街的公馆中，每天大门不出，二门不迈，也不会见朋友。蒋介石暗中窃喜，以为这次把"多宝道人"管住了、管牢了。其实，刘文辉比他厉害得多。早在抗战刚刚胜利，刘文辉就同共产党高层接上了关系，他在雅安苍坪山上的二十四军司令部，就秘密设置了共产党的秘密电台。从延安派出的、以王少春为首的三人小组随时将西康省、四川省方方面面情报，通过电台传送延安方面，再将中共高层的意见、指示转达给刘文辉。形势越发严峻，在蒋经国、胡宗南再次严逼紧催下，蒋介石给刘文辉最后三天时间。在这三天内，刘文辉必须电令自己的多少部队、多少辆军车，到指定位置，接受调动，准备参加成都决战。之间，发生了若干险情，一夕数惊。比如，刘文辉发回雅安的密电，被保密局侦知有异，保密局局长毛人凤逼着刘在"总裁"面前，与他当面对质对证。而在这样千钧一发、生死一念的关头，都被刘文辉四两拨千斤，一一化险为夷。在蒋介石给他限定的最后一个晚上，家中，他同邓锡侯还有一个四川实力派人物、挂西南军政长官公署副主任的潘文华苦思脱身之计而始终不得时，张群来了。张群一进门，沉着的刘文辉就发现张群满脸忧戚，他不无幽默地说："岳军快坐，你这个委员长身边的大红人、大忙人，今晚咋想起到我们这样的破地方来了？"

张群坐下连连叹气，说是："蒋先生要我明天一早赶去昆明，要我向'云南王'卢汉传达他的意思，要他把云南省政府和云南绥署分别搬到滇西的大理和保山去，挪出昆明以备中央从成都迁过去。"

"这有好大个事，岳军兄去传达了蒋委员的意思不就完了？"邓锡侯故意这样说。

"晋康（邓锡侯字晋康）兄，你说得轻松，我怕是这一次就回不来了。卢汉那人，脾气你们是晓得的，听说，他同共产党有勾扯，我担心我这一去，事情不仅没有办成，还可能被他扣作人质，以便同蒋先生讨价还价。"

"有可能啊！"潘文华故作惊风火扯地说，"岳军兄是委员长的打心锤锤，这一去，完全可能被卢汉扣作人质。"

"我们三个能帮你岳军兄什么忙？"刘文辉问。

"老母八十有余。"张群说着垂泪，他是个出名的孝子，父亲去世很早，是孀居的母亲一手把他拉扯大。以后他当了大官，多次要接孀居的母亲去南京，母亲都不去，张群无法，只得让老母居住在宽巷子的张家老宅，托地方上的朋友，如在座刘、邓、潘三人照顾老母。他们不仅答应下来，而且尽心尽力，让张群对他们很是感激。张群说："我怕是这一去，就无法回来给她老人家养老送终了。"

刘、邓、潘三人当即表示，如果岳军兄说的事真发生了，那么，替老伯母养老送终的事，我们挑起来就是了。张群千恩万谢，说时看表要走。

"慢着，岳军兄，我要向你借一样东西一用。"刘文辉说，"毛人凤这个狗东西封了我的门，我出不去。我想借你的车出一下门！"张群是何等样人，看看三人情状，想这刘自乾（刘文辉字自乾）是三天限定时间的最后一日，似乎明白了刘自乾借车原委，他答应一回去，就让副官李成带原车回来接他们，他们要去哪里，给李副官一说准成。临别，他对三位说："三位仁兄，我们共事多年，又是老乡，实话实说，时局是无法挽回了。值此千秋存亡关头，希望你们贯彻始终，与蒋先生一心，共支危局。国家有办法，我们个人才有办法。"张群说完去了。不过他说话算话，过后果然叫李副官带上车来接上了刘、邓、潘出去。守候在门外的特务发现不对，拦下车上去检查。李副官故作正经对拦车特务说："这是张（群）院长让我接他们三人去，说有要事相商！"拦车特务看车是张群的车，副官是张群的副官。张群是何等样人！就连他们的顶头上司——保密局局长毛人凤都靠不上边，他们怎么敢拦下来，只好放过车，把情况报告上峰。刘文辉把时间掐算得精了又精，事情算计得天衣无缝。当毛人凤发现情况不对，派人派车急追上去时，刘邓潘三人早在成都西郊茶店子换上了中共成都地下党等在那里接他们的车，一溜烟去了。1949 年 12 月 9 日，刘邓潘在邓锡侯掌握的九十五军驻地，离成都不过六七十里的彭县隆兴寺发出起义通电，这就是著名的"刘、邓、潘起义"。起义通电一经发出，立刻产生连锁反应，"云南王"卢汉立刻响应，就连胡宗南手中三个兵团中，除李文兵团外，另外两个兵团司令裴昌会、李振分别率部宣布起义……蒋介石立刻慌神，第二天逃往台湾。如果换一个人，依蒋介石对人的峻厉苛刻，肯定会对这事严加追查、严格惩处。可是，犯事的是张群，蒋介石佯装不知，让张群不仅在台湾安享晚年，而且，对张尊敬有加——当然，这是后话。

　　蒋介石对下属，尤其是对以服从命令为天职的将军，向来是冷着一张脸下达命令。特别是对抗战后坐飞机摔死的，给他立了大功的，外国人眼中的"中国特工王""蒋介石佩刀"的军统局前局长戴笠，在蒋介石眼中就是个"家奴"，动辄罚站，呼来喝去，独对张群别开一面，眉活眼笑，人前人后都称张群为岳军先生，这是他们差不多用一生时间打造的特殊友情、感情保的恒温。

　　蒋介石从小饱受欺凌，心灵创伤累累，年事渐长，争强好胜的他，需要一个人来帮助他、关心他、温暖他，当然，这个人是要有些本事的、能同蒋介石对话的。蒋介石终于找到了，这个人就是四川华阳人张群。蒋介石的母亲王采玉是浙江省奉化溪口镇盐商蒋肇聪的"填房"，蒋介石属于"拖油瓶"，8岁以前，家境富裕，他过着无忧无虑的日子。他是当地的"孩子王""打架王"，常把小伙伴打得鼻青脸肿。为此，母亲不知向别人家赔过多少礼道过多少歉。对于儿子，母亲还不能要求过急。有次吃饭，母亲多说了他两句，他居然把筷子当刀，对着自己的喉咙深处插下去，吓得母亲赶紧伸手握住筷子，才没有出大事情。蒋介石刚8岁，父亲因病去世，蒋介石和母亲的苦难日子开始了。蒋家人把他母子分了出去。母亲带着他和妹妹，只分得三间楼房,30余亩薄田和一片竹林，孤儿寡母，日子过得窘迫艰辛。他12岁时，母亲把他送到离家100里的嵊县葛溪村外祖父家，就读于姚宗元开设的私塾馆。这时，他家日子实在凄凉。每当他回家看望了母亲和妹妹，再去嵊县时，母子二人总是抱头大哭一场。后来，他为一国之尊后，曾在《报国与思亲》文章中，提到这段日子时写道："中正9岁（虚岁），一门孤寡，茕孑无依。其时清政不纲，吏胥势豪，贪缘为虐。吾家门祚既单，遂为觊觎之的，欺凌胁逼，靡日而宁，尝以田赋征收，强令供役。""产业被夺，先畴不保，甚至构陷公庭，迫辱备至。乡里既无正论，戚族亦多旁观，吾母子含愤茹痛，荼蘖之苦，不足以喻。"一种强烈的出人头地改换门庭的欲望与愤世嫉俗交织在一起，成了他愈挫愈勇的动力。经过很多努力，他考入保定军校的前身——

通用陆军学堂，在这里，他结识结交了同学张群。在军校，蒋介石因脾气急躁，爱与人争论而且争论起来，总是脸红脖子粗，总要争赢，被一些同学讥为"红脸将军"。为此，张群为他私下捡了不少"脚子"，化解了许多矛盾。

真正让蒋介石在军校有了些威信、声誉的是有一次有个日本教官给他们上课。教官拿出一块泥，拿着泥说，这块泥就像中国，里面有寄生细菌四万万。蒋介石听到这里气得面红耳赤，霍地站起来，走上讲台，从日本老师手中接过这块泥，掰成八块，指着其中一块泥说，这块泥就像日本，里面寄生着五千万细菌……张群带头为他鼓掌喝彩，全班同学为蒋介石叫好。过后，当蒋介石与张群转入日本东京士官学校学习时，本来，张群分到炮科，蒋介石分到步科。为了时相过从，张群主动放弃炮科，转到步科。这些，都是让蒋介石感念于心的。但是，因此就说张群在蒋介石面前从来无私，也不是事实。当蒋介石与张群学成归国，服膺于孙中山先生麾下，在斗争中崭露头角，受到孙中山先生重视。蒋介石历来看重四川，认为四川是"中国首省"。这个概念首先来源于他们在日本时，孙中山的一个富有远见卓识的友人，对四川的分析与建议，这与诸葛亮的《隆中对》大同小异。诸葛亮对三顾茅庐的刘备指出："益州（四川）险塞，沃野千里，天府之国，高祖因之成帝业……"

1911年辛亥革命成功后，蒋介石对孙中山先生提出，想到四川抓军事，先生欣然同意并很支持，给曾经的同盟会会员、四川执政者熊克武写了一封信，推荐蒋到四川省当省警察厅厅长。蒋介石下来征求好友张群意见，因为张群想回四川，他告诉蒋，熊克武不易共事，蒋去了，作为外乡人肯定会受到排挤，不如留在广州，留在孙中山身边，前途远大些。蒋介石接受了张群建议，打消了入川念头，张群给蒋提出来，不如把这个四川省警察厅厅长的职务留给他这个四川人回去当。蒋介石愿意成全张群，不过，当他就这事去请示孙中山时，孙先生不高兴，却又碍着他的面子，给张群写了推荐信。不过，将原先拟定的给蒋介石的四川省警察厅长降为成都市警察局长，张群不高兴，嫌官小了，最终没有成行……

又是一天。张学良、张群的时间掐得很紧。作为主人，张学良把一切安排得井井有条。上午9时半，去飞机场接张群的轿车徐徐驶到大帅府小青楼前停下——这是大帅少帅先后的办公楼。张学良下楼迎接。张群还是那副外交家的样子，西装革履，风度翩翩，两人同时伸出手来，互致问候："岳军先生好！""总司令好！""请！"张学良把手一比，带客人上二楼进了他的小客厅。撩开挂在门上的珠帘，屋里地上铺着一条绿色地毯，正面是一套适宜坐下谈判的沙发，中间隔一西式茶几。之下退两步远，一边摆三把中式黑漆靠背坐椅。显然，这间小会客厅带有私密性质。没有多的过场，两人隔几坐在沙发上，才刚触及正题，在门外值守的机要副官隔帘报告总司令，杨总参议长有要事求见总司令，二张的眼光一碰。张群的眼光露出惊异、叩问。意思是，我们这样重要的私密会谈，你底下的人都敢来打扰、闯关，难道你的位置不稳？张学良的目光是温和的、稳健的，流露的意思是，你放心！张学良略为沉吟，吩咐门外值守副官："那就让他进来吧。"

门上珠帘一掀，杨宇霆进来了。他左手掀着珠帘，眼睛看着坐在沙发上的南京来人，假意做出惊讶："哎呀，真是不巧，我不知总司令在接客，打扰了，要不我等会儿再来吧？"

"就一起来谈谈吧！"张学良说着站起，给他们作了介绍，双方象征性地握了握手，都坐到自己的位置上。杨宇霆坐在离张学良有两步远的那把中式黑漆椅上。

"你来得正好！"张学良对杨宇霆笑着说，"你是我们前朝和后朝的老人了，事情我也不背你。我正和蒋介石蒋委员长派来的全权代表张群先生，最后确定东北易帜问题。"

"东北易帜？什么意思？"杨宇霆装作不理解，故意这样问。

"从今以后，无论是我们东北三省，还是作为诸如过去的东三省总督类似的行政区域，都归属于中华民国的大一统下，都服膺于服从于中央政府，你听明白了吧？"

"总司令就不怕部下不服？"

"不怕！"

"总司令就不担心日本关东军干涉？"

"关东军算个什么东西？"说到关东军张学良就来气，"这支部队早先就说好了的，是为保护他们的南满铁路而设置。说好了不干涉我们的主权、行政权。还有，这支部队从设置那天起，就说好了，心甘情愿当我们一条看门狗，他们有什么理由，阻碍我们东北三省回归祖国大家庭的怀抱？"一连串的问，问得杨宇霆哑口无言。张学良说这段话的由来是：日本称山海关以东的地方叫关东州。1905年时日俄战争日本胜，取得辽东半岛南部地区实际管理权，他们称这里为关东州。当地有条南满铁路，其经营权当时归日本所有。为保护这条铁路，日本在这里设置了一个师的兵力，这支部队叫关东军，以后逐渐扩大，最后关东军扩展到14个师。关东军在张作霖时期，一直声称，为张大帅防守北大门，防御苏俄的入侵。打着这样的幌子，关东军一再增兵，最多时候达到24个师，约70万人，这支部队最后成为南下侵华战争的主力部队。

"总司令不觉得这样做，有背于大帅初衷吗？"杨宇霆以攻为守。

"大帅如果健在，想必也会东北易帜，幡然悔过。"

"何以见得？"

"因为时代变，人就得变。还是孙中山先生说得好'革命潮流，浩浩荡荡，顺之者昌，逆之者亡'。岳军先生的家乡成都，有座著名的武侯祠，祠里有清人赵藩总结三国时期诸葛亮治国理政的名联'不审时即宽严皆误，后来治蜀要深思；能攻心则反侧自消，从古知兵非好战'。这里面最要紧的就是提示我们做人做事，最要紧的是四个字'审时度势'！"

看张学良是吃了秤砣——铁了心，杨宇霆彻底失望了，他快快站起来说："你们谈吧，我先告辞了。"说时，注意打量了一下张学良，这天张学良军装笔挺，一头乌黑的头发往后梳得溜光，英姿勃发，信心满满。时年27岁的张学良与两年前杨宇霆眼中那个乳臭未干的小六子相比，简直是天上地下，换了一个人。

"邻葛先生，你等一下。"张学良唤住杨宇霆。

"还有事吗？"杨宇霆转过身来。

"年关快到了，你通知一下各省省长，都回奉天，大家见见面，乐和乐和。你手中其他的事情都可以先搁一下。"杨宇霆知道糟了，他的一切职权都被剥夺了。他无可奈何地点点头，出去了。杨宇霆刚出去，张群就比起大拇指，连夸"总司令高明"。说"我原先就听说这个人霸道，不想真是如此"。

"不仅霸道，而且坏。"张学良说他好不容易从北京回到奉天接父亲的班时，在那个小型会议上，杨宇霆公然气急败坏地跳出来，说老帅的临终遗嘱上，总司令不是我张学良，这不是胡说一通嘛！大帅去世时，根本没有留有遗嘱，即使有也是口头遗嘱。大帅身边只有两个人，一个是我二妈，一个是我媳妇于凤至。"

"这个人总归是个祸害，总司令准备如何处置？"

"岳军先生，你今天是听到了的，对这个人我是苦口婆心，仁至义尽。如果他要一条道走到黑，我张学良只能为国为民，为东北的父老乡亲除害了。"接下来，二张关门详谈，谈定了有关东北易帜的一切事情。

1928 年 12 月 29 日，张学良在奉天通电全国谓："仰承先大帅遗志，力谋统一、贯彻和平，已于即日宣布遵守三民主义、服务国民政府、改易其帜！"从此，东北降下了原来北洋政府的五色旗，升起了国民政府的青天白日满地红旗。此举，标志着奉系作为一个时代产物的结束。

隔天——30 日，南京国民政府发布，张学良为全中国陆海空三军副总司令兼东北边防司令长官。张学良手下重要将领张作相、万福麟分别为东北边防副司令长官。张作相（兼）、翟文选、常荫槐、汤玉麟分别为奉天（辽宁）、吉林、黑龙江、热河省政府主席。

二

夜已深，万籁俱寂。大帅府已经沉睡，唯有主楼二层中间一扇窗户还亮着灯，有种不屈不挠意味。

这是 1929 年初一个寒冷的冬夜。

灯光是从张学良办公室里透出来的。

静夜多思。张学良在他的办公室里轻轻踱着步，思索着什么，似乎又有点疑虑不决。他走到窗前，轻轻撩开窗帘朝下看去：夜幕中的大帅府与白天又不同，这时看去，似一匹奔马又像一头雄狮……一种激情油然而生。他想，在这同样一个晚上，日本关东军司令部以及内崇——蠢蠢欲动的杨宇霆、常荫槐想必也没有歇着。

他的思绪朝这个方面走去。年前，他毅然决然宣布东三省易帜，服膺于中华民国之后，日本关东军司令部、日本朝野，表面上对他并没有什么过激的反应，只是表示"关切"，他知道这是暂时的。这种现状，基于两点：一是他还没有触动日本人在东北的既得利益；二是尽管如此，日本人对他还是已经失望了，但又不好直接出手，日本人在他的内部寻找代理人。日本人寻找到的代理人就是杨宇霆、常荫槐。日本人还没有准备好，而他已经准备好了。

东北易帜后，杨宇霆、常荫槐对他恨之入骨。他们以日本人为靠山，阴谋叛乱，有计划有步骤地进行着准备。常荫槐在控制的黑龙江省秘密组建了一支两万余人的武装。杨宇霆秘密派人到广西同桂系头目李宗仁、白崇禧谈；同一切可以联合的人谈。同时，杨宇霆并没有放下权力，利用他所兼东北兵工厂督办（厂长）之便，假公济私，要兵工厂中两万余名军工加班加点造枪造炮……种种迹象表明，杨宇霆、常荫槐要对他张学良动手了。

静静的深夜里，他似乎清晰地听到了这二人的霍霍磨刀声。

先下手为强，后下手遭殃！狭路相逢勇者胜！他站在挂在正面墙壁上那幅二十万分之一的东三省地图上凝思。慢慢地，他将握起的拳头捏紧。逮捕甚至在必要时诛杀枭首杨宇霆、常荫槐的计划，几天前，他就同辅帅张作相商定好了的。在下决定前，他再把这事的必要性及种种细节，又细细过一遍。他就像一个高明的棋手在下一盘盲棋。事情太重大了！一招不慎，满盘皆输。杨、常二人都不是简单的人。他们是自己的前辈，要功名有功名、要手段有手段、要经验有经验。如果稍一不慎，后果难以想象，很可能会引来杀身之祸。想到这些，少帅心中掠过一丝胆怯、慌乱。为了抑止这丝胆怯、慌乱，给自己一点心理安慰，他走上前去，从办公桌下的抽屉里，拿出一块白花花的银圆"袁大头"——那是袁世凯时代流通货币，是最大的钱。银圆正面镌刻着袁世凯头像，背面是"货币制造厂"等字样。

少帅把白花花银晃晃的"袁大头"拿在手中，在心中默了默，如此期许："我把货币抛起来，掉在地上后，如果大头朝天，表示杨宇霆、常荫槐该死。我会顺风顺水。反之，就是时机未到，我还得三思。"然后他将眼睛一闭，将手中"袁大头"高高抛起，"袁大头"当的一声落在地上。他睁开眼睛，忍着心跳，双手走上去蹲下来，深呼了一口长气，将按在"袁大头"上面的左手一移，暴露在灯光下的是"袁大头"正面，手中的袁大头笑得弥勒佛似的。

"好，苍天佑我！"这一刻，少帅下定了最后决心。

连日来为应付日本人连轴转的东北保安司令部外交处处长王家桢，直到昨晚深夜忙完最后一宗事，才睡去。算好第二天有整整半天时间可以好好休息，拉伸睡。不意黎明时分，摆在他旁边茶几上的电话铃声惊抓抓地响起，把他惊醒。他睡意蒙眬地，很不耐烦地拿起电话，刚喂了一声，立刻惊讶得睁大眼睛，睡意全消。电话竟然是总司令张学良直接打给他的，这可是破天荒的。

"是王家桢王处长吧？"少帅问，语气很有些疲惫。

"是！"王家桢一个鲤鱼打挺，坐了起来。

"请你立刻到这里来一下，有要事！"略为沉吟一下，少帅说，"你准备一下，我的车马上来接你。"

"是！"王处长敏锐地预感到，少帅一定有万分紧要的事要他去办。至于什么事,他已猜测到了几分。他下了床,用最短的时间穿好衣服,胡乱洗了脸。当他穿戴整齐时,院子外汽车喇叭嘀嘀响了两声,接他的汽车来了。

司机将车开得飞快。整个奉天城还未完全醒来,大街上显得空旷;在这黑夜与白昼的交接间,一丝丝淡青色的晨雾在若有若无地流动,显出一丝神秘。一刻钟后,司机将车直接开进大帅府,开到少帅住的小青楼下停住。站在门口等他的张副官,对王家桢一叠连声说:"快、快,少帅在等你。"

他们三步并作两步地上了二楼,刚走到少帅的办公室前,看来一夜未睡,戎装笔挺,头上没有戴帽子,在室内来回踱步的少帅,听到了他们的脚步声,立刻问:"王处长来了吧?"

"报告总司令!"张副官站在门前,胸一挺,隔帘道,"王处长到了。"

"来了还不赶快进来!"

"是。"张副官答应时,上前替王处长将珠帘一掀,王家桢大步走了进去,给少帅敬礼、问安。张学良却还沉浸在他的思绪中,对站在面前的王家桢视而不见,听而不闻。背着手继续踱他的步子。稍顷,停了下来,转过身来看着王家桢问:"如果我们内部有人事变动的话,你看外交上会不会引起什么问题?"

这好似突头突脑的一问,对于不在其中的人,肯定是丈二和尚——摸不着头脑。但熟知内情的王处长,一下就印证了先前的猜想。知道少帅之所以如此,是因为紧张。

"报告少帅!"王处长这样回应,"如果纯粹是我们自己家的事,那就完全不用理会别人、不用理会日本人说三道四;而且他们也没有道理、没有理由管我们的家事。"少帅很认真地听后,满意地点了点头,又背起手踱起步来。王家桢看少帅没有再问他,也没有别的交代,怕他在身边,反而打扰少帅,就问了一句:"总司令,还有别的事吗?"

"没有事了,你去吧!"张学良挥了一下手,王家桢处长这就去了。这事发生在1929年1月10日,这个星期日早晨。

这天黄昏时分，两辆漆黑锃亮，差不多一模一样的日产最新式小轿车来在大帅府。门前站岗的卫兵按常规上前检查，确信两辆车中分别坐的是总参议长杨宇霆、黑龙江省省长常荫槐，而且他们都是孤身一人没有带人，卫兵将手中小旗一举，示意放行。

两辆日式轿车前后跟进了大帅府，沿着两边簇拥着冬青树的柏油道，朝走马转角楼中少帅住的小青楼而去。很是幽静，车轮触地，发出轻微的好听的沙沙声。

常荫槐坐在第一辆车上。他身着一领黑色缎面长袍，外罩团花马褂，戴獭皮帽，50来岁，身材高大，马脸上一脸的麻子，他戴副眼镜，手中象征性地拄根拐杖。这时他一动不动，沉思默想。有句话说得好，"爬地草根多，麻子心眼多。"常荫槐很有心计，他总觉得今天来大帅府有些不对劲，但又不能不来、不敢不来。

这次，张学良召集他们这些东三省头面人物到奉天开会，开了一天，完全是走个程序，为开会而开会。会一完，他立马就要回到他的地盘去。可是会议完后，少帅发话了，要他们悉数留下。说是，年关到了，身为总司令的他平时很少同大家见面，大家好不容易凑到一起。他请大家到大帅府打打麻将，吃点好的，听听戏，联络联络感情。其他人倒乐得，一致赞成。只有他和同样心怀鬼胎的杨宇霆心中惴惴不安。好不容易，度日如年，两天过后，大家该走的都走了，少帅偏把他们二人留下，说有要事相商，指定的时间就是这个时候。这让他和杨宇霆有点炸、有点虚。莫非我们什么地方露出了马脚？为此，昨天下午他和杨宇霆单独在一起，细细反省。反省的结果是，他们的事做得天衣无缝。但他们心中总是虚。有句话说得好：为人不做亏心事，半夜不怕鬼敲门。然而，他们却在私下做了许多亏心事！他们甚至后悔这个会他们本就不该来。可是，已经来了，没有办法，人在屋檐下，不得不低头。他们只能在张学良指定的时间内，硬着头皮来。

小青楼到了，两辆日式轿车嘎地停下。常荫槐、杨宇霆下车后发现，张学良的副官张飘已经等在那里了。

"杨参议长、常省长,请!"让他们吃惊的是,张副官并没有把他们带上楼,而是把他们带进小青楼旁边"老虎厅",说张总司令在里面等他们。

"老虎厅"的得名是,大帅张作霖生前特别珍爱东北虎,在小青楼的东边特别置一厅,厅里置放的都是形形色色的东北虎标本,配上若干幅绘声绘色的相关油画。进入老虎厅,就像实地进入了阴森森的东北原始森林,似乎听得见兽中王东北虎在森林深处发出的惊天动地的虎啸长鸣。

杨、常二人一被张副官带进老虎厅,就被吓得迈不开步子。他们一步三挪地翻着白眼问张副官:"张总司令咋让你带我们进老虎厅?"

"带我们进老虎厅做啥?"

"打麻将。"张副官一笑,如此回应。

"这样吓人的地方能打麻将?"杨宇霆咋咋呼呼地说,"我和常省长看着东北虎就害怕,我们就不进去了吧!"说时想溜。

"不行!"张副官态度很横,手一比,非要他们进去不可。与此同时,令杨常二人惊讶不已的是,张学良的一群武装卫兵上前,将他们围了起来。

"这是干什么?"常荫槐强打精神问。

张副官一笑:"这是总司令怕你们不去,派他来请。"

"除了我们二人,张总司令还有没有请别的人?"杨宇霆吓得青了脸,却故作镇静地问。

"有呀。"张副官哄他们,"辅帅张作相他们早进去了。"说时,杨、常二人被张副官等裹挟着战战兢兢地进了老虎厅中的老虎窝。他们前脚刚刚跨进门,两扇老虎嘴似的大门,轰的一声关上了。

惊恐不已间,暗淡的灯光下,张学良并不在老虎窝里面。阴森恐怖中,忽地闪现出七八个张学良的卫士。朝他们围上来,一个个杀气腾腾,横眉怒目,手中紧握张着机头的手枪。

"你们要干什么?"杨、常二人完全明白了,也绝望了。他们脸色煞白,逃走无望，将身子靠在门上，大声喝问，强作镇静。

"杨宇霆、常荫槐，你们何必再问？你们心中明白！你们作恶多端，阴谋造反，死有余辜！"内中闪出警卫排长，厉声道，"我奉张总司令命令，对你们执行死刑！"话刚落音，排长手中枪响；其他卫士同时响枪，将杨、常二人打成肉泥。

回到家中待命的东北保安司令部外交处处长王家桢，一直觉得有要事将要发生。果然，天刚擦黑，他接到大帅府张副官打来的电话，说少帅叫他快去。

王家桢上了车，心急火燎地叫司机将车开快些。进大帅府，车到小青楼，车还未停稳，一直站在门前等他的张副官手一招，说："快，随我来，总司令就在等你。"

张副官带王家桢上了三楼，来在少帅常用的西客厅。客厅开着一道门，里面黑灯瞎火好像没有人。

张副官站在门边报告："总司令，王家桢王处长到了。"

"进来。"是张学良竭力镇静的声音

王家桢得令，一脚跨进去，不由暗暗吃惊。好半天，他的眼睛才适应，屋里没有开灯，黑暗中，一地的红烟头，一屋子都坐的是人。他们是张作相、翟文选、万福麟、王树翰、王树常、袁金凯、莫德惠、刘哲、臧士毅等。他们都是东北政务委员会委员，神情都有些紧张。少帅不在，单独在另一间屋子里。

单独在另一间屋子里的少帅要王处长进去。这间屋子也没有开灯，透过远远窗户上透进来的灯光，只见少帅有气无力地躺在小床上抽烟，也是扔了一地烟头。

"啊，王处长来了！"王家桢回应后，少帅吩咐他，"你马上到顶楼郑秘书长办公室去，看他拟就的就今天事件的报告拟好没有？拟好了，你就直接拿一份去，对日本有关方面作出解释，然后回来向我报告！"

场面如此神秘、紧张！虽然王处长不明白其中道理，但心中已经估计到了。他答应下来，三步并作两步地上了顶楼。顶楼又不一样，间间房间里灯火辉煌，秘书长郑谦领着一班人正忙着。进了秘书长办公室，正在说着什么的秘书长郑谦和秘书处九处处长刘鸣九看着他说："来了吗？"郑秘书长随即将一份已经打印好的文件给了王家桢。王家桢接过一看，不出所料，是一份将杨宇霆、常荫愧正法判决书。书中列举了杨、常二人目无法纪、侵吞公款、任用私人、暗中组织军队、图谋不轨等十大罪状。已经被执行死刑。

看王家桢将判决书看了一遍又一遍，也不作声。郑秘书长显然有些担心，问负责对外交涉的王处长："你看就这样向日本人交代行不行？"王家桢这时心中已经有数。判决书中所列举的杨、常二人的十大罪状，无论按照民国法律，还是东北法律，他们犯了其中任何一条都是死罪，这没有问题。日本人从中挑不出任何破绽、任何毛病；只能哑巴吃黄连——有苦说不出。

王家桢想了想，说行。

他拿着这份判决书，连夜去到日本驻奉天领事馆，要求见总领事。日本驻奉天总领事新近换了人，新的总领事叫林久治郎，林久治郎立即出来会见了王处长。

王处长进客厅时，林久治郎已经等在那里了。明灯灿灿中，只见这林久治郎有一张圆圆的脸，西装革履，40来岁，戴一副黑框眼镜，个子不高但敦实，脸上络腮胡刮得发青。日本人总这样，不管眼睛是不是近视，总喜欢戴一副黑框眼镜，动作也很程式化。

林久治郎对黉夜而来的王处长鞠了一躬，道过辛苦后请客人坐。两人隔几而坐。表面上客气的林久治郎眼睛厉害，钉子似的眼神透过眼镜的玻璃片在王处长脸上打转，阴阳怪气地说："你们中国有句话说得好，'来者不善，善者不来。'王处长深夜驾到，肯定是有什么要事与我交涉，而且不是什么好事吧！"

"好事坏事？要看怎么看！"王处长单刀直入，"我受张（学良）总司令命令，特来向贵方通报一件要事。"说时，将皮包拉开，拿出一份判决书，交给日本总领事。

日本总领事林久治郎一连将判决书看了几遍。显得很是惊讶，看完后用手托了托眼镜，掉过头，拧起一副扫帚似的浓眉问王处长："有这样的事？"

"有这样的事。"王处长很肯定地回答，振振有词地将判决书上所列杨、常二人的十大罪状，说得更具体化了些。

日本新任驻奉天总领事林久治郎，对王处长出示的这份判决书无法挑剔。这是中国人内部的事，而且，杨、常二人犯的条条都是死罪，他能说什么呢？只能承认自己倒霉，一上任就遇到这样棘手的事。他只能一边听王处长解释，一边假意将捏在手上的判决书再看下去，想着如何办！

目前，不止是关东军司令部，就是整个日本帝国都对杨、常二人寄予了很大希望，也给予了他们一定的支持。但这一切都是幕后的、偷偷摸摸的、见不得人的。现实的问题是，杨、常二人已经被张学良处死了，人死不能复生。以后，关东军司令部、帝国的利益在东三省还得同张学良打交道。这个时候，他们最好的办法是装糊涂，千方百计羁留、羁绊张学良。这个时候，决不能同张学良闹翻、闹僵、翻脸……一切为了帝国，为帝国在满洲尽可能争取最大利益——这是他来就任奉天总领事时，外务省再三给他交代的原则。思绪走到这里，林久治郎抑制住满腹疑窦和不快，就此事如此答复王处长："感谢阁下及时把这个消息、内幕通报给我。我会立刻把这一情况造报告外务省并转关东军司令部，以便我们统一口径。我们不会干涉你们的内政。希望王处长转告张学良总司令，我们会一始既往地支持张总司令；也希望张总司令与我们一如既往地精诚合作。拜托了！"林久治郎说时，站起来向王家桢深鞠一躬。

"那最好了。"王家桢给这个日本人回了礼，抑制住满心欣喜，彬彬有礼地说了些外交辞令后，告了辞。

王处长赶回大帅府时，已是第二天零时。来在小青楼前，只见少帅的副官正带领一批卫士将杨宇霆、常荫槐的尸体用担架从老虎厅里抬出来。杨、常二人的尸体用厚厚的军用毛毯裹着，二人的血从毛毯里浸了出来，已经凝结。卫士们将二人的尸体抬上停在旁边一辆有篷大卡车上。王家桢不及细看，三步并作两步上了三楼进了西客厅。多少时间过去了，西客厅仍然保持着他先来时的原样，只是屋里开了一盏小吊灯。昏黄的灯光下，坐在那里的还是那些大员，大员还是保持着紧张的神情，都呆坐在那里，只是扔在地上的烟头更多了些。看王家桢进来，神情紧张的大员们都看着他，问他事情办得如何，日本人怎么说……就在他忙不迭地点头应答时，辅帅张作相把手一挥，对王家桢说："快快快！快进去。都不要说了。总司令急得不行，他在等你！"

辅帅张作相把王家桢带进屋，还睡在那张行军床上的少帅一见王处长，翻身而起，张口就问："日本人那边作何反应？"神情紧张得不行。王处长原原本本地将少帅在紧急情况下不得不将杨宇霆、常荫槐正法的事说了；包括他观察到的日本驻奉天总领事林久治郎的表情、心理活动以及他对日本人之所以如此的分析等等都条理清晰地讲述一遍。

"成了。"张学良这才如释重负地吁了长气，手在行军床沿上一拍，随即又躺下去，对站在旁边的张作相、王家桢说，"我实在是有些熬不下去了，太累了。"他要辅帅张作相出去，把刚才的情况告诉在外间坐了一屋子，担着心的人员们；要大家散了，赶紧回去休息。只留下王家桢。

"树人啊！"躺在行军床上的少帅张学良亲热地叫着王家桢的号，说，"险关过去了。这一下我们更得好好地干啊！"想了想，他又交代王家桢，这事，第二天得去苏联驻奉天领事馆、英国驻奉天领事馆通报。张学良有些不放心地问王家桢："估计苏联驻奉天领事馆、英国驻奉天领事馆对这事会有何反应？"

"在这事上，日本人都只能是干气，打不出喷嚏。这两个国家在我东三省的势力、实力以及既得利益都比日本少得多、小得多，不会有什么大的反应。

"我明天去，没有必要把我们自己家里发生的事向他们解释，最多将判决书给他们一份就行了。而且，我们如此厚此薄彼，日本人会很受用的。"

张学良听完点点头说："有道理，很有道理。"然后关切地对王家桢说：

"树人，你也忙一天了，如果没有什么别的事，就赶紧回去休息吧。"

王家桢没有忙着走，他说："总司令，我想到一个问题。杨宇霆、常荫槐的问题不应该影响到他们的家庭、不应该影响到他们的子女。现在，同杨、常沾一点边的人都在一边看，吓得不行……我建议，将此二人与他们的家庭、子女，还有别的人划割开来。这样，不仅可以显示总司令的大度，而且可以争取到好大一批人。"

"对，很好！"张学良说，"已经是民国了，我信仰孙中山先生的三民主义。我决不搞株连九族的封建社会那一套，你放心！"说着翻身而起，大声对外问："刘多荃来了没有？"

"总司令，我来了。"刘多荃应声而进。其人气宇轩昂，他是张作霖、张学良父子都看重的人；东北人，东北讲武堂毕业，时任东北边防司令长官公署卫队统带。这角很重要，相当于古代皇帝的御林军统领，刘对张氏父子忠心耿耿。就是这个刘多荃，在后来的"西安事变"中，是率队攻打蒋介石卫队、捉拿蒋介石的急先锋。

"你赶快去告诉、安抚杨大嫂、常大嫂，就说我说的，她们丈夫干的事与他们家人无关，并代表我给她们各人送安抚金一万元。"刘多荃接受命令，连夜办去了。王家桢看少帅再无吩咐，回去了。

毫无疑问，杨宇霆、常荫槐是横亘在张学良前进路上的两只拦路虎。除掉他们，不仅在世人面前显示了过去少为人知的少帅的胆略、智慧、才干、担当，同时给了敌人相当的震慑。以全新的面目示人的少帅张学良，威信如日方升，加强了向心力。一段时间以来东三省一些地方、部门出现的人心涣散、谣言四起、政出多门等乱象得到了很好的整治，从而气象一新，人心统一。张学良再无大的掣肘和顾虑，政权得到巩固，朝他的理想大步前进。

第十章 民族功臣

一

1930年9月10日这个深夜，刚届而立之年的东北保安司令张学良将军失眠了，浮想联翩。明天，蒋介石特命全权代表张群又要来了，他这次来，与往回意义不一样。以往，"华阳相国"来，每次都是有要事相求。而这次，张群是代表蒋介石蒋委员长请他到首都南京去当军界中一人之下，万人之上的中华民国三军副总司令，领受中华民国一级陆军上将衔。也就是说，请他到中华民国首都南京去荣耀荣光。蒋介石蒋委员长要亲自把他介绍给全中国全世界。

沉思默想中，睡在他身边的赵一荻，被他改名为赵缇，他却喜欢称她"小妹"的动了一下。轻轻翻个身，又睡了过去，睡得很香很沉；他能感觉出她均匀的呼吸和身上发出的好闻的香气……这一切，让他感到温馨。于是，他的思维一转，转到睡在身边的这位"小妹"身上。出身于大户人家的千金小姐"小妹"，年纪上将近小他一半，却一点也不娇气，很懂事。年前她同他一起回到奉天，做出了旁人难以理解的牺牲：父亲同她割断父女关系，她同他也没有夫妻名分，屈居北陵。好在夫人于凤至温良贤惠，对"小妹"很好。凤至到北陵欢迎"小妹"加入这个家庭。她对"小妹"说，从今以后让我们做好姐妹，共同照顾好汉卿（张学良字汉卿）。因为他不仅是属于我们的，也是属于东北的、属于国家的，请回家吧。"小妹"接受了姐姐的好意，同她一起回到家，回到了帅府……

思绪悠悠中，当——当——当！隔壁书房里的钟声隐隐传来，钟声响了六下。北地亮得很早。虽然卧室里的窗帘拉得紧紧，但这时，一缕清亮的晨曦，还是透过窗帘边缘，星星点点地洒在了窗下。又是新的一天了！他是一个习惯早起的职业军人，一骨碌翻身起床，到外间书房里取了一把剑，到空气清新的后花园中练剑，这是他每天早起必做的功课。金鸡独立、深呼吸、猛出剑；腾、挪、跌、跃呼呼生风，一招一式，刚劲有力。

当他做完这些功课后回来时，赵缇已经起床，坐在梳妆台前化妆。女佣已经进来整理过卫生了。窗帘已经拉开，室内一片光明整洁。铺在地上的草绿色地毯一尘不染。席梦思大床上，被子理得四棱四角——这是"小妹"要求女佣这样理的，军人喜欢严整。可见赵缇的善解人意，也是对他的一份情意。从化妆镜中看着进来的少帅，正拿一支唇膏在自己的嘴唇涂着的她，笑微微地问："姐姐今天同我们一起去机场接张代表吗？"

他们都叫于凤至姐姐。张学良看着梳妆镜中的"小妹"说："姐姐不去，就我们去。"一朵温情的浪花，在她心中轻轻荡起、漾开。她知道，这是姐姐于凤至对她特别的情意。

她化好妆，站起转了一圈让他看："你看我今天这样一身，同你一起去接蒋（介石）的全权代表张岳军，可还行？"

"嚄！"张学良不由眼睛一亮，说，"你今天真是漂亮极了。"这天，她穿一件鹅黄绲花宫缎旗袍，襟头绣有一只绿色的凤凰，她本来身材就好，这样一穿，频添风采。她左手无名指上戴一只钻石戒指，光芒四射，两只白嫩的手腕上，一边戴一只碧绿的翡翠镯子，这就同戴在耳朵上滴溜溜转的翡翠耳环交相辉映，越发显得青春焕发、明眸皓齿、模样俏丽。

"小妹，你知道我看到你今天这个样子，想到了什么吗？"张学良打趣。

"不知道。"她笑道，"你说来听听。"

"我想到了张恨水在他的作品中对我们北国佳丽概括得最好的一句话，你知道是什么吗？"张恨水是20世纪最有影响的作家，他的作品的影响几乎绵延了整整一个世纪。张学良和她都爱看这个作家的书，比如《八十一梦》《五子登科》《夜深沉》等等。

"矫健婀娜！"少帅说，"张恨水这四个字一句话，对我们北方佳丽作了最生动、最形象的概括和展示。你今天就最是'矫健婀娜'！一会儿蒋先生的红人、张代表一看到你，肯定也会这样认为。他可是个博学的人，也是个审美情趣很高的人。如果不信，我们一会儿可以让张代表当场给你打打分。"

她不置可否地笑笑，说："汉卿，你也该换衣服了。"

"你看我今天着什么装合适？"

"当然是军装。"她说，"这是一个正式场合，而且你马上就要去南京就任三军副总司令，这是多大的荣光、荣耀。"

"好的。"张学良接受了她的建议。吃了早饭，他们上了那辆刚由美国买回来的"克拉克"流线型防弹轿车，由多辆轿车前后护卫着出大帅府，去了奉天机场。

第二天上午，当接张学良的专机降落在南京的下关机场时，张学良受到了空前热烈的欢迎。为人向来傲慢的蒋介石破天荒地率宋子文、孔祥熙、何应钦、陈诚、陈布雷、戴季陶等一帮亲信大员到机场迎接。

下关机场金阳朗照。这样的好天气，好像预示一切都有个好的开始。当西装革履的张群陪着戎装笔挺、雄姿英发的张学良出现在舷梯上时，远远的，身着民国大礼服——蓝袍黑马褂时年43岁的蒋介石，就对张学良扬起手来，表示欢迎。他那张素常铁板一块的瘦脸上露出了难得的笑容，率宋子文、孔祥熙、何应钦、陈诚、陈布雷、戴季陶等一帮大员迎上前去。

军乐队奏起迎宾曲。

张学良快步而下。

"唔、唔，汉卿好！"蒋介石满面漾笑，同张学良握手。

"委员长好！"握过手，少帅给蒋介石补敬了个标准的军礼，蒋介石这又转身，将跟在身后的亲信大员们一一给少帅作了介绍，少帅同大员们一一握手后，分批上了汽车。张学良同蒋介石坐同一辆车进城。车队首尾衔接，离开下关机场，浩浩荡荡，朝南京市内开去。

张学良沿途受到空前热烈的欢迎。那些欢迎他的大标语上，大都用大字写着这样的问答句式："为什么我们要欢迎张（学良）副总司令？""因为他是民族功臣！"……车进南京城，更是受到大街两边民众夹道欢迎。这些民众手中扬着鲜花，也是一问一答，看来是练过的。一边整齐地大声问："为什么我们要欢迎张（学良）副总司令？"一边整齐地回答："因为他是民族功臣！"……

张学良一时没有缓过神来，问陪坐在侧的蒋介石："委员长，我算什么民族功臣？"

蒋介石很感慨地说："如果没有你张汉卿，1930年的中原大战最终鹿死谁手很难说。如果没有你张汉卿东北易帜，东北三省很可能会成为日本人属地……也就是说，如果没有你张汉卿，中国的疆域、中国的历史很可要重新划定，重新改写。中国就会倒退。"蒋介石欣慰地感叹说："说你张汉卿是民族功臣，一点也不为过。"

可是，蒋介石在说这话的时候，万万没有想到，仅仅过了六年，张学良发动"西安事变"，逼使蒋介石放弃内战、停止"剿共"；宣布就此联合全国各党各派共同抗日。张学良这次更是大大改写了中国历史。

为此，中共中央主席毛泽东及周恩来、刘少奇等中共要人多次在公开和私下场合也称赞张学良是"民族功臣"。同样是"民族功臣"，内涵是不一样的。

张学良到南京，正式宣誓就任国民政府的海陆空三军副总司令、一级陆军上将，同时为国民党中央执委、监委，达到了他一生的顶峰。在京期间，有一天，蒋介石专门陪同张（学良）副总司令去看声孚众望的国民党副总裁汪精卫。

政坛上，没有永远的敌人，也没有永远的朋友。这时的汪精卫，在法国流亡一段时间后，已回国官复原职。

那是下午时分。恰巧那天汪精卫有事外出不在家。细雨霏霏、满地红叶中，蒋介石专门下车，特别上门对汪夫人陈璧君强调："汪先生回来后，请夫人一定转告汪先生，张副总司令专门来看过汪先生。"而他没有提到他自己。如此的细微、如此的体贴、如此的关照，在属员中，蒋介石平生只这样礼遇过张学良。

二

1936 年，坐镇南京的蒋介石犹如长了三只法眼。他用这三只法眼焦灼地注意三个地方，并不断施法。第一个地方是陕北。长时间来，被他视为肉中钉眼中刺，必欲拔除之而后快的中国工农红军，抗过了他的 5 次"围剿"，为了实现战略转移和北上抗日，1934 年 10 月至 1936 年 10 月，红军一路北上，冲过他调动的几十万部队的围追堵截，爬雪山过草地，经二万五千里长征，到达陕北，并在那里建立了中华苏维埃人民共和国。这时的红军实力远远不如以前，人不过三万，每人平均不过五颗子弹。而这时，张学良和他手中那实力不可小觑的东北军已经从关外退到关内，正好闲着，正愁报国无门——1931 年 9 月 8 日，日军在东北发动"九一八"事变，东北军不发一枪一弹，全数退入关内，东北三省沦陷。蒋介石正好将张学良和他手上那支实力不可小觑的东北军派上用场——让张学良坐镇西安，用东北军加上西北军，统一指挥"剿共"。区区陕北，地瘠民贫。在他看来，张学良这时"剿灭"红军，犹如牛刀杀鸡。他之所以要给张副总司令这样的"美差"，是还历史上张汉卿两次在关键时刻帮他的人情。

他的第二只法眼注视着南京与上海之间那一线。他知道，在这关键一线，中日之间必然会有一战，而且是大战、决战。为此，他在这一线——南京与上海之间构筑了一条中国的"马奇诺防线"。

马奇诺防线，本身是第一次世界大战后，法国鉴于历史上与德国屡战屡败这样一个严峻现实，倾全力打造的一座史无前例的，工程浩大的永久性国防配套工程，于 1936 年完成。全长 400 公里，纵深 6 至 8 公里，里面有要塞式城堡数十座，地上地下有永久性发射工事 5600 余座，并配有四通八达的隐蔽式交通战壕。其中配备多种大炮 1000 多门，炮口固定地指向东北方向的德国，数百辆坦克和装甲车隐蔽在各要塞里，随时准备机动出击，10 万法军可在 24 小时内全部进入阵地。真正是固若金汤。此要塞后来在第二次世界大战中，还是被德国打败打穿，但不能怪这条马奇诺防线修得不好，而是要怪法军统帅部无能——这是后话。

他考虑，鉴于沪、宁公路全长仅百余公里，日军如果占领了上海，快速部队只要一天就可直逼南京。根据这一线三角地带的特征而因势造形。防线西起苏州，过福山、无锡至江阴，其间构筑了两座坚固的永久性国防工事，分设前进阵地和后方阵地，巧妙地利用三角地带的城镇、山丘、河流、湖泊和众多港口，组成了可以互为支援，可进可退的强大火力网。这项浩大的国防工程，于 1934 年秘密动工，当年投入了四个正规师，三个工兵团及若干宪兵，此外，还动员兵工 10 余万人参加修建，前后耗资数亿元，全部完工估计在 1937 年春。目前进展顺利。建成后的这条中国马其诺防线，由西至东，全长 110 公里，里面各式各样的地堡、机枪、大炮阵地完备；此外，有要塞式工事，地下掩蔽部、弹药库，防空工事等若干。为了承受 500 至 1000 磅炸弹的轰击，工事所需的钢筋水泥等一应材料，都是国防部花高价从国外买进的优质品。这项国防工程完工后，可容20万野战军进入，进入后不需要任何补充，可作半年以上的有效防御。日前，南京军政大学按他的旨意，邀请德、意军事顾问，会同中央军校、陆军大学、工兵学院等有关方面专家学者前往巡视，看后一致叫好：认为工程布局合理，工事坚固，敌人若从上海方向进攻南京，定然是有来无回。此外，国防部还按照他的指示，加强了首都南京的国防工程建设。南京四周的军事要点，如雨花台、鸡鸣寺、清凉山、北极阁等处都修建了稳固的防御工事和四通八达的战壕。

他的第三只法眼注视着正在重庆进行的川康整军裁军会议。他向来看重四川，认为四川是他迫不得已时最后退守的坚强堡垒和发起攻击的根据地。可是，四川地方军队太多，必须整撤，要为他和他的中央军以后的进入，留下足够的空间。为了达此目的，年前，他特别在峨眉山开办了一期军事训练团，他亲自上峨眉山任团长，让手下第一大将陈诚任教育长，负责实际工作，让川中所有军界大佬，如刘湘、刘文辉、潘文华、邓锡侯及他们手下所有军长、师长，如王陵基、王瓒绪、唐式遵等等，全都进入训练团。就在"军训"进行得轰轰烈烈，即将大有斩获时，情况一变，他收手回到南京再下手。他在南京坐镇，却派军政部长何应钦并他早年的得力干将，有"五虎将"和"八大金刚"之称，有"军中驭将大才"称誉的顾祝同去到重庆。再次将川康实力派人物，如"四川王"刘湘，刘湘的幺伯，有"多宝道人"之称的西康省政府主席兼二十四军军长的刘文辉；有"水晶猴"之称的邓锡侯以及潘文华等一网打尽，集中在重庆开会——整军裁军，这次务必达到目的。

然而，忽地晴天霹雳，将坐镇南京施法的蒋介石惊得跳起来——身在西安的张副总司令宣布不打红军了。于是，气急败坏的他急急赶去西安督军。他先到的洛阳。这天恰好是他50岁生日。这天，洛阳天高气爽，全国人民为抗日捐献的50架飞机缓缓掠过洛阳湛蓝的上空，庆祝蒋介石50岁生日。全国各地政要，亦大都赶来为他庆生。这天，蒋介石对从全国赶来的多家媒体发了狠话，也是他对全国的公开声明：十年"剿共"，此为最好时机。本委员长郑重向全国人民保证，我要用牛刀杀鸡，在一个星期内消灭共党共军……

1936年12月12日，蒋介石赶到西安，下榻华清池。张学良来看他时，他火冒三丈地责问张学良为何不再打红军了？

国难当头，中国人不应打中国人，应该枪口一致对外。张学良这话说得振振有词且义愤填膺。他说，尤其是我们东北军人，对日本进攻东北不放一枪一炮撤向关内，实感羞耻之致……再者，我张学良的父亲就是直接死在日本人之手！这个时候，我岂能不去打日本人而去打红军？天下哪有这个道理！

蒋介石是军人脾气，他很少耐心给部下讲道理，也不会讲道理。听到这里，他勃然大怒，将提在手中的拐杖不断往下戳，差点戳出个洞来。他骂张学良"少不更事"……骂完了，骂够了，他转换了一下语气，看着在自己面前站得端端正正的张学良，叹了口气说："汉卿啦，你是不懂我的心啊。罢罢罢，如果你不愿意打红军，那就把你的部队撤到福建休整去吧，我另外换人换部队。"这就从他带来的一批军政要员中唤出爱将，时任军政部政务次长兼晋绥陕宁四省边区"剿匪"总指挥、多次"围剿"红军的干将陈诚。

"辞修啦！"

"到！"陈诚在蒋介石面前胸脯一挺，毕恭毕敬。蒋介石当即命令陈诚从张学良手中接过"剿共"担子，将已被团团围定的红军一举"剿灭"。陈诚接受命令，布置去了。这时，蒋介石和他手下的大员们，都没有意识到，危险正向他们逼近。

蒋介石哪里知道，张学良早就与中共高层有联系；他到西安后，同中共中央革命军事委员会副主席周恩来有过多次谈判。张学良已经变了个人。

苦谏不成，张学良联合杨虎城于当日深夜实行兵变——这就是历史上著名的"西安事变"。

12月12日深夜，在蒋介石的驻地华清池忽然响起激烈的枪声。与此同时，在西安城上空，一颗红色信号弹徐徐升起。在华清池，担任活捉蒋介石任务的是孙铭九。孙铭九时为张学良卫队营营长，是张学良的心腹嫡系人物。这年 7 月，张学良为建立东北军内部领导核心，实现其深刻改造东北军的目的，在军中成立了一个秘密政治组织"抗日同志会"，张学良亲任主席，以孙铭九等人为首的少壮派军官是其主要成员。这些青年军官年轻气盛，血气方刚，思想激进，对蒋介石"安内攘外"政策早就不满。就是这个大名鼎鼎的孙铭九，华清池捉蒋的愤青英雄，后投靠日本人做了汉奸。新中国成立后，孙铭九受聘担任过上海市政府参事。2000 年去世，时年 92 岁。

当孙铭九率部进攻时，蒋介石的卫队在卫队长钱大钧和蒋介石的侄儿、黄埔军校第一期毕业生，委员长侍从室第三组组长陆军少将蒋孝先带领下拼命抵抗。一时，硝烟弥漫，弹如雨下，蒋介石下榻的那一带纤巧玲珑、具有唐代风韵的亭台楼阁顿时被打得千疮百孔。蒋介石的卫队虽然精锐，但毕竟人数有限，很快就被突破消灭。激战中，身先士卒的蒋孝先被打死，时年 36 岁；蒋介石的卫队被悉数消灭。枪声一响，受过专业军事训练的蒋介石情知有异。穿着一身软质睡衣的他在床上一跃而起，在贴身侍卫、族侄蒋孝镇帮助下，慌急间越窗朝后山跑去。

当孙铭九持枪抢先扑进蒋介石的卧室，拉亮电灯，只见屋内已空无一人，窗户开着；桌上放有一条武装带，一套折叠得整整齐齐的特级上将黄呢军服，还有一颗假牙。孙铭九将手伸进被窝一摸，被窝里还是热的，显然，蒋介石没有走远。

孙铭九将手枪一挥，对部下们说："走，跟我上后山细细搜查。"他特别嘱咐兵们："千万小心，务必不要伤害蒋委员长！"兵们都去后山搜查蒋委员长去了，孙铭九赶紧打电话将此情况报告了张学良。

一直守在电话边等候消息的张学良一听就炸了，大声命令孙铭九："快去给我找、找！这么冷的天，明天 9 点以前你若找不到委员长，我要你的命！"

孙铭九虽然连声答应，心里却是连连叫苦。

已是后半夜。华清池后山遍披白雪，空气凛冽。孙铭九带着少量的东北兵，借着微茫的雪光，摸黑在后山上寻来搜去。可是，哪里有蒋介石的影子？

其实，蒋介石就藏在半山腰的一个石头缝里，外面遍生荆棘，不容易被发现。他跑得匆促，光着脚，手和脚都被石子和荆棘划拉出了血痕。他这时藏在半山腰的一个石头缝里，天寒地冻间，冻得浑身瑟瑟发抖。

天微微亮了。有两个东北兵一路搜索过来。其中一个眼尖，发现半山腰上的一个石头缝间有丛荆棘无风自抖，哗的一声拉响枪栓，推上子弹，大声喝问："石头缝里有没有人？"没有人回答，可是那里的荆棘抖得更凶。

"肯定有人。"这兵很粗鲁地将手中步枪一端一举，就要射击。

另一个兵赶紧喝住："不要开枪，谨防打了委员长！"

"打了再说。"就在那兵开枪时，另一个精细点的兵伸手将他的枪杆一抬。砰的一声，枪响之时，一颗出膛的子弹带着可怕的啸声冲天而去。

"不要开枪！"惊魂未定的蒋介石从石头缝中钻了出来。两个东北兵吓了一大跳，赶紧给他立正、行礼，请蒋委员长下山。

蒋介石怄气，命令这两个兵，去找你们长官来。

孙铭九很快来了。见到瑟瑟发抖，狼狈不堪的蒋介石，他在蒋介石面前啪地立正，敬礼，大声说："报告委员长，我奉张（学良）副总司令命令，接你下山进城。"

"我不去，哪儿也不去！"蒋介石把身子一背，发横说道，"你就把我打死在这里吧。"孙铭九也不多说，走上前去，在蒋介石面前蹲下去，将背转过去，说声"来！"掉头对两个傻站在一边的兵大喝一声："还不快帮我一把！"这两个东北兵上前，将蒋介石朝孙铭九身上一推，孙铭九顺势背起蒋介石朝山下走去……

当天晚上，就在孙铭九带队突袭、抓捕蒋介石时，西安城内，发动政变的东北军西北军联手，一举在西安宾馆抓获了随蒋介石前来的陈诚及内政部部长蒋作宾、军事参议院院长陈调元和新任西北"剿共"战区司令卫立煌、蒋鼎文等高官 12 名。

蒋介石被抓了。但接下来的事情，远远超出事件的主要策划者和执行者张学良的想象，处理起来很是棘手：一是蒋介石坚决不肯下达停止内战命令。二是在如何对待、处理蒋介石的问题上，捉蒋人员中意见并不统一，主张杀蒋的呼声很高。三是在南京上层执掌军权的军政部部长何应钦以戡乱名义调大军朝西安而来，飞机已不时飞临西安上空侦察，进行威慑，战争逼近。就在张学良感到无以应对时，蒋夫人宋美龄在蒋介石的顾问端纳陪同下到了西安。周恩来带领的延安中共高级代表团应邀也于17日到达西安。

西安事变生时，南京上层乱作一团，众说纷纭。何应钦主张戡乱。而宋美龄认为何应钦是别有用心，希望借此机会杀蒋，好取而代之。宋美龄与软禁在西安的丈夫蒋介石通信中谓："目前南京，是戏中有戏。"她不顾丈夫再三劝阻，坚持去到西安。下飞机前，她将带在身边一支小手枪交给端纳说："下飞机后，如果他们胆敢逮捕我，你就用这支手枪把我打死。"却不意受到张学良礼遇。端纳，澳大利亚人，记者出身，蒋介石的顾问。后来蒋介石在日记中记述到这一段时谓："猛见内子（宋美龄）感极而悲者矣，不觉潸然泪下。"

西安事变最终在周恩来的主持、调停下不仅和平解决，而且逼使蒋介石答应停止内战，改组政府，集中贤良，清除亲日分子，释放囚禁狱中的抗日人物，一致对外，并立即宣布抗日。只是蒋介石拉不下面子，让他的夫人宋美龄和宋子文代表他在条约上签了字。

1936年12月25日，蒋介石要回南京了。张学良为了表示自己光明磊落，执意同机送委员长夫妇回南京。张学良扶着蒋介石的手臂登上飞机，见张学良坚持要去南京，蒋介石对他说："汉卿啦，你就不要去了吧！南京方面，我担心有人不理解你，你去会有麻烦……"可是，张学良坚持要去，也就去了。

张学良不听部下劝告，不仅要送蒋氏夫妇上飞机，而且本人也要去南京，就在他去机场时，焦急万分而又无可奈何，熟知内情的张学良的警卫营长孙铭九，正在西安城内焦急万分地寻找周恩来去劝少帅。他知道，少帅很听周恩来的话。东找西找，孙铭九最终在西安一个中共地下党员余作潮家中找到周恩来。听孙铭九将情况一说，周恩来大惊，问少帅走了多少时候？

"10多分钟。"

"快追！"周恩来上了孙铭九的小车，一阵风似的开到西安机场时，蒋介石的专机刚刚起飞。目视着蒋介石的专机在阴霾低垂的天上渐渐远去，最后在天边化而为无。

"汉卿啦！"周恩来跌脚长叹，"你这是何苦呢！"周恩来料到张学良这一去，就是自投虎口，再也回不来了。周恩来这个估计没有错，张学良这一去，就是"赵巧儿送灯台——一去不回来"。张学良此去，就是千古永别；他先是被送上南京最高军事法庭接受审判，然后被幽禁起来，一直幽禁了半个世纪、幽禁了一生。

第十一章 | 幽禁岁月 |

一

日月流转，斗转星移。

1964年7月4日，台北杭州南路吉米·爱尔先生的别墅内正在举行一场别开生面的婚礼。宽敞豪华的客厅布置得庄严肃穆，张学良、赵一荻迟到了35年的婚礼在这里举行。晶莹的灯将清辉洒在白发苍苍的新娘、新郎身上，洒在专程从美国赶来的宋美龄身上。

张学良、赵一荻能走到今天不容易。

从1936年到1949年，张学良在大陆被管束的日子里，于凤至和赵一荻轮流去陪伴他、照顾他。1940年，在美国暂居、治病的于凤至专门回国。在陪伴照顾夫君三年的囹圄生活中发现患了乳腺癌，健康状况日差，张学良坚持让她再次出国就医。夫妻俩分别是在幽禁张学良的贵州修文。那日，天低云暗。当汽车载着日渐消瘦的于凤至离去时，她恋恋不舍地掉过头来，举手对跟着汽车紧跑了两步的丈夫再三嘱咐："汉卿啊，你要多多保重啊！"他们都没有想到，就此一别，竟成永诀。

于凤至走后，照顾张学良的重担完全落在了赵一荻肩上。当时，她按照张学良意愿，带着不满 10 岁的儿子闾琳和女佣吴妈独居香港。儿子从小身体不好，体弱多病，一岁多时还不会走路。她在香港接到姐姐于凤至的信后，毅然决然地将不满 10 岁的儿子送到美国托人养育，卖掉香港的小洋楼，回到国内，回到张学良身边，全心全意照顾他。从此，从大陆到台湾，在与世隔绝的半个世纪中，他们相依为命，患难与共。为了尽可能地照料陪伴张学良，她学会了打网球；因为张学良对文物雅好，她又学会了对文物的赏析、鉴定、收藏……

在漫长的幽禁岁月中，张学良渐渐地对明史有了兴趣，开始潜心研究，并颇有所得。后来，张学良又成了一位虔诚的基督教徒。在请求受洗时，按照教规，他不能有两位妻子，这就不能不让他在于凤至和赵一荻之间作出痛苦的选择。

1964 年 3 月。长住美国洛杉矶莱克瑞治路，时年 67 岁的于凤至接到丈夫从台北寄来的信。那是一个黄昏，如水的暮色开始在花园里弥漫开来。于凤至坐在一把软椅上，捧读完丈夫的来信，她明白了原委。她遥望东方，口中喃喃地说："这是应该的。汉卿，只要你好，你的任何要求，我都会答应的。"在最后一线天光中，动了大手术的她，虽然脸色略显苍白，身体瘦弱，但那张饱经风霜，刻满了皱纹的脸上，还是显得那么圣洁，她说着闭上了眼睛，一任泪水迷离。

在美国，她因乳腺癌细胞扩散，权威大夫比尔要她做手术——剔除一个乳房，不然会危及生命。但她不愿意因为她不愿也不敢以残缺的身体面对她的爱人，她的夫君。最后，美国总统肯尼迪夫妇亲自出面劝导她，她才接受了乳房切除术。之后，是无尽的化疗和疼痛，她都熬过来了。失去了一个乳房，保留了生命。只要生命在，就可以继续爱。她已经没有了经济来源。为了生存，她从父亲那里继承下来的经商才能，经商天赋，闯进华尔街，炒股、炒房。

她记得父亲说过的话：我女儿如果经商，肯定成功。果然是大获成功。她在美国买了两处豪华别墅——一处是著名影星英格丽·褒曼生前住过的林泉别墅；另一处是伊丽莎白·泰勒的旧居，两处别墅相邻——这都是她为汉卿准备的。她甚至想过，如果汉卿和赵四来美国和她住在一起不方便，她让他们任选一处。然而，她等来的却是离婚！但是，汉卿必须作出选择，不离婚不行。

"我不下地狱，谁下地狱！"她在心中喃喃地说，"汉卿我答应你——离婚！"

"妈妈！"这时，已长大成人的女儿闾瑛寻了出来，看到妈妈流泪，不无惊讶地问，"妈妈，你怎么哭啦？"

"不是哭，我是高兴。"于凤至站起身来，要女儿扶她回去。于凤至很快将离婚手续寄给了张学良……

台北杭州南路吉米·爱尔先生的别墅内，婚礼开始，圣歌响起，电灯熄灭，红烛摇曳。

圣歌停，牧师陈维屏开始证婚：

"张学良！"陈牧师看着站在张学良身边披着婚纱的赵一荻问，"你愿意娶这个女人做你的妻子吗？"

"我很愿意。"

陈牧师转身问赵一荻："你愿意让你身边这个男人做你的丈夫吗？"

"我很愿意。"因为激动，赵一荻的声音有些颤抖。在全场的掌声中，当张学良将一枚精致的结婚戒指戴在赵一荻手上时，赵一荻不禁热泪长淌；几颗泪珠顺着脸颊落到了张学良手上。

台湾很有影响的《联合报》，对他们这场迟到的别开生面的婚礼，用显著的版面做了报道，并用抒情得当的短诗作了形象概括：

三十五载冷暖岁月

当代冰霜爱情

少帅、赵四正式结婚

红粉知己，白首缔盟

夜雨秋灯，梨花海棠相伴老

小楼东风，往事不堪回首了

这也是张学良自 1936 年被软禁以来首次见报。

于凤至同张学良虽然解除了婚约，但他们几十年患难与共的夫妻感情，并不会因为一纸婚约的解除而解除。过后，闾瑛和夫君陶鹏飞代表母亲从大洋彼岸飞来台湾，看望父亲来了。那是一个秋日的黄昏。他们乘坐的汽车经过安全人员的检查，来在了父亲居住的宅邸。走进院子，只见秋风萧瑟，满径落花，他们一眼就看见了已然苍老的父亲躺在客厅中间的一把沙发上等他们。父亲看见女儿，撑着拐杖吃力地站起来，一只手向女儿伸去，嘴唇哆嗦，欲呼无声。

"爸爸！"闾瑛抢前一步，扶住父亲轻轻坐下，看着父亲，嘤嘤有声。父亲伸出瘦手，抚摸着蹲在身边的女儿头发，此时无声胜有声。

1934 年，在泰晤士河边父女相别时，作为长女的闾瑛还是一个小姑娘，而现在，已是中年妇女了。身材高大的陶鹏飞恭恭敬敬站在岳父面前，敬了一个 90 度鞠躬礼，道一声"校长好！"再接着叫了一声"爸爸！"这就将已逝的一切拉近了。

陶鹏飞是辽宁凤城人，与张学良的出生地海城相邻。张学良当东北大学校长时，陶鹏飞是他的学生。那时，陶鹏飞多少次目睹校长风采，聆听校长的教诲。也是有缘，陶鹏飞在欧洲留学期间，结识了校长的女儿闾瑛，并且在相交中相爱。当他们决定结婚时，少帅已遭幽禁。在德国获取了博士学位的陶鹏飞毅然决然地同闾瑛结了婚。婚后，他们在美国加州定居。陶鹏飞在圣旦克兰大学当教授，教学之余，陶鹏飞热衷侨界活动，发动和组织了全球性的"中华联谊会"，为促进中华文化同世界各地的文化交流，贡献颇多。

闾瑛拿出他们一家的照片给张学良看，说孙儿孙女都问爷爷好；看着照片，张学良脸上漾起慈祥的笑容。

"你妈妈好吗？"张学良问起了于凤至。

"妈妈生活是优裕的，我们也常陪着她老人家解闷。"闾瑛说，"可是她老人家很少有高兴的时候，总是拿着你的照片，念叨着你的名字……"

张学良听到这里，不再说话，泥塑木雕般坐着，脸上的表情满是痛苦和凝思。

"临走时，我们问妈妈有什么话要带给爸爸！"闾瑛说，"妈妈拿出一张最近她的照片，让我带给你。"说时，将母亲的照片给了父亲。

张学良接在手上细看：美国洛杉矶家中，于凤至穿一身宽松的蜀绣服装，躺在一把软椅上，目露凝思。当年俊秀清丽端庄的她，如今虽然满头白发，但大体模样还是没有变。她那一双眼睛里，分明蕴藏着巨大的痛苦和思念。于是，一幅幅久远已逝的画面，在张学良眼前清晰地展现开来：当年奉天天益堂书画店别开生面的相亲；贵州修文黄昏时分别时撕心裂肺的"汉卿保重"……如今，当年让他和凤至在天益堂见面的吴俊升将军，还有好些亲朋好友下属都不在了，或垂垂老矣！生活真是一个谜、真是捉弄人！张学良潸然泪下。闾瑛、鹏飞夫妇看父亲伤心垂泪赶紧劝住，拉些家常转移他的情绪。限定的时间很快到了，两名保安走了进来，催闾瑛夫妇离去。临别，张学良对女儿说："回去告诉你妈妈，就说我很好，叫她不要惦念，我会给她写信的。"

不久，张学良的管束被解除了。但是，"劫持统帅""犯上作乱"这两把无形的枷锁仍然沉重地压在张学良身上。张学良只得将自己的全部注意力都集中到对明史、对《圣经》的研究上。

张学良竭力远离政治、远离人世，以慰藉自己一颗伤痕累累的心。张学良似乎从人间消失了。然而，中国共产党和祖国人民并没有忘记他，在时时刻刻怀念他、挂念他、关心他。

早在抗战时期，中共中央主席毛泽东在延安接受美国记者史沫特莱采访，谈到西安事变以及张学良送蒋介石回南京一段的意义时就指出："西安事变中，国内一部分人极力挑拨内战，内战危险是很严重的。如果没有12月25日张汉卿先生送蒋介石回南京一举……则和平就不可能，兵连祸结，不知要闹到何种地步，必将给日本人一个最好的侵略机会，中国也许会因此亡国，至少也要受到极大的损害。"

1946年1月，周恩来在重庆召开的政治协商会议上这样说："现在国内强调团结，这使我想起一位对国内团结贡献最大的人，这个人是你们的朋友，也是我们的朋友，那就是张汉卿将军。他至今没有获得自由。"在全国解放后的几十年间，周恩来总理更是多次对党内同志讲，我们夺得了政权，但是不要忘记帮助过我们的朋友。他特别提到了张学良将军，称赞张学良是"千古不朽的人物、千古功臣"……

1975年9月，周恩来总理身患绝症，在生命的最后一段时间里，他仍然时时刻刻关注着祖国的和平统一大业，关注着身在台湾的张学良。当他从一份《情况反映》上得知张学良患了眼疾，且有失明可能时，非常着急，他用颤抖的手提起笔来，批示给有关部门，要求查清情况，设法给张学良以帮助。批示完毕，还不放心，在批示后面加了三个字"托、托、托！"这是周恩来总理生前在中南海西花厅办公室所做的最后一份批示。

二

日月如梭，时序更迭。

1990年3月7日下午，张学良正在他台北的家中读书。突然，电话响了，他拿起电话，是女儿闾瑛从美国打来的。电话中，女儿哭泣着告诉父亲："母亲、母亲、她今天去世了……"

张学良手中的书猛然滑落到地上。赵一荻在外面忽听咚的一声，情知不好，赶紧跑进屋来，只见张学良泪眼迷离，仰望虚空，悲痛欲绝。

"汉卿，汉卿，这是怎么了？"赵一荻一边在地上捡起书，一边惊问。

"大姐，大姐，她！"张学良哽咽道，"她今天下午过世了。"

"啊，大姐她？"赵一荻一惊，跌坐在沙发上。但她知道她不能哭，她一哭，汉卿会更加伤心。在这之前，汉卿和"大姐"所生的儿子闾琪、次子闾玗都已相继去世。现在"大姐"也去了。亲人已去，赵一荻只能强忍悲痛，百般抚慰学良。她握着时年90岁的丈夫的手——那是双过去很强壮的手，指挥过千军万马、叱咤风云的手，而今已然长满老人斑的瘦手。她感觉得出丈夫的手在微微颤抖。

不久，台湾《自立晚报》刊登了张学良的一幅墨宝，张学良的字写得相当好，显而易见是练过的，魏碑变体，沉雄有力，很有功夫；张学良登的是唐代大诗人李商隐的一首诗：《无题》

来是空言去绝综
月斜楼上五更钟
梦为远别啼难唤
书被催成墨未浓
蜡照半笼金翡翠
麝熏微度绣芙蓉
刘郎已恨蓬山远
更隔蓬山一万重

人们看得出，当年的少帅张学良思乡了。

那是一个明朗的秋日，获释后的张学良和夫人赵一荻，在国民党军队副总参谋长马安澜和总统府副秘书长张祖诒陪同下来在金门，通过高倍望远镜眺望祖国大陆。这是他们夫妇自离开祖国大陆半个世纪以来，第一次这么近距离地眺望祖国。这一次眺望，让张学良、赵一荻夫妇感念万端。这份感念，从张学良过后录自国民党元老人物于右任晚年一首思乡诗中足可看出：

葬我于高山上矣
望我大陆
大陆不可见矣
只有痛哭

1975年4月5日，蒋介石在他台北的士林官邸家中溘然去世，终年89岁。1988年1月13日，比张学良小9岁的蒋经国因心脏病突发，大量咯血而死，时年79岁。至此，张学良与蒋氏父子的恩恩怨怨也就此了结。

蒋介石去世的第四天，蒋介石的遗体躺在台北和平中路五段国父纪念馆的一口水晶棺材里。灵堂正中立有一匾，黑底金字："总裁精神与我们长相左右"。躺在水晶棺材里的蒋介石，还是着一身民国大礼服——蓝袍黑马褂，胸前佩"采玉""国光""青天白日"三枚勋章。枕边，依次放着他平时用的礼帽、手杖，还有平时爱读的书，这就是：《三民主义》《曾文正公全集》《圣经》《四书》《唐书》。

经过蒋经国特许，前去吊唁的张学良，在赵一荻搀扶下，站在水晶棺材前，望着安睡其中这位用国法、家法支配了他10年；过后，又用家规家法管束幽禁了他40年的蒋介石，心中百感交集。在蒋介石的水晶棺材上，悬挂着一副张学良撰写的挽联：

关怀之殷，情同骨肉
政见之争，宛若仇雠

这是他和蒋介石几十年情仇的高度概括。此时此刻，年迈的张学良回忆起几十年间他与这位过世的"总裁""蒋委员长"的恩恩怨怨，不禁思绪滚滚。

抗战时期，在局势随时瞬间变化，险恶万端之际，每当被幽禁的张学良需要转移时，日理万机的蒋介石都要亲自打去电话，关心询问有关方面：张副总司令的安全转移做好没有？蒋介石甚至不惜在财政万般困难的情况下用巨金来供养张学良，但却一直拒不同张学良见面，这种状况一直维持到台湾后、维持到蒋介石死。这种状况看来奇怪，其实一点也不奇怪。那是因为蒋介石认为张学良把江山给他卖了，让他对张学良怨恨终生；但内心里又感念在几次重大的历史转折关头，张学良给他的巨大帮助和历史性贡献；这反映出蒋介石深刻的内心矛盾和深沉的痛苦。

到台湾后，张学良住家离蒋介石住处台北士林官邸很近，又因为他们都已皈依基督教，宋美龄心好，为了拉近蒋介石同张学良的心理距离、化解仇隙，她特别邀请张学良、赵一荻夫妇到他们的私人教堂去做礼拜。张学良、赵一荻夫妇接受了邀请。可是，他们每一次去，作为主人的蒋介石，在实在避不开的情况下，都只是神情漠然地对张学良机械地点点头，然后拂袖而去；倒是宋美龄每当这个时候，都显示出热情，拉着赵一荻的手拉拉家常。在张学良落难的长时间里，他的一些亲朋好友要么离他而去，要么避之不及，甚至落井下石；而蒋夫人宋美龄却始终在明里暗里关心他、帮助他、保护他、保护他们夫妇和家人。而且，这种关心、帮助、保护长达几十年，浸透了蒋夫人宋美龄绵绵的情、绵绵的意。这是一种特别的温暖温情。就像山间不断流淌的温泉，汩汩而来，温润浸润着张学良那一颗越渐苍老、疲惫、伤痕累累的心；同时也温润浸润着从遥远的温馨岁月深处出来，陪伴着张学良相濡以沫一路走来，走进刀光剑影，走进人生最苍凉荒凉的岁月；从如花的千金妙龄小姐，走到悲怆的苍颜鹤发的老妇，却始终无怨无悔的赵一荻——赵四小姐的心。

人世沧桑。当晚年的蒋夫人宋美龄移居美国纽约后，张学良、赵一荻夫妇也随"夫人"而去，1995年离台，侨居美国夏威夷。2001年10月14日

14时50分（夏威夷时间），张学良在美国夏威夷首府檀香山史特劳比医院病逝，享寿100岁。张学良墓地在美国夏威夷北部，距檀香山市区约50公里。之后，赵一荻去世。他们夫妇合葬在一起，是双栖墓。真个实现了他们当初在天津相亲相爱时发出的"生不同时死同穴"的誓言。他们的墓地坐落在美国檀香山附近日本寺院的山腰间，人称"神殿之谷"。墓地背山面海，位居高坡，四周开阔，山间绿草如茵，墓前溪水潺潺——这是一个经历了人生漫漫长途的强者和将生命与这个强者化而为一的钟情温情女人身后难得的最好安息地。

第十二章 ｜ 此情绵绵无尽期 ｜

一

张学良有几个兄弟姐妹一直居留、生活在祖国大陆。而且，也就因为他的关系，大都受到特别的关心和照顾。张学良的小弟弟张学铭比他小很多，6岁丧母；学铭是由大哥大嫂张学良、于凤至夫妇一手细心带大，毕业于日本东京步兵学校；回国后先后在父亲张作霖的安国军政府做过天津警备司令，国民党政府东北长官司令部参议室参议，东北行辕参议室副主任、总参议等。新中国成立后，历任天津市建设局副局长，天津市市政工程局副局长、顾问；民革第五届中央委员、天津市委副主任委员，"文革"中遭迫害入狱，1973年平反。是第三至五届全国政协委员，天津市政协常委，1983年4月9日在北京病逝。

张学铭生前经常深切怀念大哥张学良。每当逢年过节全家团聚，他都要在饭桌上给大哥留一个位子，以寄托相思之情之切。张学良的四弟张学思，与大哥张学良感情特别不同，他毕业于北京汇文中学和南京中央军校。

"九一八"事变后，正在北京上学的张学思不知究竟，去到大哥住地——北京顺庆王府（现全国政协所在地），质问大哥为何不抗日，让大哥有口难言，默默流泪。学思看出大哥有难言之隐，不过他还是声泪俱下，再三劝大哥率东北子弟兵尽快打回东北老家去。

西安事变发生时，张学思在南京中央军校学习。其间，张学良急电四弟火速去西安。学思因在外地实习，接电报迟了没有去。不然，说不定他在西安事变中会出演一个角色。尽管如此，因学思在西安事变中言辞激进，有悖于军校定下的调子，受到军校处分，被关了禁闭，直到大哥的事告一段落，才被解除禁闭。张学思以第一名的优异成绩在南京中央军校毕业前夕，冯玉祥特别赠送给了他一样颇有寓意的礼物——一枚刻有东三省地图的银盾。显然，当时居中央高位的冯副委员长，是提醒张学思不忘家耻国耻，打回东北老家去。对此，张学思一刻也没有忘记。不过，这份责任、担当，是在他以后成为中国人民解放军的一员战将后，才得以实现、完成的。

抗战中，随着战局的不断变化，张学良被不断转移。张学思曾专门去浙江溪口看过大哥，可大哥被特务监视很紧，兄弟俩没有单独谈话的机会。那是一个大雨滂沱的日子，大哥利用一个躲雨的机会，避过特务监视，在雨声滴答的屋檐下，给学思作了一次令他终身难忘的谈话。也许就是这次谈话，改变了张学思以后的人生道路和命运。

张学思最初在大哥的旧部——东北军万福麟的五十三军服役，擢升为上校。抗战中，他对蒋介石消极抗战积极反共政策不满，在连天的烽火中，转而投身抗日积极的东北军吕正操部。吕正操原是他父亲张作霖麾下将领，后来转入中国人民解放军。抗战末期，张学思成了八路军冀热辽军分区一个英勇善战的司令员。解放战争时期，他是解放军第四野战军中的一员猛将，1948 年 10 月，率部参加了解放沈阳的战斗。1949 年新中国成立前后，他先后担任过辽宁省政府主席、东北行政委员会委员，东北大学校长。以后，他陆续担任过中国人民解放军海军学校副校长、海军参谋长等要职，1956 年授予少将军衔，1970年去世。张学良曾经不止一次说过，在他的众多兄弟姐妹中，唯四弟学思与他最为情投意合。张学良还有一个弟弟张学曾，曾在联合国组织秘书处任职。

张学良在大陆有两个妹妹，一个是二妹怀英，一个是四妹怀卿，都是卢夫人所生，她们都住在天津。说起大哥，她们特别有感情。她们说，父亲张作霖是个思想守旧的军人，对女孩子管教极严，规矩很多。但大哥却敢于打破一些封建礼教传统，从小带着她们在大帅府捉迷藏，带她们到河边放河灯，给她们讲故事，让她们剪辫子、放小脚等等，给了她们许多童年的欢乐。

怀英老人深情回忆："我的婚姻是父亲包办的，出嫁时我才15岁。按照我们东北的习惯习俗，闺女出嫁，要娘家哥哥抱上轿。我年纪小，舍不得离开家，哭着赖着不走。大哥把我抱上轿，又把花轿的轿帘撩开，逗我说，'看，当新娘子了，还哭鼻子？'大哥一直逗得我破涕为笑，才让大轿抬着我离开了家。"在以后的日子里，怀英同她的丈夫、蒙古达尔罕亲王的儿子毫无感情，志趣也完全不相同，离了婚，回到天津独居。大哥知道她经济拮据，立刻给她汇去5000元钱……她说，大哥对她的关怀，令她终身难忘。怀英老人说到这些悠远的往事和骨肉亲情时，那张与张学良有些相像的、年轻时肯定漂亮、而今千褶百皱的清瘦脸上，总会浮现出与年龄不相称的表情：少女似的遐想、忸怩，甚至还会掠过一丝红晕。然而，更多的是经历了大起大落的人世沧桑后的感觉、感念、怀想。每一次，怀英老人在款款深情地谈完大哥后，她的情绪都要很长时间才能趋于平静。

怀卿老人则站在这样的角度怀念大哥。她说："天津刚解放，日理万机的军管会主任黄克诚将军，竟然亲自上门来看望我和我的母亲，给了我们许多关照关怀。让我们有吃有住，过的日子舒心。过后，我还当选为天津市政协委员，有相当的地位……我张怀卿何德何能？我、我们家能过上这样好的日子，都是因为有大哥的原因。共产党是讲感情，讲人情的，是念旧的。"

对于在海峡彼岸台湾，在漫长的岁月里，一直承受着"劫持统帅"等罪名的张学良将军，党和国家领导人一直给予高度评价，无时无刻不在关注他，想方设法帮助他，带去党、政府和人民对他的感念关心。

张学良、赵一荻夫妇侨居美国夏威夷后，中国驻洛杉矶领事馆总领事就多次代表党和政府领导人上门关心、拜望张学良将军，并盛情邀请将军夫妇在身体条件允许时回到东北、回到大陆看一看。特别是，张学良夫妇先后病重住院期间，相关领事馆官员更是去医院探望他们，嘘寒问暖，关心得无微不至；赠送花篮等等，代表党和政府向他表示慰问……

张学良不在大陆了。然而，他留在大陆的好些旧部，同样享受到他的恩泽，感受他的光辉。旧部们以不同的形式、方式怀念、感念少帅。曾经在老帅张作霖和少帅张学良手上相继担任过东北边防军司令长官公署秘书、奉天省农会会长的高崇民，东北解放后，任东北人民政府副主席，新中国成立后当过全国政协副主席。1961 年，他在参加周恩来总理主持的纪念"西安事变"25周年纪念会上，心有所感，当场吟出"今日座中皆旺健，一人憔悴在东南"的诗句时，面容戚戚。周总理一时沉浸其中，久久不语。很快，周总理抬起头来，看着高崇民，目光炯炯地说："'憔悴'二字太消极，不如改为'奋斗'吧！"周总理说这话时，神情凝重，心驰千里，流露出对张学良很深的思念之情。高崇民说："好，总理，我这就改。"当即改了。

党和政府对张学良的感念，不仅惠及他的家人，就连服侍过他的夫人于凤至的，已经老去的女佣，人们口中的王奶奶 (绰号瘸王) 和王奶奶的一个嫡女也妥为照顾照看。让王奶奶无忧无虑地活到 90 多岁，1987 年逝于北京。王奶奶去后，她的嫡女，仍由政协一如既往地照顾始终。

于学忠也是张学良的旧部。他是原东北军的著名将领，张学良的得力将领，左膀右臂。抗战中，他参加过淞沪会战、台儿庄会战、武汉保卫战等，立下赫赫功勋。新中国成立后，曾任河北省副省长。当张作霖的遗产——顺承郡王府卖给国家时，周恩来总理专门嘱咐主持这项工作的于学忠，在给张学良的相关家属分配款额时，注意给张学良留一份，即使一时无法转给张学良先生，也要以张学良的名义存入银行。于学忠把这项工作做得很好。

在东北，少帅张学良对教育的投入、重视，有口皆碑。早在1928年，他刚刚掌控了东北全局，就在父亲的遗产中，毫不犹豫、毫不痛惜地提出1000万元巨款，作为建设东北文化教育事业的开办经费。他拿这一大笔钱，首先提高了中小学校教师的工资。当时，在全东北——辽宁、吉林、黑龙江及之后的热河四个省的180多个县，在每个县办一间模范小学，名为"新民小学"。所有入学子弟，尤其是穷苦人家子弟，都能享受相应的助学金。张学良心中有个宏伟蓝图，这就是百年树人，他要为东北打造出一大批人才。虽然最后因"九一八"事变，未能全部贯彻执行，但张学良此举，为东北的教育打下并埋伏了一个良好的根基。仅此一事，也足见少帅对东北、对家乡父老兄弟姊妹爱之深切、情之殷殷。

人过留名，雁过留声。一个人，无论这个人生前有多么大的权势，以致这种权势压得民声暗哑或发出与事实相违的声音；抑或这个人受到冤屈，但这毕竟都是暂时的。因为，历史的功过毕竟摆在那里，浮云之后，是明净的天，是朗朗乾坤。

横亘了整整一个世纪的"民族功臣"张学良将军，他的功过就摆在那里。在他漫长而又短暂的一生中，有过光彩照人的时期，有过愁云惨雾的笼罩，有过众说纷纭、疑窦丛生……然而，将军的贡献、将军的风貌、将军的风采、将军的人品、将军的精神全都汇聚到沉甸甸的历史丰碑上。一个世纪的昭昭日月，将"张学良"三个金色的大字，镌刻在了丰碑上。

二

"西安事变"78年前夕，我怀着激动的、迫不及待的心情去了夏威夷。夏威夷异常美丽。它由大大小小多个形状各异的岛屿组成，是太平洋中璀璨夺目的翡翠、是一串美丽无比的项链……夏威夷是美国的一个州，离美国西海岸还有五个小时的空间距离。那里天蓝海阔，风光绮丽。绵长的海岸线、一望无垠的金屑似的沙滩，挺着丰满诱人的腰肢。那里空气纯净，金阳烤脸。那里椰林婆娑，当地人的草裙舞热情奔放浪漫……得天独厚的生态环境，让生活在那里的人平均寿命 87 岁，是世界上有名的长寿地区之一。那里又是美军太平洋舰队司令部所在地。20 世纪 30 年代，当霸占了我东北的日本帝国主义，狼子野心大暴露，对积贫积弱的我国大打出手、放肆侵略之时，美国人对日本采取绥靖主义、隔岸观火。但是，在一场德日意三国组成轴心国，妄想瓜分世界的大战中，美国休想独善其身。1941 年 12 月 7 日清晨，日本海军对美国海军太平洋舰队司令部所在地夏威夷珍珠港，发动大规模空袭，差点全歼美国太平洋舰队，让美军蒙受惨重损失。美国这才对日宣战，太平洋战争爆发，美国全面卷入第二次世界大战。现在，珍珠港是开放的，是夏威夷很吸引人的游览地之一。

然而，我到夏威夷，确切地说，是到夏威夷州的州府所在地檀香山，主要不是去观光，而是寻找两个人——孙中山和张学良。"国父"孙中山先生，最先从这里起步。那时他还是一个只有十二三岁、志存高远的少年。先生最终升得很高，成了一颗光耀日月的巨星，1925 年，这颗巨星陨落故都北京。出生在那个略显荒僻干涩冷寂的北国海城的张学良，是个横亘了一个世纪的将星，他却最后把距祖国千万里的太平洋中的明珠、温润翠绿的夏威夷檀香山，作为他的最后归宿地。他们中，一个少小从这里离去；一个老来带着伤痕累累的心，到这里归去。这两者之间，是一种巧合、命定？还是有一种必然的联系？他们俩，像两块强大无比的磁石、磁铁；我是一个小小的铁屑，我是被他们吸引过去的。

我去檀香山，是要去寻找他们在那里留下的深重脚迹；要在高天与大海之间行走，体察他们留下的体温；要在他们的墓地前瞻仰、徘徊、凭吊。我要从心中把他们带回去。

飞机从成都起飞，在北京略作停留后，直飞夏威夷檀香山。是夜月朗星稀。一般航班上的播音员都是女的，而我们那个国际航班上的播音员是个年轻男性。他用一口标准的普通话，音韵铿锵地说："这是个很好的天气。适宜飞行！"这"适宜飞行"一句话四个字，一下子让我放宽心。透过舷窗看出去，黑绒似的夜幕上那些金色的点点繁星，就像亲人在笑着陪我远行。一颗金色的流星，从遥远的天的这边，唰地滑向天的另一边，倏地没有了踪影。在高空高速前进的飞机，因为缺少参照物对应，似乎一切都是静止的。情由景生。忽然，曹操的《短歌行》闪现脑海中，字字句句非常有力，非常富于现实感，非常富于深意——

　　　　月明星稀
　　　　乌鹊南飞
　　　　绕树三匝
　　　　何枝可依
　　　　山不在高
　　　　海不厌深
　　　　周公吐哺
　　　　天下归心

　　舷窗外，天渐渐亮了。而且这一亮就要一直亮下去，亮到夏威夷。因为时差的关系，我们的飞机一直向着太阳飞。笑靥如花的空姐过来，让我们把舷窗关上，因为按北京时间计算，我们这才开始夜间飞行。也就是说，哪怕这时舷窗外阳光朗照，接下来的八小时飞行中，我们都在暗夜中飞行。

　　飞机上，所有的舷窗都一一关上，机舱里立刻成了黑夜。空姐只是在偌大的机舱里，间隔很远地留了几盏若隐若现、充满睡意的小电灯，营造出了很适宜、很舒适的睡眠环境。飞机上，人们最初的新鲜劲过去了，在隐隐传来的飞机发动机均匀、稳健的舿声诱导、催促下，大家都调整了坐下座椅，身上盖床薄毯，睡了过去，而我却不愿睡去，始终看着每个人面前的、背在前面座椅背上的那个小电视机。那小电视有多种功能，可以选看录制其中的电视电影，可以一面听歌，同时与自己喜欢、喜爱的歌手隔着荧屏亲近、互动，相看两不厌。好些人都戴上耳机，边看边听睡了过去。我却固执地看着前面的飞行图。荧屏上，我们这架小小的银色飞机，在蔚蓝色的海天背景上，由西向东，从左朝右缓缓移动，飞机尾巴上拖着一条细细的好看的银线。两个多小时后，飞机飞出了茫茫的祖国大陆，相继飞越韩国、日本列岛之后，飞机就不动了。我知道，这是因为飞机缺少了地面上的参照物，飞机正在万里太平洋上空飞行。长时间盯着一个不变的飞行图示看，是要疲倦的。慢慢地，我睡着了，可睡一会又警觉地惊醒，盯着我面前的飞行图示。似睡非睡间，我先是看见"国父"孙中山先生，从遥远的历史深处，笑微微地向我走来。先生着一身整洁的中山装，丰神俊逸。

孙中山（1866—1925），广东香山（今中山）人，名文，字德明，号日新，改号逸仙。他是个改朝换代的伟人。是他在日本创建以"驱逐鞑虏，恢复中华，建立民国，平均地权"为目的的中国同盟会，被推选为总理，他为理想奋斗终生，直至生命的最后一息。他是一个一生许国、一生许愿的人。是他高举帅旗，高声呐喊，冲锋陷阵，筚路蓝缕，百折不挠，最终冲垮了封建统治中国270多年，越到后期越腐朽黑暗、落后短视的清朝；是他一手缔造了他理想的中华民国。在一山过了一山拦的百战途中，他联俄联共，改组了在同盟会基础上创立的国民党，最后为国是，由广州抱病北上期间，始终毫不妥协不动摇地与执政的大军阀段祺瑞斗、与张作霖斗。他提出对内召开具有广泛性代表性的国民会议；结束军阀统治；对外废除不平等条约，反对帝国主义侵略。最终，鞠躬尽瘁，死而后已——这颗从檀香山冉冉升起的巨星，于1925年3月12日陨落于北京。

孙中山十二三岁时离开广东翠屏老家，不远万里、漂洋过海到夏威夷檀香山投靠他的大哥孙眉。大他许多的大哥孙眉、早年到檀香山筚路蓝缕，开拓经营多年，有了一个颇有规模颇有收入的大农场。少小的孙中山是被逼离家远去的。因为接触了西方文明的他不信神不信邪，看到家乡一有天灾人祸，好些人就到家乡的神庙中，拜倒在泥塑的菩萨面前，烧香磕头许愿献重礼，结果不仅没有任何作用，就像烧精神鸦片烟似的有了瘾，不断重复，在苦难中越陷越深。因此，小小年纪的他，居然将神庙中那些装模作样的菩萨尽皆打碎、毁损；将那好些身着彩衣、神气十足的菩萨，还愿成了一摊烂泥。如此的无法无天，如此的"忤逆"，又特别是，这样的"无法无天"，这样的"忤逆"，居然发生在一个只有十二三岁的少年身上，在小小的守旧乡村，简直就是惊天动地、十恶不赦。众怒难犯。族长要对他动家法。三十六计，走为上计，他只能逃得远远的。

毫无疑问，檀香山，是孙中山成长的摇篮。先生的成长、成熟，和这里息息相关。先生最初在这里，尽可能地联络华侨、争取最大多数的华侨从事反清、恢复中华斗争。这里是先生最早的斗争根据地。一代伟人孙中山先生是从这里走出去的。檀香山有一尊孙中山铜像，至今完好无损。而我还要去看的另一个人——张学良将军的墓地不在市内，距檀香山约50公里。这两个地方都是我思想上的圣地。在很大意义上，我就是奔他们、它们来的。

我们的行程安排很紧。夏威夷，要看的地方、东西太多，日程表排得满满的，而我们在夏威夷停留的时间，满打满算只有一天多。一到檀香山，第一天早晨，导游带我们第一次出游，就遇到一件很丢"格"，让人匪夷所思、目瞪口呆、很尴尬的事。我们的导游姓左，我们都叫她"小左"，重庆人。几年前，她随父母移居檀香山，现在夏威夷大学就读，很年轻，二十来岁。她是利用业余时间出来兼职、打工挣钱。因为我们这批二十多人，大都是四川、重庆人。人在他乡，老乡见老乡，两眼泪汪汪。小左很高兴，特别为我们穿了一件具有当地浓郁风情、风格特色的大红衣服，打扮得就像一朵当地迎着太阳开花，开得像一束熊熊燃烧火焰似的太阳花。她说，她之所以穿这件大红衣服，这样打扮，一是喜庆，二是目标大，便于我们找她。她带来了一辆足可以装40多人的、很舒适的旅游大巴。大家这就徐徐上车。大家都坐好了，有两个中年妇女，成都人叫嬷嬷的，而且她们还是公职人员，走到前排，司机座位后两个人已经都坐好了的位置前，叫人家把这排最好的位置让给她们。举座皆惊。人家说，这么多位置，坐都坐不完，你们为什么叫我们让座？她们讲歪理，说是，昨天从夏威夷机场一出来，我们就坐的这位置……完全是蛮不讲理。我看不下去，我说，谁坐哪个位置，又不是法定的，哪个坐了就坐了嘛！她们看说不过去，一个临时扯风，说她晕车，坐在后面要吐，只有坐在前面才不吐。已经坐下的两个人只好起身，把座位让给了她们。这些人真是不达目的，誓不罢休，自私自利至极。我真为她们脸红。幸好车上没有外国人，不然，人家外国人怎样看待我们中国、看待我们中国人！虽然这样素质的人是极个别，但一颗耗子屎，会搅坏一锅好汤的。

在不到两天的旅游时间里，我一再提出要去孙中山、张学良的遗址观看、瞻仰，但导游小左本身对我的提议就不感兴趣。她离国日久，人文方面的知识一片苍白。她对孙中山略知一二，对张学良完全不知。车上的大多旅人，这方面的知识与小左大同小异。加之，如果加上这两项内容，就要减去计划中的两项旅游内容，非此即彼。最后在集体表决我提出的动议中，只有去参观、瞻仰孙中山铜像一项得到通过。

我们去时，是一个细雨淅沥的上午。

孙中山铜像，坐落在檀香山一条冷僻的小巷里。小左曾经动员我们不要去，因为那条小巷是流浪汉区。流浪汉脏。她说，你们下车，这些流浪汉很可能会上来向你们要钱，容易染病。到了。小巷里果然聚集了几个流浪汉，白人比黑人多。这些人与我们传统意义上的乞丐、四川话中的"讨口子"完全不同。他们个个胡子多长、邋里邋遢，席地坐在阶沿上，全都是男性，年龄都不很大，大都是中年或中年以上。他们眼神空虚，有的抬头注视着虚空，可能在与他们的上帝讨论、交流着什么。有的在鼓琴而歌……他们在这里，好像不是为讨钱、不是为生活，坐在这凄风苦雨小巷里的他们，完全是一副自得其乐的神情，完全是为寻找一种生活方式。看他们全无凶相，也没有纠缠着我们讨钱的样子，于是我们都下了车，与他们各寻其乐，各行其是，互不相扰。

如同到任何一个地方旅游一样，车上许多同行的旅游是三段式：上车睡觉、下车拍照，然后回酒店睡觉，当然，途中购物，也是积极性很高。很多同行围着孙中山铜像拍照，长枪短炮一起上：先手机、后相机、再是摄影机，家什带得全而又全，堪称专业的摄影设备。而且不管在哪里拍照，都务必要把自己塞进去，与所拍的对象生拉活扯地捏合在一起，这就类同某某到了某地，随手在什么地方写下或刻下某某到此一游，立此存照而已。

我观孙中山先生这尊铜像，神态尚可，就是太小了些。我的家乡成都市春熙路、原一医院侧有尊孙中山铜像，还是 20 世纪 30 年代塑造的，至今保存完好，惟妙惟肖。身着民国大礼服——蓝袍长马褂的先生，端坐在一把中国式的、具有明朝特征的黑漆靠背椅上，手握卷帙，凝神沉思。檀香山这尊孙中山铜像，比成都那尊孙中山年轻了许多，这也是事实。这尊铜像上的先生是站立的，西装革履，风尘仆仆，目光炯炯有神。两尊铜像，都能大体展现出先生在不同时期的风采和精髓。让我不满意的是，我们敬爱、尊重、尊崇的孙中山先生竟然居于这样的陋巷！更不能容忍的是，当地政府居然允许流浪汉们就像苍蝇似的在这里飞来窜去，渎污圣灵。但想想也是没有办法的事。美国是个典型的大社会、小政府社会。美国的政府在美国相当可怜。美国的政府，从上至下，从大到小都穷，都没有威信。一路而去，比如到了一个镇，要想找镇政府，当地好些老百姓居然不知道自己的镇政府在哪里。走近一看，这些政府都相当陈旧、又破又小，简直就是一个乡场上简易的一个为病人临时看病而设立的联诊所。要想通过檀香山政府改善孙中山先生铜像在檀香山的处境、地位，希望几乎为零。在美国，政府要办任何一件事，比如改建、修建一条为民生服务的公路，都不是政府能单独做主的。得议政参政。结果，代表不同观点、利益的议员们议过来议过去，终是议而不决，徒然浪费时间、浪费精力而已。我只能抱憾而去。

　　我也曾经打定主意，抓紧时间，舍弃一两个旅游项目，单独打的去看张学良先生的墓地。他们夫妇的墓地离檀香山并不很远，只有50公里。但是，真正要实行起来很难。我觉得，仅仅靠我个人的努力，难以完成。首先是交通。在美国，公共交通很不方便，完全不能同我们国内比。美国是个车轮上的国家，人人有车，人人会开车，汽车简直就是每个人长在身上的腿。美国地广、人稀、路多、路好，好些大城市都没有地铁。去美国必去洛杉矶、去洛杉矶必去好莱坞。而这样的旅游项目是自费，届时由导游全权代理，收费很贵。在国内，我们在网上查到，洛杉矶通地铁，一直通到闻名世界的电影城——好莱坞。为免除导游办理这个项目要收的高额费用，我们先在网上购买了好莱坞的门票。可是届时，我们在洛杉矶下塌的酒店一问，大吃一惊。从我们下塌的酒店，到地铁口打的要60美元，要命的是，坐地铁去好莱坞，居然要两个小时。没有办法，我们只好另付车费，跟导游的车去。我要去张学良将军的墓地——"神殿之谷"，必须打车，我英语不行，远远没有达到同美国人交流自如的程度。况且，听说车到山下，还有一段小路需要攀登。我人生地不熟，两眼摸黑，走错了路、走出了事怎么办？没有人帮我，我根本去不成，只好不去了。不过，我想象得出将军墓地的情景：蓝天白云下，濒海、兀立的一个青翠山岚顶上，有座日本寺院。山腰间，人称"神殿之谷"，风景很好，位居高坡，四周开阔，背山面海。山间绿草如茵，墓前溪水潺潺，祥云缭绕，雀鸟啁啾，山花烂漫，幽静而深邃。必定是一座纯中国式的合葬墓。墓碑上，有张学良赵一荻夫妇年轻时的一张合影：那是他们在北京颐和园昆明湖畔照的。那时，他们都很年轻，少帅20岁多一点，赵一荻还不到20岁。我看过那一则他们在那里合影的花边新闻，很有趣。那天天气很好，艳阳高照。远处的崇楼丽阁，都在初夏的艳阳天里，放射着光辉。少帅身穿白衬衣，手拿着他的军装，来到芦苇荡深处，调皮的少帅给他心爱的人开了个玩笑，闹了个恶作剧。他"骗"赵四，说她脸上是花的。她不信。他说，你不信，就去照照镜子。她说，哪有镜子？嗯，你脚下的水那么清、那么静，不就是镜子吗？她上当了。上去弯腰照镜子时，扑通一声，他捡了块石子打在水里，飘起的水花打湿了她的旗袍。那天她穿了一件天蓝色的绲花旗袍，曼妙的身姿配上白白的皮肤、黑黑的眉毛、点漆似的眼睛，如新月如春笋，美丽可爱极了。

"我的旗袍打湿这么多，你叫我怎么办呀？"她不无娇嗔地问他。"好办！"他说，"太阳这么大这么好，周围又没有人，你把旗袍脱了，摊在芦苇上，很快就干了。"她把旗袍脱了，摊在那片已经开花，雪白的芦苇上时，他把手中的军装一扔，跑过去。她会意地将手一伸。于是，他把他的手臂搭在她的肩上，她把她的手臂搭在他的肩上。与此同时，他早就搭在照相机架上，对好镜头的"蔡司"相机咔嚓一声，把他们的青春、他们的欢乐、他们的向往、他们的爱情定格了进去。

我来在海边。夏威夷的海边，不同于任何一个海边。夏威夷的海边，之间没有任何过渡、缓冲，只要一下去，就是深海。眼前就是辽阔无边的、浩瀚无垠的太平洋。在我对面，就是东方，就是祖国大陆。而我站在海边眺望的方向，就是安息在"神殿之谷"的张学良将军眺望的方向。从这个方向看过去，我看见了少帅别开生面的古镇相亲；看见了张学良与于凤至在奉天"天益堂"里的带着初恋少男少女羞涩的试探、定情；看见了天津海河边少帅与赵四的"私奔"；看见了"西安事变"中的捉蒋和放蒋；看见了在天低云暗贵州修文，于凤至不得不走时，他们相互挥手长依依的再见——永别；看见了赵一荻——赵缇——赵四小姐陪着他，从春天走到冬天，从祖国大陆走到台湾、走到夏威夷檀香山，最后陪着他进入"神殿之谷"。

海风呼啸，一个洪亮的声音始终在我耳边回荡：张学良将军，虽然你已经远去，但人们不会把你忘记。

（2016 年 1 月 6 日夜改定于成都狮子山）